EDIÇÕES BESTBOLSO

Rainha Vitória

Lytton Strachey (1880-1932) inaugurou uma nova era das narrativas biográficas no final da Primeira Guerra Mundial, adotando uma atitude irreverente em relação ao passado, o que contrastava com os volumes monumentais que eram escritos sobre a história vitoriana. Strachey publicou ostensivamente na área de crítica literária, especialmente sobre literatura francesa, mas destacou-se na produção de biografias. Revelando personagens históricos significativos, o autor alcançou reconhecimento e fama. As obras *Eminent Victorians*, *Elizabeth and Essex* e *Portraits in Miniature* são seus maiores sucessos, mas foi *Rainha Vitória*, biografia sobre a trajetória da renomada monarca inglesa, que conferiu a Strachey o status de intérprete de seu tempo.

LYTTON STRACHEY

Rainha Vitória

Tradução e prefácio de
LUCIANO TRIGO

2ª edição

EDIÇÕES
BestBolso
RIO DE JANEIRO – 2017

CIP-BRASIL. CATALOGAÇÃO NA PUBLICAÇÃO
SINDICATO NACIONAL DOS EDITORES DE LIVROS, RJ

Strachey, Giles Lytton, 1880-1932
S889r Rainha Vitória / Lytton Strachey; tradução e prefácio Luciano Trigo.
2ª ed. – 2ª ed. – Rio de Janeiro: BestBolso, 2017.
12 × 18 cm.

Tradução de: Queen Victoria
Inclui bibliografia
ISBN 978-85-7799-278-2

1. Vitória, Rainha da Grã-Bretanha, 1819-1901. 2. Rainhas – Grã-Bretanha – Biografia. I. Título.

14-11068 CDD: 923.1
CDU: 929:320

Rainha Vitória, de autoria de Lytton Strachey.
Título número 380 das Edições BestBolso.
Segunda edição impressa em junho de 2017.
Texto revisado conforme o Acordo Ortográfico da Língua Portuguesa.

Título original inglês:
QUEEN VICTORIA

www.edicoesbestbolso.com.br

Capa: Carolina Vaz sobre imagem "1842 Portrait of Queen Victoria".

Impresso no Brasil

ISBN 978-85-7799-278-2

Para Virginia Woolf

Sumário

Prefácio

Uma rainha em tamanho natural

"Acho bastante difícil avaliar se serei eu que matarei Vitória* ou ela que me matará no final do livro", escreveu Lytton Strachey numa carta a seu colega do Grupo de Bloomsbury, o economista John Maynard Keynes, em novembro de 1920, quando lutava para escrever as páginas finais da biografia da rainha, um trabalho "extremamente exaustivo". O comentário pode parecer exagerado ao leitor contemporâneo, levando-se em conta as dimensões modestas do livro que tem em mãos. De fato, hoje estamos acostumados a associar a palavra "biografia" a verdadeiros tijolos, com uma massa esmagadora de informações nem sempre relevantes. É o caso, por exemplo, da biografia *Victoria R.I.*, de Elizabeth Longford, com mais de 800 páginas; ou mesmo da biografia *Lytton Strachey*, de Michael Holroyd, com mais de 1.100 páginas (!) – as duas são excelentes, mas talvez pequem por oferecer ao leitor comum mais do que ele deseja consumir. Na época de Strachey, isso não era muito diferente: mesmo personagens secundários da política e da cultura inglesas justificavam biografias em vários volumes.

Strachey, como bom leitor, não estava satisfeito com isso e decidiu escrever ele próprio as biografias que gostaria de ler. Acabou se tornando não apenas um fenômeno das letras ingle-

*Optou-se pela adoção da grafia adaptada ao idioma português, "Vitória", consagrada pelo uso, em lugar de "Victoria", quando se tratar da rainha. Nos demais casos, foi mantida a grafia original inglesa (Albert, Leopold etc). (*N. do T.*)

sas, mas também o pai de uma nova era no gênero biográfico. Em sua existência relativamente breve (1880-1932), ele escreveu relativamente pouco (meia dúzia de volumes); mas em tudo o que escreveu alcançou um nível de excelência e originalidade raras vezes igualado. Ignorando convenções formais, adotando uma atitude irreverente em relação ao passado e valorizando a interpretação psicológica das motivações de seus personagens, Strachey rejeitou o recurso catalográfico das imensas transcrições de cartas e documentos, então em voga, propondo em vez disso relatar vidas com "uma brevidade que exclui tudo o que é redundante e nada do que é verdadeiramente significativo". Já tinha sido o caso de seu livro anterior, *Eminent Victorians*, de 1918, com pequenos ensaios sobre quatro "ídolos" vitorianos – o cardeal Manning, Florence Nightingale, o Dr. Thomas Arnold e o general Charles Gordon. E seria o caso também dos livros seguintes, *Elizabeth and Essex – A Tragic Story* (1928) e *Portraits in Miniature* (1931).

Strachey tratava seus personagens de um ponto de vista altamente idiossincrático. Ele se deixava fascinar pelos aspectos menos notórios e lisonjeiros de suas personalidades e parecia encontrar um verdadeiro prazer em desmascarar suas pretensões e motivações mais íntimas, reduzindo figuras grandiosas e "eminentes" ao seu tamanho natural. Numa época caracterizada por panegíricos, isso bastou para lhe valer a reputação de iconoclasta. É certo que em alguns momentos Strachey quase resvala na caricatura; mas isso jamais compromete a qualidade de seu texto, ao contrário: seus retratos, se nem sempre são favoráveis, são sempre convincentes. E certamente, embora aqui e ali ele possa se mostrar impreciso, pouco rigoroso ou mesmo tendencioso, seus livros têm o dom de trazer de volta à vida os personagens que retrata, de lançar luzes reveladoras sobre eles e de torná-los (demasiado?) humanos.

Com sua refinada ironia, seu texto elegante, sua capacidade de seduzir e conduzir o leitor, Strachey foi responsável por uma revolução das biografias só comparável àquela comandada na segunda metade do século XVIII por seu conterrâneo James Boswell, autor do clássico *Vida de Samuel Johnson* (1791). Como Boswell, o autor de *Rainha Vitória* teve uma série de imitadores, que invejavam a sua popularidade (que, aliás, não o agradava, e da qual ele tentava sinceramente fugir), mas careciam de seu talento. Sob sua influência, nas décadas de 1920 e 1930, tornaram-se comuns ensaios biográficos marcados pela ironia e que supostamente desmascaravam lados obscuros de personagens históricos ou simplesmente famosos; uma chuva dessas pseudobiografias invadiu o mercado editorial inglês, muitas delas confundindo ficção e realidade. Mas o modismo passou com a Segunda Guerra Mundial, e hoje se reconhece que Strachey é inimitável, não somente por aquela característica subjetiva inassimilável chamada talento, mas também porque seus livros não podem ser tomados como "modelos", no sentido estrito do termo, nem se pode extrair deles, sem alto risco, um "método" biográfico consistente. Isso porque Strachey é um intérprete, mais que um biógrafo convencional.

O que mais se pode dizer sobre Lytton Strachey? Que ele incorporou em seus textos elementos de "ciências" então incipientes, como a psicanálise, e que se serviu fartamente de recursos da ficção para conferir mais veracidade aos seus ensaios. É o caso, particularmente, de *Elizabeth and Essex: A Tragic History*, no qual a estrutura dramática fica mais evidente – isto porque Strachey acreditava que a enigmática relação da Rainha Elizabeth I com o seu mais famoso cortesão se prestava a um tratamento quase teatral. É nesse livro, também, que chama mais a atenção a aplicação de elementos da teoria psicanalítica à interpretação do comportamento dos personagens. Mas ele não era, de forma alguma, um fofoqueiro: ele descarta, por exemplo, a hipótese de qualquer relação mais íntima entre Vitória e seu cavalariço John Brown – tema do recente filme

Sua Majestade, Mrs. Brown, de John Madden, que dificilmente teria agradado ao escritor.

Mas esse estilo extremamente pessoal também deu margem a críticas severas: a visão de mundo de Strachey seria limitada; ele via a política como um jogo de intrigas, e considerava a religião um anacronismo; julgava que as relações interpessoais eram o único aspecto importante da existência; fazia escolhas tendenciosas ao omitir ou "editar" episódios biográficos; e seu rigor como pesquisador talvez não fosse assim tão acurado. Mas basta ler as primeiras páginas deste *Rainha Vitória* para constatar que o brilho do texto de Strachey sobrevive a todas essas críticas, por verdadeiras que sejam.

Se em sua obra Lytton Strachey se mostrava um homem à frente de seu tempo, na vida pessoal ele era quase um sobrevivente de um passado remoto. Talvez tenha sido o último intelectual do século XIX, o último verdadeiro *homme de lettres*. Ou seja, um intelectual que, embora vivesse no mundo da palavra escrita e tenha passado toda a vida cercado de livros, não parecia disposto e muito menos se sentia obrigado a fazer das letras uma profissão. Ao contrário, Strachey sempre se empenhou em manter distância tanto do Estado quanto da sociedade. Sua existência material era garantida por uma renda sem trabalho, e sua visão do mundo se caracterizava por uma atitude de ceticismo e desdém superior. Depois dele, os intelectuais se integraram (e se entregaram) definitivamente aos imperativos da lógica capitalista, colocando suas ideias a serviço da busca do sucesso e do reconhecimento, e transformando a literatura num meio de vida.

Para só citar um episódio ilustrativo da personalidade de Strachey: convidado em 1918 para escrever regularmente no conceituado *New Statesman*, ele declinou. Apesar do excelente pagamento e da "visibilidade" que seu nome ganharia (para usarmos uma palavra hoje na moda), ele confessou que não se sentiria à vontade vendo seu nome impresso num jornal que simpatizava com a política beligerante do governo. Virginia Woolf, a quem este *Rainha Vitória* é dedicado, apoiou inteiramente o amigo, mas por uma questão pessoal: ela considerava J.C. Squire, o editor do *New Statesman*, um homem "mais repulsivo do que as palavras podem expressar".

TALVEZ A IDEIA DE ESCREVER sobre a Rainha Vitória tenha nascido já em 1895, quando Lytton Strachey tinha 15 anos. Numa carta à mãe, ele conta como, num de seus passeios de bicicleta, encontrou casualmente um personagem de presença discreta neste livro, o príncipe de Gales, filho da rainha: este lhe fez uma mesura, devidamente retribuída, episódio que ficou marcado na memória do futuro escritor. Seja como for, Vitória era um personagem sob medida para a pena de Strachey. A seu modo, também ela era uma sobrevivente, também ela representava o fim de uma época.

Inquestionavelmente, Vitória foi a última soberana inglesa a marcar de maneira pessoal a vida política de seu país. Ao longo de mais de 60 anos de reinado (de 1837 a 1901, quando morreu), ela acompanhou de perto todas as questões de Estado, muitas vezes entrando em choque com os ministros. Sua interferência foi particularmente notável na condução da política externa da Inglaterra, assunto no qual ela deu provas de grande patriotismo – e de um espírito fortemente imperialista (vale lembrar que Vitória era também imperatriz da Índia). Na época, longe de carregar uma conotação negativa, o imperialismo era quase um credo religioso, e Vitória era uma de suas fiéis mais devotadas. Após a morte de Albert, o príncipe consorte, em 1861, o conservadorismo social e político da rainha ganhou contornos cada vez mais extraordinários e inflexíveis. E a verdade é que, se a coroa estava extremamente desacreditada na época de sua coroação, Vitória soube recuperar a dignidade e o prestígio da família real: na época de sua morte, a Inglaterra estava novamente no apogeu.

Mas o mundo já não era o mesmo: a escalada da concorrência econômica estrangeira, o gradativo declínio do imperialismo, a radicalização das questões sociais e o nascimento do Partido Trabalhista e dos movimentos operários eram sinais não da fraqueza da soberana que deu nome a uma época, mas da emergência de um novo estado de coisas, no qual já não haveria espaço para rainhas como Vitória – nem para intelectuais como Strachey. Um mundo novo, radicalmente transformado pela revolução industrial, pela influência da teoria da evolução, pelas lutas por reformas sociais e políticas. É desse descompasso entre Vitória e sua época que nasce o paradoxo formulado pelo historiador Peter Gay em *A educação dos sentidos*: Vitória não era vitoriana. A rainha que deu seu nome à Idade das Fábricas e do evolucionismo de Darwin não teria gostado nem um pouco de saber que sob o seu reinado ocorreu a mais radical evolução política da história inglesa, de cujas implicações ela sequer suspeitava.

Ainda assim, a importância de Vitória como rainha só é comparável à de Elizabeth I – que, quatro séculos antes, também ascendera ao trono numa época de dificuldades e também soubera reconduzir a Inglaterra à sua vocação de potência mundial. Mas, se é verdade que Vitória – sobretudo se comparada a Elizabeth – *reinou* mais do que *governou*, também é verdade que ela gozou de uma popularidade inigualável, em parte porque soube fazer, com sua austeridade e a firmeza de seus princípios, que as classes médias de seu país se identificassem profundamente com sua conduta. Vale observar aqui que a aristocracia inglesa sempre se distinguiu da francesa e das demais nobrezas do continente europeu por manter um contato razoavelmente estreito com o povo. Comparados aos nobres franceses, os ingleses sempre tiveram menos privilégios e sempre demonstraram uma atitude menos desdenhosa e arrogante em relação à plebe.

Além disso, a era vitoriana foi um período de intensa atividade literária, o que também ajuda a explicar o interesse de

Strachey. Romancistas, poetas, filósofos e ensaístas notáveis proliferavam na Grã-Bretanha. Entre outros, pode-se destacar: Oscar Wilde, Rudyard Kipling, Charles Dickens, Lewis Carroll, Robert Louis Stevenson, Charlotte e Emily Brontë, Samuel Butler, Swinburne, Thomas Hardy, Gerard Manley Hopkins, Thomas Love Peacock, Carlyle, William Barnes, Disraeli (que também foi primeiro-ministro da rainha), J.S. Mill, Elizabeth Barrett, Tennyson, W.M. Tackeray, Robert Browning, Edward Lear, George Eliot, Ruskin, Matthew Arnold, T.H. Huxley, George Meredith, Dante Gabriel Rossetti e William Morris. Uma geração cuja contribuição ao aperfeiçoamento cultural do Ocidente é inestimável.

FILHO DE UM GENERAL que serviu na Índia, Giles Lytton Strachey nasceu em Londres em 1880 e morreu em Berkshire em 1932. Sua formação deu-se numa atmosfera altamente favorável para que ele desenvolvesse o gosto pela literatura, já que sua mãe era uma escritora de talento: sua casa era um dos pontos de encontro do pequeno mas seleto círculo de escritores, artistas e intelectuais que formavam o chamado Grupo de Bloomsbury, entre os quais se destacavam Leonard e Virginia Woolf, Arthur Waley, Clive e Vanessa Bell, Roger Fry, Duncan Grant, John Maynard Keynes e E.M. Forster. Ainda que não tenha constituído propriamente uma escola (apesar de seus membros compartilharem ideias e valores), o grupo teve influência decisiva sobre a evolução das letras inglesas, por volta da Primeira Guerra.

Strachey estudou no Trinity College, em Cambridge, e não precisou se preocupar em seguir uma profissão, já que a fortuna de sua família garantia sua subsistência. Ele começou sua carreira literária escrevendo poesia, mas a péssima acolhida o fez desistir. Só voltaria a pegar na pena aos 32 anos, quando já ocupava a maior parte de seu tempo fazendo pesquisas sobre literatura francesa – tema de seu primeiro livro, *Landmarks in*

French Literature, de 1912. Este sim recebeu excelente crítica. Seis anos depois, veio *Eminent Victorians*, no qual já estavam presentes as suas marcas registradas: a concisão, a mordacidade, a inteligência, a ironia sutil ou feroz.

Depois do sucesso de *Eminent Victorians*, Strachey planejava escrever uma segunda série de retratos breves, desta vez abordando cientistas – que já faziam parte da sua lista inicial de 12 candidatos biografáveis. Mas ele logo trocou este projeto pela biografia da rainha. "A Rainha Vitória", ele escreveu a Clive Bell, "é um tema interessante, mas obscuro... É muito difícil penetrar nos muitos véus de discrição que a cercam. O príncipe consorte é uma figura notável; mas a biografia que Theodore Martin lhe dedicou, em cinco estupendos volumes (!), não é recomendável ao público em geral. Você já ouviu falar de Emily Cranford? Ela escreveu um livro sobre a rainha não totalmente desprovido de méritos. Começo a pensar que a maioria dos bons livros passa despercebida." Vale ressaltar aqui que o retrato que Strachey faz do príncipe Albert é bastante elogioso – uma atitude corajosa, levando-se em conta que Albert era alemão e que as relações entre Inglaterra e Alemanha não eram nada boas na época.

No final de 1918, Strachey já tinha feito leituras e pesquisas suficientes para se sentir razoavelmente seguro de que – como ele expôs à Editora Chato and Windus, em janeiro de 1919 – o tema de sua próxima biografia seria "A vida da falecida rainha". Escrevendo em seguida à sua mãe, sua correspondente e crítica contumaz, e prevendo talvez o seu desconforto em relação ao projeto, Strachey se mostra mais tímido. "Estou começando um estudo sério sobre a Rainha Vitória; mas ainda é difícil dizer se algo sairá daí." Como ele previra, a Sra. Strachey reagiu mal: ela receava que a venerada rainha recebesse um tratamento ainda mais irônico que os seus eminentes súditos do livro anterior.

"Não gosto muito da ideia de você lidar com a Rainha Vitória", respondeu sua mãe. "Sem dúvida, é um tema aberto a um tratamento dramático, mas isso não é razão suficiente para não deixá-la em paz. Vitória não podia evitar ser estúpida, mas pelo menos tentou cumprir o seu dever. (...) Ela conquistou um lugar no coração do povo e uma reputação na nossa história que seria altamente impopular, e pouco razoável, tentar comprometer." A Sra. Strachey sugeriu em seguida que o filho escrevesse sobre Disraeli, um personagem "distante o bastante para ser interessante, mas próximo demais para que já seja um assunto esgotado". Lytton Strachey acabaria seguindo essa sugestão em 1920, quando escreveu um artigo sobre Disraeli para a *Woman's Leader*, a propósito de uma biografia em seis volumes (!) de Monypenny e Buckle.

Mas ele já estava decidido. Passaria os dois anos seguintes lendo copiosamente biografias do príncipe Albert e da própria Vitória e ensaios sobre a política e a história vitorianas. O livro que mais o fascinou foi a obra em dois volumes de Sir Herbert Maxwell, *The Creevey Papers*, sobre o qual escreveu um ensaio biográfico à parte. "Como se pode ler romances quando se tem à mão este livro, no qual está presente tudo o que é de interesse humano, político e histórico?", ele escreveu a Clive Bell. Como ocorreu com todos os seus livros, as leituras preparatórias para *Rainha Vitória* tomaram mais que o dobro do tempo da escrita em si. Em Londres, ele mergulhava em pesquisas na London Library e na sala de leitura do British Museum, para então retornar a sua casa em Tidmarsh com poucas páginas de anotações manuscritas. Lia de seis a dez horas por dia, e cada livro rendia apenas meia página de anotações a lápis, tamanho era o seu discernimento crítico.

A dedicação ao novo livro não lhe deixava tempo para mais nada. Nos cinco anos decorridos desde a publicação de *Eminent Victorians*, Strachey escreveu apenas oito ensaios para jornais, sendo que dois deles, "Dizzy" e "Mr. Creevey", saíram diretamente das pesquisas para a *Rainha Vitória* (os outros eram textos de propaganda pacifista ou abordavam as vidas de Horace Walpole, Voltaire e Shakespeare). Por outro lado, ele não parou de escrever peças teatrais, não para serem publicadas, mas por puro divertimento. Entre elas *Quasheemaboo* ou *The Noble Savage*, um drama escrito para madame Vandervelde e Jack Hutchinson encenarem num jantar de gala. A trama lhe fora sugerida por sua mãe: uma mulher que se torna uma atriz de sucesso sem que seu marido saiba; quando ela conta, o marido não acredita. Esta farsa, porém, nunca foi encenada profissionalmente.

O resultado dessa vida altamente disciplinada e reclusa foi que Strachey concluiu rapidamente os primeiros dois capítulos do livro, "Antecedentes" e "Infância". "Estive completamente absorvido por Vitória neste último mês", ele voltou a escrever em agosto de 1919, "e já acabei de escrever a parte de abertura – que vai até a coroação. Até aqui a variedade de episódios e personagens curiosos é enorme. Acredito que as dificuldades serão muito maiores após a morte do príncipe consorte". Menos de dois meses depois, ele parecia bem menos animado em uma carta endereçada a Mary Hutchinson: "*Rainha Vitória* avança com lentidão infinita, mas ainda se move."

Todas as manhãs, sozinho na biblioteca, ele trabalhava cerca de três horas, das quais resultavam cerca de trezentas palavras manuscritas, e dificilmente se via uma rasura. Ele compunha mentalmente (como disse a Ralph Partridge, que datilografava e corrigia o manuscrito), não apenas frases, mas parágrafos inteiros, antes de começar a pôr as palavras no papel, o que ajuda a explicar a extrema fluidez de seu estilo. Trechos de suas cartas nos meses seguintes de *Rainha Vitória*, coligidos por Michael Holroyd, mostram a evolução do estado de espírito de Strachey: "A Rainha Vitória, pobrezinha, cambaleia passo a passo. E ela ainda está na juventude (...) Só espero que com a idade ela fique cada vez mais veloz", ele escreveu em outubro de 1920. Na primavera seguinte, ele concluiu mais três capítulos. Antes de escrever a parte final, tirou algumas semanas de férias. "Estou curiosamente feliz agora", escreveu a Keynes (16/12/1919). "Sinto-me ligeiramente melancólico", escreveu a David Garnett (26/5/1920). Oito meses de constantes oscilações de humor. "Aqui estou eu" (carta a Mary Hutchinson, de 4/10/1920) "sentado em frente à lareira, tentando me controlar para dar o *coup de grace* em Vitória; mas eu hesito; ela me fulmina com seu olhar de peixe."

O livro finalmente ficou pronto em março de 1921. Seguiu-se um longo período de prostração. Ainda assim Strachey discutiu outros projetos biográficos com Virginia Woolf, entre eles o de escrever uma *História do reinado de George IV*, que ele considerava um tema magnífico. Mas havia dificuldades: "O pior sobre George IV é que nenhum autor menciona os fatos que me interessam. A história precisa ser toda reescrita. Há um excesso de moralidade". "E de batalhas", Virginia acrescentou.

Se pudesse passar os olhos nas manchetes dos tabloides ingleses de hoje, em que membros da família real protagonizam um escândalo atrás do outro, Strachey certamente ficaria estarrecido. Vitória, então, nem se fala. Basta lembrar que, durante mais de meio século, nenhuma senhora divorciada sequer se aproximou dos recintos da corte, e que Vitória desaprovava severamente qualquer viúva que voltasse a se casar. Ela também se opunha fortemente ao movimento de emancipação das mulheres. Sinal dos tempos: paradoxalmente, hoje o moralismo exacerbado de Vitória seria quase revolucionário.

Luciano Trigo*

---

*Luciano Trigo, tradutor, escreveu este prefácio para a edição original (Editora Record, *Rainha Vitória*, Rio de Janeiro, 2001, coleção Grandes Traduções), reproduzido nesta edição de bolso. (*N. do E.*)

1
Antecedentes

I

No dia 6 de novembro de 1817, morreu a princesa Charlotte, filha única do príncipe regente e herdeira da coroa da Inglaterra. Sua vida breve dificilmente poderia ser classificada como feliz. De natureza impulsiva, caprichosa e veemente, ela sempre almejou uma liberdade de que nunca conseguiria desfrutar. Crescendo em meio a violentas disputas familiares, cedo foi separada de sua mãe excêntrica e indecorosa, e entregue aos cuidados de seu pai egoísta e imoral. Quando ela completou 17 anos, seu pai decidiu casá-la com o príncipe de Orange; Charlotte, inicialmente, consentiu; mas, subitamente apaixonada pelo príncipe Augustus da Prússia, decidiu romper o noivado. Este não foi o seu primeiro caso amoroso, já que anteriormente ela tinha mantido uma correspondência clandestina com um certo capitão Hess. O príncipe Augustus já era casado, morganaticamente, mas ela de nada sabia, e ele, naturalmente, não lhe contou. Enquanto Charlotte prolongava ao máximo as negociações com o príncipe de Orange, os soberanos aliados – era junho de 1814 – chegaram a Londres para celebrar a sua vitória. Entre eles, na comitiva do imperador da Rússia, estava o jovem e belo príncipe Leopold de Saxe-Coburg. Ele fez várias tentativas para atrair o interesse da princesa, mas ela, com o coração pertencente a outro, lhe deu pouquíssima atenção. No mês seguinte, o príncipe regente, descobrindo que sua filha vinha tendo encontros secretos com o príncipe Augustus, inesperadamente apareceu em cena e, depois de dispensar sua criadagem, condenou-a a um isolamento severo em Windsor Park. "Deus Todo-Poderoso, dai-me paciência!", exclamou ela, caindo de joelhos, numa agitada agonia; em seguida, porém, levantou-se de um salto, desceu correndo as escadas, saiu para a rua, chamou um tílburi que passava e foi para a casa da mãe, em Bayswater. Ela foi descoberta, perseguida e, por fim, cedendo à persuasão de seus tios, os duques de York e Sussex, de Brougham e de Salisbury, ela regressou a Carlton House às 2 horas da manhã. Charlotte ficou encarcerada em Windsor, e nunca mais se ouviu falar do príncipe de Orange. O príncipe Augustus também desapareceu de cena. Finalmente, o caminho estava aberto para o príncipe Leopold de Saxe-Coburg.[1]

O príncipe foi hábil o suficiente para tratar, em primeiro lugar, de se aproximar do regente, de impressionar os ministros e de conquistar a amizade de outro tio da princesa, o duque de Kent. Graças ao duque, ele podia se comunicar privadamente com Charlotte, que agora declarava ser ele absolutamente necessário para sua felicidade. Quando, depois de Waterloo, ele se encontrava em Paris, o assessor do duque atravessava sem parar o Canal da Mancha, levando e trazendo cartas. Em janeiro de 1816, Leopold foi convidado a ir à Inglaterra, e o casamento aconteceu em maio.[2]

A personalidade do príncipe Leopold contrastava estranhamente com a de sua esposa. Filho mais jovem de um principelho alemão, ele tinha na época 26 anos; servira com distinção na guerra contra Napoleão; tinha demonstrado uma habilidade diplomática considerável no Congresso de Viena;[3] e

---

[1]Greville, II, 326-8; Stockmar, cap. I, 86; Knight, I, caps. XV-XVIII e Apêndice, e II, cap. I. (Estas e as demais notas de rodapé são do próprio autor.)
[2]Grey, 384-386-8; "Letters", II, 40.
[3]Grey, 375-86.

agora enfrentava o desafio de domar uma princesa rebelde. De maneiras formais e frias, controlado nas palavras e cuidadoso nas ações, ele logo dominou a criatura selvagem, impetuosa e generosa que estava a seu lado. Naturalmente, havia muita coisa nela que ele não podia aprovar. Ela gracejava, batia os pés e ria de uma maneira escandalosa; tinha muito pouco daquele autocontrole que se espera especialmente de uma princesa; suas maneiras eram decididamente abomináveis. Quanto a isso não poderia haver melhor juiz, tendo Leopold frequentado, como ele mesmo explicaria à sua sobrinha muitos anos mais tarde, a melhor sociedade da Europa, sendo de fato "o que em francês se chama *de la fleur des pois*". Havia uma tensão permanente entre os dois, mas todas as cenas terminavam da mesma forma. De pé diante dele, como um garoto rebelde usando anáguas, ela curvava o corpo, com as mãos cruzadas nas costas, o rosto flamejante e os olhos cintilantes, e declarava, por fim, que estava disposta a fazer o que ele quisesse. "Se você quer, assim o farei", dizia ela. "Não quero nada para mim", respondia ele invariavelmente. "Quando eu a pressiono e tento lhe inculcar uma atitude, é com a convicção de que é no seu próprio interesse e pelo seu próprio bem."[4]

Entre os membros da família em Claremont, perto de Esher, onde o casal real se tinha estabelecido, havia um jovem médico alemão, Christian Friedrich Stockmar. Ele era filho de um magistrado pouco importante de Coburg e, depois de ter participado da guerra como um oficial-médico, voltou a exercer a medicina em sua cidade natal. Lá ele conheceu o príncipe Leopold, que, impressionado com a sua habilidade, após o casamento o levou para a Inglaterra como médico particular. Um destino curioso aguardava aquele jovem; muitos eram os presentes que o futuro lhe reservava – muitos e variados – in-

[4]"Letters", I, 216, 222-3; II, 39-40; Stockmar, 87-90.

fluência, poder, mistério, infelicidade, um coração irremediavelmente partido. Em Claremont, sua posição era inicialmente bastante humilde; mas a princesa teve um capricho por ele, a quem chamava de "Stocky", e com quem fazia travessuras pelos corredores. Dispéptico por constituição, melancólico por temperamento, ele conseguia contudo mostrar-se alegre em algumas ocasiões, e era conhecido em Coburg como um homem espirituoso. Ele era também virtuoso, e observava com aprovação o *ménage* real. "Meu mestre", escreveu em seu diário, "é o melhor de todos os maridos nos cinco continentes do globo; e sua esposa lhe devota um amor tão intenso que a sua grandeza só pode ser comparada à da dívida nacional da Inglaterra." Logo ele daria provas de outra qualidade – uma qualidade que constituiria o traço característico de sua existência – uma prudente sagacidade. Quando, na primavera de 1817, ficou-se sabendo que a princesa esperava um bebê, o posto de um de seus médicos-assistentes lhe foi oferecido, e ele teve o bom senso de recusar. Stockmar sabia que os seus colegas ficariam com inveja e que os seus conselhos provavelmente não seriam seguidos, mas que, se qualquer coisa desse errado, o culpado seria certamente o médico estrangeiro. Em pouco tempo, na verdade, ele chegou à conclusão de que a minguada dieta e as constantes sangrias a que era submetida a desafortunada princesa eram um equívoco; ele chamou o príncipe e lhe pediu que transmitisse essa opinião aos médicos ingleses, mas foi inútil. O tratamento com base em dietas, então na moda, se prolongou por vários meses. No dia 5 de novembro, às 21 horas, depois de um trabalho de parto que durou mais de 50 horas, a princesa deu à luz um menino morto. À meia-noite, suas forças se exauriram. Então, finalmente, Stockmar consentiu vê-la; quando ele entrou, obviamente percebeu que ela estava morrendo, enquanto os médicos tentavam reanimá-la oferecendo-lhe vinho. Ela segurou a mão dele e a apertou. "Eles me embebedaram", disse ela. Alguns minutos depois,

Stockmar a deixou e já estava no aposento ao lado quando a ouviu chamando em voz alta: "Stocky! Stocky!" Quando ele voltou correndo, o estertor da morte já estava na garganta da princesa. Ela sacudia o corpo violentamente, de um lado para o outro do leito. Então suas pernas pararam de se mexer e tudo estava terminado.

O príncipe, depois de longas horas de vigília, tinha deixado o quarto para descansar por alguns momentos; e Stockmar agora tinha que contar a ele que sua esposa estava morta. Inicialmente, ele pareceu não se dar conta do que tinha acontecido. No caminho para o quarto, afundou numa poltrona, e Stockmar se ajoelhou a seu lado: tudo não passava de um sonho; não, aquilo era impossível! Por fim, ele também se ajoelhou ao lado da cama e beijou as mãos já frias de Charlotte. Então, levantando-se, exclamou: "Agora estou completamente desolado. Prometa-me que jamais irá me deixar"; e atirou-se nos braços de Stockmar.[5]

II

A tragédia de Claremont foi das mais desconcertantes. O caleidoscópio real subitamente se movimentara, e ninguém poderia dizer como seria o seu novo desenho. A sucessão ao trono, que parecia um assunto tão satisfatoriamente resolvido, agora se tornava uma questão duvidosa e urgente.

George III ainda vivia em Windsor, mas era um velho lunático, totalmente impenetrável às impressões do mundo exterior. De seus sete filhos, o mais moço já tinha ultrapassado a mcia-idade, e nenhum tinha descendência legítima. O horizonte, portanto, era bastante incerto. Parecia altamente improvável que o príncipe regente, que ultimamente tinha

---

[5]Stockmar, "Biographische Skizze", e cap. III.

sido forçado a deixar de lado os espartilhos e exibia uma figura ridícula e de obscena obesidade,[6] pudesse um dia, mesmo que se divorciasse da esposa e voltasse a se casar, ser pai novamente. Além do duque de Kent, que deve ser analisado separadamente, os outros irmãos, por ordem de precedência, eram os duques de York, Clarence, Cumberland, Sussex e Cambridge; suas situações e perspectivas requerem uma breve descrição. O duque de York, cujas escapadas em tempos passados com a Sra. Clarke e travessuras no exército lhe tinham criado problemas, agora dividia a sua vida entre Londres e uma casa de campo extravagantemente decorada e extremamente desconfortável, onde ele se ocupava com corridas de cavalos, jogos de *uíste* e histórias indecorosas. Mas havia uma razão que o tornava notável entre os príncipes: era o único deles – assim fomos informados por um observador altamente competente – que tinha os sentimentos dignos de um cavalheiro de sua categoria. Durante muito tempo ele foi casado com a princesa real da Prússia, uma dama que raramente ia para a cama e estava perpetuamente cercada por um vasto número de cães, papagaios e macacos.[7] Eles não tiveram filhos. O duque de Clarence viveu muitos anos em completa obscuridade com a Sra. Jordan, a famosa atriz, em Bushey Park. Com ela, teve uma grande família, com filhos e filhas, e de fato parece que os dois estiveram prestes a se casar, quando subitamente ele se separou dela para pedir em casamento a Srta. Wykeham, uma mulher amalucada e de grande fortuna, que, contudo, nada tinha para lhe dizer. Pouco depois, a Sra. Jordan morreu em circunstâncias verdadeiramente penosas, em Paris.[8] O duque de Cumberland era, provavelmente, o homem mais impopular da Inglaterra.

---

[6]Creevey, I, 264, 272; "*Prinny* deixou de se preocupar com sua barriga, que agora já atinge os joelhos; de resto, dizem que ele está bem".

[7]Greville, I, 5-7.

[8]Ibid., IV, 2.

Hediondamente feio, com um olho torto, ele tinha um temperamento ruim e vingativo na vida privada, era um violento reacionário em política, e mais tarde seria suspeito de assassinar seu criado e de ter se envolvido numa intriga amorosa extremamente escandalosa.[9] Ele tinha se casado pouco tempo antes com uma princesa alemã, mas ainda não havia filhos desse casamento. O duque de Sussex tinha discretos interesses literários e colecionava livros.[10] Ele se casara com lady Augusta Murray, com quem tivera dois filhos, mas o casamento fora declarado nulo pelas Atas dos Casamentos Reais. Após a morte de lady Augusta, ele se casou com lady Cecilia Buggin; ela mudou seu nome para Underwood; mas este casamento também foi anulado. Sobre o duque de Cambridge, o mais jovem dos irmãos, não se sabe muito. Ele viveu em Hanover, usava uma peruca loura, e era conhecido por seu temperamento irrequieto e sua tagarelice; ele não se casou.[11]

Além dos sete filhos, George III tinha cinco filhas vivas. Destas, duas – a rainha de Würtemberg e a duquesa de Gloucester – eram casadas e sem filhos. As três princesas solteiras – Augusta, Elizabeth e Sofia – já tinham bem mais de 40 anos.

III

O quarto filho de George III era Edward, duque de Kent. Ele tinha agora 50 anos – um homem alto e vigoroso, corado, com sobrancelhas cerradas e uma calvície pronunciada no topo da cabeça; o cabelo que restava era cuidadosamente tingido de um negro lustroso. Seus trajes eram extremamente elegantes, e, no conjunto, sua aparência sugeria uma rigidez que não

[9]Stockmar, 95; Creevey, I, 148; Greville, I, 228; Lieven, 183-4.

[10]Crawford, 24.

[11]Ibid., 80, 113.

desmentia o seu caráter. Ele passara a juventude no exército – em Gibraltar, no Canadá, nas Índias Ocidentais – e, sob a influência do treinamento militar, se tornara inicialmente um disciplinador, em seguida um oficial severo. Em 1802, tendo sido enviado a Gibraltar para restaurar a ordem num forte amotinado, demonstrou um rigor excessivo, o que pôs fim a sua carreira ativa. A partir daí, ele passou a vida administrando questões domésticas com grande exatidão, ocupando-se com os assuntos de seus numerosos dependentes, projetando relógios e lutando para restabelecer a ordem de suas finanças, já que, apesar de ser – como disse alguém que o conheceu bem – *"reglé comme du papier à musique"*,* e apesar de uma renda de 24 mil libras por ano, ele estava irremediavelmente endividado até a raiz dos cabelos. O duque tinha rompido com a maioria de seus irmãos, particularmente com o príncipe regente, e era bastante natural que ele tivesse se aliado à oposição política, tornando-se um dos pilares do Partido Whig.

Quais eram de fato suas opiniões políticas é uma questão que fica em aberto; frequentemente se afirmou que ele era um liberal, ou mesmo um radical; e, se devemos acreditar em Robert Owen, ele era um socialista, necessariamente. Suas relações com Owen – o astuto, ardiloso, arrogante, cabeçudo, ilustre e ridículo pai do socialismo e da cooperação – eram estranhas e peculiares. O duque falou em visitar as fábricas em New Lanark; e chegou, de fato, a presidir um dos seminários de Owen; os dois se corresponderam em termos confidenciais, e o duque chegou mesmo (assim nos assegura Owen) a voltar, depois de sua morte, da "esfera dos espíritos", para estimular as ações de Owen na Terra. "De uma forma especial", diz Owen,

---

*Em francês, literalmente, "regular como uma partitura", refere-se àquilo ou àquele que é constante, regular ou regrado. (*N. do E.*)

> tenho que citar a preocupação aflita do espírito de Sua Alteza Real, o falecido duque de Kent (que, aliás, me informou não existirem títulos nas esferas espirituais nas quais ele ingressou), de beneficiar, não uma classe, uma seita, um partido ou qualquer país em particular, mas o conjunto da raça humana, em toda a parte, no futuro.

"Toda a sua conduta espiritual comigo foi corretíssima", acrescenta Owen. "Ele marcava seus próprios compromissos e nunca, em momento algum, seu espírito deixou de ser pontual em um minuto sequer ao que ele tinha previamente determinado." Mas Owen tinha um temperamento sanguíneo. Ele também contava, entre os seus prosélitos, com o presidente Jefferson, o príncipe Metternich e Napoleão; de forma que alguma incerteza deve persistir em relação às opiniões do duque de Kent. Mas não resta incerteza alguma sobre outra circunstância: Sua Alteza Real tomou emprestadas de Robert Owen, em diversas ocasiões, varias importâncias em dinheiro, que nunca foram pagas, e que juntas chegavam a várias centenas de libras.[12]

Depois da morte da princesa Charlotte, era evidentemente importante, por mais de uma razão, que o duque de Kent se casasse. Do ponto de vista do interesse da nação, a falta de herdeiros na família real parecia tornar esse passo quase obrigatório; também é provável que o casamento fosse altamente conveniente do ponto de vista pessoal do duque. O casamento como um dever público, para o bem da sucessão real, certamente mereceria o reconhecimento e a gratidão por parte da nação. Quando o duque de York se casou, ficou estabelecido que ele teria uma renda de 25 mil libras por ano. Por que o duque de Kent não deveria esperar um tratamento semelhante?

---

[12]Stockmar, 112-3; "*Letters*", I, 8; Crawford, 27-30; Owen, 193-4, 197-8, 199, 229.

Mas a situação não era tão simples. Também se devia levar em consideração o duque de Clarence; este era o irmão mais velho e, se *ele* se casasse, certamente reivindicaria a primazia dos direitos. Por outro lado, se o duque de Kent se casasse, era importante lembrar que ele estaria fazendo um sacrifício sério; uma dama estava envolvida no caso.

O duque, refletindo com cuidado sobre todas essas questões, visitou Bruxelas, cerca de um mês após a morte de sua sobrinha, e soube que o Sr. Creevey estava na cidade. O Sr. Creevey era um amigo íntimo dos dirigentes do Partido Whig e um fofoqueiro inveterado; ocorreu ao duque que dificilmente haveria um canal melhor para ele comunicar seus pontos de vista sobre a situação aos seus círculos político-domésticos. Aparentemente, não lhe ocorreu que o Sr. Creevey era malicioso e poderia manter um diário. Foi então procurá-lo, com um pretexto trivial, e seguiu-se uma conversa notável. Depois de se referir à morte da princesa, à improbabilidade de o regente requerer o divórcio, à ausência de filhos do duque de York e à possibilidade de o duque de Clarence se casar, o duque avaliou a sua própria posição. "Se o duque de Clarence não se casar" disse ele,

> o príncipe seguinte na sucessão serei eu e, embora se saiba que estarei sempre pronto a atender a qualquer chamado que meu país possa fazer, só Deus sabe que sacrifício me será necessário sempre que eu penso ser minha obrigação me tornar um homem casado. Já faz 27 anos que madame St. Laurent e eu estamos juntos: temos a mesma idade, juntos vivemos em todos os climas e juntos atravessamos todas as dificuldades; você bem pode imaginar, Sr. Creevey, a dor que me provocará uma ruptura com ela. Pense nos seus próprios sentimentos – na hipótese de qualquer separação entre você e a Sra. Creevey... Quanto a madame St. Laurent, afirmo

> não saber o que será feito dela se um casamento me for imposto; o transtorno provocado por qualquer alusão ao assunto já é bastante angustiante.

O duque passou então a descrever como, numa manhã, um ou dois dias depois da morte da princesa Charlotte, o *Morning Chronicle* publicou um parágrafo aludindo à possibilidade de seu casamento. Ele recebeu o jornal durante o café da manhã, junto com a sua correspondência:

> Eu fiz o que costumava fazer, isto é, passei o jornal por sobre a mesa para madame St. Laurent, e comecei a abrir e a ler minhas cartas. Minutos depois, um ruído extraordinário chamou a minha atenção, e a garganta de madame St. Laurent apresentava um movimento convulsivo. Por alguns momentos fiquei seriamente apreensivo em relação à sua saúde; e quando, após ela se recuperar, perguntei-lhe sobre a causa do ataque, ela me apontou o artigo no *Morning Chronicle.*

O duque então retornou ao tema do duque de Clarence.

> Meu irmão, o duque de Clarence, é o irmão mais velho e certamente tem o direito de se casar, se quiser fazê-lo, e eu não interferiria nisso de forma alguma. Se ele quiser ser rei – ser casado e ter filhos, pobre homem! – que Deus o ajude, e que ele fique à vontade. Quanto a mim – eu sou um homem sem ambição e só desejo permanecer como estou. (...) A Páscoa, você sabe, será muito cedo este ano – no dia 22 de março. Se o duque de Clarence não tomar nenhuma atitude até essa data, preciso encontrar algum pretexto para convencer madame St. Laurent a se resignar com minha partida para Londres, ainda que por um breve período. Uma vez lá, será fácil

> para mim consultar meus amigos sobre os passos adequados a serem dados. Se o duque de Clarence não fizer nada para se casar até essa data, sem dúvida passará a ser meu dever tomar eu mesmo algumas medidas em relação a isso.

Dois nomes, disse o duque, tinham sido mencionados com referência àquela hipótese – o da princesa de Baden e o da princesa de Saxe-Coburg. A última, ele pensou, seria talvez a melhor das duas, devido ao fato de o príncipe Leopold ser tão popular na nação; mas antes que qualquer outro passo fosse dado, ele esperava e desejava que fosse feita justiça a madame St. Laurent. "Ela é", explicou o duque,

> de muito boa família, e nunca foi uma atriz; eu sou o primeiro e único homem que viveu com ela. O seu desprendimento só é comparável à sua fidelidade. Quando ela veio até mim nas primeiras vezes, isso me custava 100 libras por ano. O valor foi mais tarde corrigido para 400 libras, e em seguida para mil libras; mas, quando as minhas dívidas tornaram necessário que eu sacrificasse boa parte de minha renda, madame St. Laurent insistiu em retornar à sua renda de 400 libras por ano. Se madame St. Laurent precisar voltar a viver entre seus amigos, tem que ser num estado de independência que garanta que ela seja respeitada. Não exigirei muito, mas um determinado número de criados e uma carruagem são essenciais.

Quanto à sua própria renda, o duque observou que consideraria o casamento do duque de York como um precedente. "Aquele", disse ele,

> foi um casamento para a sucessão, e com base exclusivamente nisso foi estabelecido um dote de 25 mil libras, além de toda a renda adicional. Ficarei satisfeito com o mesmo arranjo, sem fazer quaisquer outras exigências além da correção do valor do dinheiro de 1792 até o presente.

"Quanto ao pagamento de minhas dívidas", o duque concluía, "eu não as considero grandes. A nação, ao contrário, é uma grande devedora minha." Aqui um relógio badalou, parecendo lembrar ao duque que ele tinha um compromisso; ele se levantou, e o Sr. Creevey o deixou.

Quem poderia manter em segredo uma declaração como essa? Certamente não o Sr. Creevey. Ele se apressou a contar tudo ao duque de Wellington, que se divertiu muito, e escreveu um longo relato sobre a conversa a lorde Sefton, que considerou a carta "muito oportuna", enquanto um cirurgião auscultava sua vesícula para averiguar se ela tinha pedras. "Nunca vi um homem ficar tão surpreso quanto ele", escreveu lorde Sefton em sua resposta,

> ao me ver cair na risada assim que o exame terminou. Nada poderia ser mais interessante que a ingenuidade do real Edward. Não se sabe o que era mais digno de admiração – se é a delicadeza de seu compromisso com madame St. Laurent, se é o refinamento de seus sentimentos em relação ao duque de Clarence ou se é o seu próprio desprendimento em relação a questões pecuniárias.[13]

O que aconteceu foi que os dois irmãos decidiram se casar. O duque de Kent – tendo escolhido a princesa de Saxe-Coburg, preferindo-a à princesa de Baden – casou-se no dia 29 de maio de 1818. No dia 11 de junho, o duque de Clarence seguiu o exemplo, com uma filha do duque de Saxe-Meiningen. Mas

[13]Creevey, I, 267-71.

eles ficaram desapontados em suas expectativas financeiras; pois, embora o Governo tenha apresentado propostas para aumentar os seus rendimentos anuais, bem como os do duque de Cumberland, as moções foram derrotadas na Câmara dos Comuns. Isso não surpreendeu o duque de Wellington. "Por Deus!", disse ele,

> há muita coisa a ser dita sobre isso. Eles são os fardos mais detestáveis no pescoço de um governo que é possível imaginar. Eles insultaram – insultaram *pessoalmente* – dois terços dos cavalheiros da Inglaterra; como pode causar surpresa que estes cavalheiros realizem agora sua vingança na Câmara dos Comuns? Esta é a única oportunidade que eles têm, e, por Deus!, eu acho que estão certos em usá-la.[14]

No fim das contas, porém, o Parlamento aprovou que a anuidade do duque de Kent fosse fixada em 6 mil libras.

A história subsequente de madame St. Laurent não é conhecida.

IV

A nova duquesa de Kent, Victoria Mary Louisa, era filha de Francis, duque de Saxe-Coburg-Saalfeld, e irmã do príncipe Leopold. A família era antiga, sendo uma ramificação da grande Casa de Wettin, que governava desde o século XI a fronteira do Maissen, no Elba. No século XV, a totalidade das posses da Casa foi dividida entre os ramos Albertino e Ernestino: do primeiro descenderam os eleitores e reis da Saxônia; o último, governando a Turíngia, se subdividiu em cinco ramos,

---

[14]"Ibid., I, 276-7.

entre os quais o ducado de Saxe-Coburg. Este principado era muito pequeno, com cerca de 60 mil habitantes, mas gozava de independência e soberania. Durante os conturbados anos que se seguiram à Revolução Francesa, seus negócios se tornaram terrivelmente complicados. O duque era extravagante e mantinha as portas abertas para os enxames de refugiados que migravam para o leste, através da Alemanha, à medida que o poderio francês avançava. Entre estes estava o príncipe de Leiningen, um boêmio já idoso, cujos domínios em Moselle foram confiscados pelos franceses, mas que recebeu, como compensação, o território de Amorbach, na Baixa Francônia. Em 1803, ele se casou com a princesa Victoria, então com 17 anos de idade. Três anos depois, o duque Francis morreu arruinado. O vendaval napoleônico tinha atravessado furiosamente Saxe-Coburg. O ducado foi capturado pelos franceses, e a família do duque ficou reduzida à indigência, quase à fome. Ao mesmo tempo, o pequeno principado de Amorbach era devastado pelos exércitos francês, russo e austríaco, que marchavam sobre ele em todas as direções. Durante anos não existiu sequer uma vaca no campo, nem pasto suficiente para alimentar um bando de gansos. Tal era a desesperada situação da família que, uma geração mais tarde, conquistaria uma posição segura em metade das Casas que reinavam na Europa. O vendaval napoleônico de fato fez o seu trabalho; as sementes estavam plantadas, e a colheita surpreenderia o próprio Napoleão. O príncipe Leopold, entregue aos seus próprios recursos aos 15 anos, conseguiu construir uma carreira e acabou se casando com a herdeira da coroa da Inglaterra. A princesa de Leiningen, lutando em Amorbach contra a pobreza, as exigências militares e um marido fútil, desenvolveu uma independência de caráter e uma tenacidade de propósitos que se mostrariam úteis em diferentes circunstâncias. Em 1814, seu marido morreu, deixando-a com duas crianças e a regência do principado. Depois do casamento de seu irmão com a princesa Charlotte, foi proposto que ela se casasse com o duque de Kent; mas ela declinou, com a justificativa de que a tutela de seus filhos e a administração de seus domínios tornavam indesejáveis novos laços. A morte da princesa Charlotte, contudo, alterou a situação; e quando o duque de Kent renovou a sua proposta, ela aceitou. Ela tinha 32 anos – era baixa, robusta, com olhos e cabelos castanhos e a face rosada; era alegre e volúvel, e estava sempre esplendidamente vestida em sedas farfalhantes e veludos brilhantes.[15]

Certamente foi uma sorte que Victoria Mary Louisa tivesse um temperamento tão obstinado; pois ela estava destinada, durante toda a sua vida, a ter que suportar muita coisa. Seu segundo casamento, com suas perspectivas ambíguas, inicialmente pareceu ser basicamente uma fonte exclusiva de dificuldades e problemas. O duque, declarando ser ainda muito pobre para poder viver na Inglaterra, movia-se de um lado para o outro, com inquietante ansiedade, através da Bélgica e da Alemanha, assistindo a paradas e inspecionando barracas, usando um elegante chapéu militar, enquanto os notáveis ingleses o olhavam de esguelha, e o duque de Wellington o apelidava de "Cabo". "Maldito seja!", ele exclamou ao Sr. Creevey. "Você sabe de que as irmãs o chamam? Por Deus! Elas o chamam de Joseph Surface [Superficial]!" Em Valenciennes, onde se realizariam uma inspeção e um banquete, a duquesa chegou com uma dama de companhia feia e velha, e o duque de Wellington se viu às voltas com uma dificuldade. "Quem diabos deve acompanhar a dama de companhia?", ele não parava de perguntar; finalmente, encontrou uma solução. "Maldição, Freemantle, ache o prefeito e encarregue-o do assunto." Assim o prefeito de Valenciennes foi trazido com aquele propósito, e – segundo nos informa o Sr. Creevey – "que figura capital ele foi". Poucos dias depois, em Bruxelas, o próprio Sr. Creevey teve

---

[15]"Letters", I, l-3; Grey, 373-81, 389; Crawford, 30-4; Stockmar, 113.

uma experiência infeliz. Uma escola militar seria inspecionada – antes do café da manhã. A companhia foi reunida; tudo era altamente satisfatório; mas o duque de Kent prolongava tanto a inspeção de cada detalhe, fazendo uma pergunta meticulosa atrás da outra, que o Sr. Creevey por fim não conseguiu mais suportar aquilo, sussurrando ao seu vizinho que ele estava com uma fome danada. O duque de Wellington o ouviu, e ficou encantado. "Eu lhe recomendo", disse ele, "sempre que você fizer algo com a família real pela manhã, particularmente com *o Cabo*, a tomar o seu café da manhã primeiro." Ele e sua equipe tinham tomado esta precaução, e o grande homem continuou a se divertir enquanto o caudaloso interrogatório real prosseguia, apontando de tempos em tempos para o Sr. Creevey e dizendo: *"Voilà le monsieur qui n'a pas déjeuné!"*[16]

Quando finalmente se estabeleceu em Amorbach, o duque sentiu o tempo lhe pesar penosamente sobre os ombros. A propriedade era pequena, o país estava empobrecido; até mesmo a fabricação de relógios acabou se tornando tediosa. Ele então se lembrou – pois, apesar de sua devoção, o duque não deixava de ter um veia de superstição – da profecia feita por uma cigana em Gibraltar, que lhe dissera que sua vida seria marcada por muitas perdas e cruzes, mas que ele morreria feliz, e que a sua única filha seria uma grande rainha. Logo se tornou claro que uma criança estava sendo esperada: o duque decidiu que ela nasceria na Inglaterra. Faltavam fundos para a viagem, mas sua determinação era insuperável. "Venha o que vier", ele declarou, "esta criança precisa ser inglesa." Uma carruagem foi alugada, e o próprio duque a conduziu. Dentro dela estavam a duquesa, sua filha Feodora, uma garota de 14 anos, as criadas, as enfermeiras, os cãezinhos de estimação e os canários. Eles partiram – através da Alemanha, através da França: estradas

[16]Creevey, I, 282-4.

ruins, estalagens baratas não eram nada para o rigoroso duque e a serena e opulenta duquesa. O Canal foi atravessado, e alcançaram Londres em segurança. As autoridades providenciaram um conjunto de quartos no palácio de Kensington; e lá, no dia 24 de maio de 1819, nasceu uma criança do sexo feminino.[17]

2
Infância

I

A criança que, naquelas circunstâncias não muito impressionantes, veio ao mundo, só recebeu escassa atenção. Havia poucas razões para se prever o seu futuro. Dois meses antes, a duquesa de Clarence tinha dado à luz uma filha; de fato, esta criança tinha morrido quase imediatamente após o parto; mas parecia altamente provável que a duquesa voltaria a ser mãe; e foi o que aconteceu. Além disso, a duquesa de Kent era jovem, e o duque, forte; era bastante provável que em pouco tempo um irmão viesse ao mundo, arrebatando da pequena princesa a sua reduzida chance na sucessão.

O duque, entretanto, via as coisas de outra maneira: havia aquelas profecias... De qualquer modo, ele batizaria a criança de Elizabeth, um nome de bom augúrio. Neste ponto, porém, seus cálculos ignoraram o regente, que, vendo no caso uma oportunidade de irritar seu irmão, anunciou inesperadamente que iria em pessoa ao batismo, sugerindo ao mesmo tempo que um dos padrinhos fosse o imperador Alexandre da

[17]Crawford, 25, 37-8.

Rússia. Assim, quando aconteceu a cerimônia, o arcebispo de Canterbury perguntou com que nome deveria batizar a criança, e o Regente respondeu: "Alexandrina." Neste momento o duque ousou sugerir que outro nome poderia ser acrescentado. "Certamente", disse o regente; "Georgina?" "Ou Elizabeth?", disse o duque. Houve uma pausa, durante a qual o arcebispo, com o bebê repousando em suas mangas de linho, olhou com certo desconforto de um príncipe para o outro. "Então, muito bem", disse por fim o regente, "dê a ela o nome da mãe. Mas Alexandrina deve vir na frente." Assim, para desgosto de seu pai, a criança foi batizada de Alexandrina Vitória.[18]

O desgosto do duque tinha outras razões. O magro dote aprovado pela Câmara dos Comuns não tinha resolvido de forma alguma suas dificuldades financeiras. Ele receava que seus serviços não estivessem sendo reconhecidos pela nação. E suas dívidas continuavam a crescer. Durante muitos anos, ele viveu com 7 mil libras anuais; mas, agora, as suas despesas tinham duplicado; ele não podia mais fazer cortes no orçamento; não havia um só criado em sua casa que ficasse ocioso por um minuto sequer, da manhã até a noite. Ele despejou suas mágoas numa longa carta a Robert Owen, cuja simpatia por ele tinha o grande mérito de ser pragmática. "Eu agora declaro francamente", escreveu ele,

> que, após analisar o assunto de todas as formas possíveis, cheguei à conclusão de que, para continuar a viver na Inglaterra, mesmo no estilo sóbrio em que estamos vivendo, *sem esplendor*, e *sem ostentação, nada inferior ao dobro de 7 mil libras será suficiente*; e qualquer corte adicional será simplesmente impossível.

---

[18]Murray, 62-3; Lee, 11-12.

Estava ficando claro que o duque seria obrigado a vender a sua casa, por 51.300 libras; se mesmo este recurso falhasse, ele partiria para viver no continente.

> Se os meus serviços são úteis ao meu país, decorre certamente daí que *aqueles que têm o poder* de me apoiar devem atender as minhas justas reivindicações, levando em conta as enormes privações e perdas que já experimentei, no meu longuíssimo período de serviço profissional nas colônias; e se isso não for possível, *será para mim uma prova clara de que meus serviços não foram apreciados*; e, diante disso, não hesitarei em, no tempo devido, me isolar no exterior, pois a duquesa e eu já cumprimos o nosso dever, determinando que minha filha tivesse um nascimento *inglês*, e dando a ela a nutrição maternal do solo da Velha Inglaterra; o que certamente voltaremos a fazer, se a Providência nos destinar a aumentar mais uma vez nossa família.[19]

Ao mesmo tempo, o duque decidiu passar o inverno em Sidmouth, "para que a duquesa", disse ele a Owen, "possa gozar do benefício de um tépido banho de mar, e a nossa infanta possa respirar o ar marinho da bela costa de Devonshire, durante esses meses do ano que são tão irritantes em Londres."[20] Em dezembro, o passo foi dado. No ano-novo, o duque lembrou-se de outra profecia. Uma cartomante dissera a ele que em 1820 morreriam dois membros da família real. Quem seriam? Ele especulou com várias possibilidades. O rei, era evidente, não viveria muito mais tempo; e a duquesa de York sofria de uma doença fatal. Provavelmente seriam o rei e a duquesa de York;

[19]Owen, "Journal", número 1, fevereiro de 1853, 28-9.
[20]Ibid., 31.

ou talvez o rei e o duque de York; ou o rei e o regente. Quanto a ele próprio, era um dos homens mais saudáveis da Inglaterra.[21] "Meus irmãos", declarou ele, "não são tão fortes quanto eu; eu tive uma vida regrada. Naturalmente, sobreviverei a todos eles. A coroa acabará vindo para mim e para meus filhos."[22] Pouco tempo depois, ele saiu para caminhar e ficou com os pés molhados. Ao chegar em casa, cometeu a negligência de não trocar as meias e os sapatos. Ele ficou gripado, teve uma inflamação nos pulmões e, no dia 22 de janeiro, já era um homem agonizante. Por um acaso curioso, o Dr. Stockmar estava hospedado na sua casa naquele momento; dois anos antes, ele estivera ao lado do leito de morte da princesa Charlotte; e agora ele testemunhava a agonia do duque de Kent. A conselho de Stockmar, preparou-se apressadamente um testamento. As posses terrenas do duque eram de natureza negativa; mas era importante que a tutela da inadvertida criança, cuja sorte começava a mudar tão estranhamente, fosse assegurada à duquesa. O duque mal foi capaz de compreender o documento, e de acrescentar a sua assinatura a ele. Depois de perguntar se a sua letra estava clara, ele perdeu a consciência, dando seu último suspiro na manhã seguinte.[23] Seis dias depois, realizou-se a segunda metade da profecia da cigana. A longa, infeliz e inglória vida de George III da Inglaterra tinha terminado.

II

Tamanha era a confusão dos negócios em Sidmouth, que a duquesa se viu sem meios de regressar a Londres. O príncipe Leopold se apressou a ir buscá-la e conduziu pessoalmente a irmã e sua família, em lentas e sofridas jornadas, até

---

[21]Croker, I, 135.

[22]Stockmar, 113.

[23]Ibid., 114-5.

Kensington. A dama enviuvada, em seus volumosos trajes pretos, precisou de toda a sua equanimidade para suportá-la. Suas perspectivas eram mais duvidosas do que nunca. Ela tinha uma renda de 6 mil libras anuais, mas as dívidas de seu marido avultavam diante dela como uma montanha. Logo ela soube que a duquesa de Clarence estava mais uma vez esperando uma criança. O que lhe restava esperar de Londres? Por que ela deveria permanecer num país estrangeiro, entre estrangeiros, cuja língua ela não podia falar, cujos costumes ela não podia entender? Seguramente seria melhor voltar a Amorbach, onde, no meio de seu povo, educaria suas filhas numa situação econômica e modesta. Mas a duquesa era uma otimista inveterada; passara a vida toda lutando, e não seria agora que ela iria desanimar. Além disso, ela adorava o seu bebê. *"C'est mon bonheur, mes délices, mon existence"*, é a minha felicidade, minha alegria, minha vida, afirmava. A filha adorada seria criada como uma princesa inglesa, fosse qual fosse a sorte que a aguardava. Mas o príncipe Leopold apresentou-se cheio de nobreza, com uma oferta de 3 mil libras adicionais por ano; e a duquesa pôde assim permanecer em Kensington.[24]

A criança era extremamente gorducha, e exibia uma semelhança notável com seu avô. *"C'est l'image du feu Roi"*, exclamava a duquesa. *"C'est le Roi Georges en jupons"*, parece o rei com anáguas, ecoavam as damas de honra à sua volta, enquanto a pequena criatura engatinhava com dificuldade dos braços de uma para os de outra.[25]

Em pouco tempo, o mundo começou a se interessar, a princípio moderadamente, por aquele quarto de criança em Kensington. Quando, no início de 1821, a segunda filha da duquesa de Clarence, a princesa Elizabeth, morreu três meses

---

[24]"Letters", I, 15, 257-8; Grey, Apêndice A.

[25]Granville, I, 168-9.

após o nascimento, o interesse cresceu ainda mais. Forças poderosas e antagonismos ferozes pareciam estar se movendo obscuramente em torno do berço real. Era um tempo de facções e ódios arraigados, de repressão violenta e descontentamento profundo. Um movimento poderoso, que durante um longo tempo tinha sido refreado por circunstâncias adversas, voltava agora a se espalhar por todo o país. Novas paixões e novos desejos emergiam; ou melhor, velhas paixões e velhos desejos, reencarnados com uma nova potência: amor à liberdade, ódio da injustiça, esperança no futuro do homem. Os poderosos ainda se sentavam orgulhosamente em seus tronos, exercendo sua antiga tirania; mas uma tempestade estava nascendo da escuridão, e já havia relâmpagos no céu. Mas as forças mais intensas precisam operar através de frágeis seres humanos; e, durante vários anos, pareceu que a grande causa do liberalismo inglês dependia da vida da pequena menina em Kensington. Apenas ela se interpunha entre o país e o seu terrível tio, o duque de Cumberland, a personificação hedionda da reação. Inevitavelmente, a duquesa de Kent apostou suas fichas no partido do marido; líderes do Partido Whig, agitadores radicais se agrupavam em torno dela. Ela era íntima do corajoso lorde Durham e mantinha relações amigáveis com o próprio O'Connell, um verdadeiro baluarte. A duquesa também recebia Wilberforce – embora, por precaução, não o convidasse a se sentar.[26] Ela declarou em público que depositava sua fé na "liberdade do povo".[27] Era certo que a jovem princesa seria educada para seguir o caminho devido. Mas o duque de Cumberland espreitava, sinistro, por trás do trono. Brougham, aguardando ansiosamente o futuro, insinuava, com seu jeito indecoroso, possibilidades pavorosas. "Nunca antes rezei tão intensamente por uma princesa", ele escreveu, ao saber que George IV estava doente.

---

[26] Wilberforce, William, V, 71-2.

[27] "Letters", I, 17.

> Se ele se fosse, todos os problemas desses vilões [os ministros tóri] partiriam com ele, e eles teriam em Fred. I [o duque de York] o seu homem por toda a vida (...) Ele (Fred. I) também não viverá muito. Aquele príncipe de Blackguards, 'irmão William', é tão ruim que fará parte do curso natural das coisas que ele seja *assassinado* pelo rei Ernesto I ou pelo regente Ernesto [o duque de Cumberland].[28]

Tais pensamentos não eram peculiares a Brougham; no estado fervilhante em que se encontrava o sentimento público, eles frequentemente vinham à superfície; e, mesmo apenas um ano antes de sua ascensão ao trono, os jornais radicais estavam repletos de insinuações de que a princesa Vitória estava em perigo por causa das maquinações de seu perverso tio.[29]

Mas nenhum eco desses conflitos e presságios atingiu a pequena Drina – assim ela era chamada no círculo familiar –, e ela continuava a brincar com suas bonecas, ou a correr pelos corredores, ou a montar no asno que seu tio York lhe tinha presenteado,[30] ao longo das avenidas de Kensington Gardens. A menina loura e de olhos azuis era idolatrada por suas criadas, pelas damas de companhia de sua mãe e por sua irmã Feodora; e durante alguns anos existiu o perigo, apesar da severidade de sua mãe, de ela se tornar excessivamente mimada. De tempos em tempos ela tinha acessos violentos, batia seu pezinho e desafiava todos à sua volta; o que quer que dissessem. Não queria aprender a ler – não, ela *não queria*; mais tarde, ela ficou muito triste, e explodiu em lágrimas; mas o abecedário continuou a ser aprendido. Aos 5 anos, contudo, ocorreu uma mudança, com a aparição de *fräulein* Lehzen. Esta dama, que

---

[28]Creevey, I, 297-8.
[29]Jerrold, "Early Court", 15-17.
[30]"Letters", I, 10.

era filha de um clérigo de Hanover, e que anteriormente tinha sido governanta da princesa Feodora, logo foi bem-sucedida em inculcar um novo espírito na menina. Inicialmente, de fato, ela ficou estarrecida com os violentos acessos da temperamental princesinha; nunca na vida, ela declarou, tinha visto uma criança tão cativante e travessa. Então notou algo mais; a criança era extraordinariamente sincera; fosse qual fosse o castigo, ela nunca dizia uma mentira.[31] Firme, muito firme, a nova governanta sabia porém que toda a firmeza do mundo seria inútil, a menos que ela pudesse encontrar o caminho para o coração de Drina. Ela o fez, e não houve mais dificuldades. Drina aprendeu a ler como um anjo, aprendendo igualmente outras coisas. A baronesa de Späth a ensinou a fazer pequenas caixas de papelão e a decorá-las com ouropéis e flores pintadas;[32] sua mãe, por sua vez, lhe ensinava religião. Sentada num banco da igreja todos os domingos de manhã, a menina de 6 anos podia ser vista ouvindo com atenção dissimulada o interminável sermão do clérigo, sobre o qual ela seria arguida à tarde.[33] A duquesa estava determinada a preparar sua filha, desde a mais tenra idade, para a alta posição que poderia ocupar, de forma que sua conduta fosse a mais respeitável possível; a sua bondosa, simples e parcimoniosa mentalidade alemã recuava horrorizada e surpresa diante dos banquetes vergonhosos de Carlton House; jamais seria permitido a Drina esquecer por um instante sequer as virtudes da simplicidade, da ordem, do decoro e da devoção. A menina, porém, não precisava muito dessas lições, já que era naturalmente ordeira e simples, era devota sem dificuldade, e seu senso de decoro era acentuado. Ela

---

[31]"Ibid., I, 14; Girlhood, I, 280.

[32]Crawford, 6.

[33]Smith, 21-2.

entendia muito bem as sutilezas de sua posição. Quando uma menina de 6 anos, lady Jane Ellice, foi levada por sua avó ao palácio de Kensington, puseram-na para brincar com a princesa Vitória, que tinha a mesma idade. A jovem visitante, ignorante em matéria de etiqueta, começou a tomar liberdades com os brinquedos espalhados pelo chão, de uma forma um pouco familiar demais; "Você não deve tocá-los", ela foi rapidamente repreendida. "Esses brinquedos são meus; e eu posso chamá-la de Jane, mas você não deve me chamar de Vitória".[34] A companheira mais assídua da princesa era Victoire, filha de Sir John Conroy, mordomo da duquesa. As duas meninas gostavam muito uma da outra e costumavam andar de mãos dadas nos jardins de Kensington. Mas a pequena Drina estava perfeitamente ciente de qual das duas era acompanhada, a uma distância respeitável, por um gigantesco lacaio vestido de escarlate.[35]

De bom coração e compreensiva, ela amava sua querida Lehzen e amava sua querida Feodora, sua querida Victoire e sua querida madame de Späth. E sua querida mamãe... é claro, ela também a amava; era seu dever; e mesmo assim – ela não saberia dizer por que – sempre ficava mais feliz quando estava na companhia do tio Leopold, em Claremont. Lá, a velha Sra. Louis, que anos antes servira sua prima Charlotte, mimava-a até onde era possível a seu coração; e seu próprio tio era maravilhosamente generoso com ela, falando-lhe sempre carinhosa e seriamente, quase como se ela fosse uma adulta. Ela e Feodora invariavelmente choravam quando a visita, muito breve, chegava ao fim, e eram obrigadas a regressar à monotonia submissa e à supervisão afetuosa em Kensington. Mas, às vezes, quando sua mãe tinha que ficar em casa, era per-

[34]"Cornhill Magazine", LXXV, 730.

[35]Hunt, II, 257-8.

mitido que ela passeasse para passear sozinha com sua querida Feodora e sua querida Lehzen, e ela podia falar e se vestir da forma que quisesse, o que era muito prazeroso.[36]

As visitas a Claremont eram bastante frequentes; mas um dia, numa ocasião especial, Vitória fez uma visita de um tipo mais raro e excitante. Ela, sua mãe e a irmã foram convidadas pelo rei a visitarem Windsor. George IV, que tinha transferido sua doentia rabugice para a cunhada e sua família, parecia finalmente estar cansado de se aborrecer e decidiu ser agradável. O velho pelintra, com uma enorme peruca sofrendo de gota, mas assim mesmo todo paramentado, com sua amante cheia de joias a seu lado e ostentando a sua corte ao redor de si –, recebeu a pequena criatura que estava destinada a dominar naqueles mesmos salões um Estado muito diferente. "Dê-me a sua mãozinha", disse ele, e duas eras se tocaram. Na manhã seguinte, passeando em sua carruagem com a duquesa de Gloucester, ele encontrou a duquesa de Kent e sua filha no parque. "Faça-a subir", foi sua ordem, que, para o prazer da menina e o terror de sua mãe, foi imediatamente obedecida. Então eles correram até Virginia Water, onde havia uma grande barcaça, cheia de lordes e damas pescando, e outra barcaça com uma banda de música. O rei lançou um olhar amoroso para Feodora, elogiando seus modos, voltando-se então para a sua própria sobrinha. "Qual é a sua melodia preferida? A banda tocará para você." "Deus salve o rei, Sir", foi a resposta imediata. A resposta da princesa foi exaltada como um exemplo precoce de uma finura e um tato que mais tarde seriam famosos. Mas ela era uma criança muito sincera, e talvez aquela fosse mesmo a sua opinião genuína.[37]

---

36 "Letters", I, 10, 18.

37 "Letters", I, 11-12; Lee, 26.

III

Em 1827, o duque de York, que tinha encontrado algum consolo para a perda de sua esposa na simpatia da duquesa de Rutland, morreu, deixando atrás de si a imensa e inacabada Sttafford House e dívidas no valor de 200 mil libras. Três anos depois George IV também desapareceu, e o duque de Clarence reinou em seu lugar. A nova rainha, agora estava claro, provavelmente jamais voltaria a ser mãe; a princesa Vitória, portanto, foi reconhecida pelo Parlamento como herdeira presumida; e a duquesa de Kent, cuja anuidade tinha sido dobrada cinco anos antes, agora passava a receber 10 mil libras adicionais para a criação da princesa – e foi indicada regente, no caso da morte do rei antes da maioridade de sua filha. Ao mesmo tempo, uma grande convulsão atingiu a própria Constituição do Estado. O poder do Partido Tóri, que dominavam a Inglaterra havia mais de quarenta anos, subitamente começou a desmoronar. Na tremenda luta que se seguiu, pareceu por um momento que uma tradição de gerações podia ser quebrada, que a tenacidade cega dos reacionários e a determinação furiosa de seus inimigos só poderia ter como resultado a revolução. Mas as forças da conciliação triunfaram: a Lei da Reforma foi aprovada. O centro de gravidade da Constituição se deslocou em direção às classes médias; o Partido Whig subiu ao poder; e a composição do governo ganhou uma tonalidade liberal. Um dos resultados deste novo estado de coisas foi uma mudança na posição da duquesa de Kent e sua filha. De *protégées* de uma panelinha da oposição, elas passaram a ser o centro das atenções da maioria oficial da nação. A princesa Vitória seria, dali em diante, o símbolo vivo da vitória das classes médias.

O duque de Cumberland, por outro lado, sofreu um eclipse equivalente: suas asas foram cortadas pela Lei da Reforma. Ele se tornou insignificante e quase inofensivo, embora sua feiura permanecesse a mesma; Cumberland ainda era o tio malvado – mas apenas de uma história já passada.

O liberalismo da própria duquesa não era muito profundo. Ela seguia, naturalmente, as pegadas do marido, repetindo com convicção os lemas dos sábios amigos dele e os comentários generalizantes de seu irmão Leopold, igualmente sábio. Ela mesma não tinha pretensões à sabedoria; ela não entendia muito bem a Lei da Pobreza, o comércio de escravos e a economia política; mas esperava cumprir o seu dever; e esperava – esperava ardentemente – que Vitória fizesse o mesmo. Suas concepções educacionais eram as do Dr. Arnold, cujas opiniões apenas começavam a ser aceitas na sociedade. O objetivo do Dr. Arnold era, primeira e principalmente, transformar os seus pupilos em cavalheiros cristãos, no mais elevado e verdadeiro sentido da expressão; os refinamentos intelectuais vinham depois. A duquesa estava convencida de que o seu supremo dever na vida era assegurar que sua filha se tornaria uma rainha cristã. Ela dedicou todas as suas energias a essa tarefa; e, à medida que a criança crescia, a duquesa se orgulhava de constatar que seus esforços tinham sido bem-sucedidos. Quando a princesa tinha 11 anos, ela quis que os bispos de Londres e Lincoln submetessem a menina a uma avaliação e relatassem o progresso alcançado. "Eu sinto que é chegada a hora", a duquesa explicava, numa carta obviamente do próprio punho,

> de pôr à prova o que foi feito até aqui, pois se algo foi feito num erro de julgamento, ainda poderá ser corrigido, e acredito que os planos para o futuro devem estar abertos a considerações e revisões (...). Acompanho pessoalmente quase todas as lições, ou parte delas; e como a dama que atende a princesa é uma pessoa competente, que a ajuda a preparar as suas lições para os diferentes mestres, decidi agir da mesma maneira, de forma a me tornar eu mesma a sua governanta (...). Ao

> atingir a idade apropriada, ela começou a frequentar regularmente os ofícios religiosos, ao meu lado, e sinto profundamente que ela tem a Religião em seu coração, que os ofícios da missa lhe produzem uma profunda impressão moral, e que ela é menos vulnerável ao erro na aplicação dessas lições aos seus próprios sentimentos por se tratar de uma criança capaz de reflexão.

"A maior característica de sua personalidade", acrescentava a duquesa,

> é a força do intelecto, capaz de assimilar informações facilmente, e com uma predisposição singular a tomar decisões justas e bondosas a propósito de qualquer tema sobre o qual se peça sua opinião. O seu apego à verdade é uma característica tão marcante que não sinto nenhuma apreensão quanto à quebra deste baluarte, sob quaisquer circunstâncias.

Os bispos compareceram ao palácio, e o resultado de seu exame foi o melhor que se podia esperar. "Respondendo a uma enorme variedade de perguntas que lhe foram propostas", relataram eles,

> a princesa demonstrou um conhecimento acurado dos aspectos mais importantes da história da escritura, e dos preceitos e verdades dominantes da religião cristã, tais como eles são ensinados pela Igreja da Inglaterra, bem como uma grande familiaridade com a cronologia e os fatos principais da história inglesa, admirável em alguém tão jovem. Quanto às perguntas sobre geografia, o uso dos globos, aritmética e gramática latina, as respostas dadas pela princesa foram igualmente satisfatórias.

Eles não acreditaram que o plano de educação da princesa precisasse de qualquer aprimoramento; e o arcebispo de Canterbury, que também foi consultado, chegou à mesma e agradável conclusão.[38]

Restava, porém, um importante passo a ser dado. Até então, como a duquesa explicara aos bispos, a princesa fora mantida na ignorância do cargo que ela estava destinada a ocupar.

> Ela está ciente dos deveres de um soberano, e de que ele deve viver para os outros; de forma que, quando a sua mente inocente recebe as impressões de seu destino futuro, ela as recebe com uma mente moldada para ser sensível àquilo que se deverá esperar dela, e será esperado, de forma que ela já está bastante familiarizada com estes princípios para que fique deslumbrada com o cargo ao qual está destinada.[39]

No ano seguinte, foi decidido que ela seria esclarecida sobre este assunto. A cena bem conhecida se seguiu: a lição de história, a tabela genealógica dos reis da Inglaterra introduzida furtivamente no livro pela governanta, a surpresa da princesa, suas perguntas, e finalmente sua compreensão dos fatos. Quando por fim a criança entendeu, permaneceu em silêncio por um momento, e então falou: "Serei boa", disse ela. As palavras eram algo mais que uma declaração convencional, algo mais que a expressão de um desejo que lhe fora imposto; elas eram, em seu limite, sua intensidade, seu egoísmo e sua humildade, um sumário instintivo das qualidades que dominariam sua vida. "Eu chorei muito quando soube", afirmou Sua Majestade muito tempo depois. Sem dúvida. Quando os outros

[38]"Letters", I, 14-17.

[39]Ibid., I, 16.

se fizeram presentes, mesmo sua querida Lehzen, a menina recuperou o seu autocontrole; e então se retirou para aliviar seu coração de uma desconhecida agitação interior, com um lenço, fora do alcance dos olhos de sua mãe.[40]

Mas não era de forma alguma fácil escapar do alcance da visão de sua mãe. De manhã e à tarde, dia e noite, a vigilância maternal não conhecia descanso. A menina se tornou uma adolescente, e a adolescente, uma jovem mulher; mas ela ainda dormia na cama da mãe; e ainda não havia lugar algum onde ela fosse autorizada a brincar ou estudar sozinha.[41] Cada passo seu era objeto de uma vigilância extraordinária; até o dia de sua ascensão, ela nunca desceu uma escada sem alguém que lhe desse a mão.[42] A simplicidade e a ordem regulavam a casa. As horas, os dias, os anos passavam de forma lenta e metódica. As bonecas – as incontáveis bonecas, cada qual mais bem vestida que a outra, cada qual com seu nome meticulosamente registrado num catálogo – foram postas de lado, e um pouco de música e dança tomaram o seu lugar. Taglioni veio para dar graça e dignidade a seu perfil,[43] e Lablanche foi convocado a treinar a voz de soprano da princesa, com sua rica voz de baixo. O Deão de Chester, o preceptor oficial, continuou a instrução interminável na História da Escritura, enquanto a duquesa de Northumberland, a governanta oficial, comandava cada lição com a solenidade adequada. Sem dúvida, a principal conquista da princesa em seus anos escolares foi linguística. Naturalmente, o alemão foi a primeira língua com a qual ela se familiarizou; mas o inglês e o francês vieram logo depois; e ela se tornou virtualmente trilíngue, embora o seu domínio da gramática inglesa fosse incompleto. Ao mesmo tempo,

---

[40]Martin, I, 18.

[41]"Letters", I, 11.

[42]Girlhood, I, 42.

[43]Crawford, 87.

adquiriu noções básicas de italiano e um conhecimento vago de latim. Ela não lia muito, todavia. Não era uma ocupação que a interessasse muito; em parte, talvez, porque os livros que lhe eram dados ou eram sermões, sempre muito tediosos, ou poesias, que eram incompreensíveis. Romances eram estritamente proibidos. Lorde Durham persuadiu sua mãe a lhe trazer algumas histórias da Srta. Martineau, que ilustravam as verdades da economia política, e ela gostou; mas, deve-se recear, a princesa pode ter ficado encantada apenas com o prazer incomum das histórias, e que ela nunca chegou a entender realmente a teoria das trocas ou a natureza da renda.[44]

Infelizmente para ela, a atmosfera mental que a cercava durante seus anos de adolescência era quase inteiramente feminina. Não havia nem pai nem irmão que quebrassem a monotonia suave do cotidiano com alguma impetuosidade, rudeza, gargalhadas altas e sopros de liberdade do mundo exterior. A princesa nunca foi chamada por uma voz que fosse alta e grave; nunca sentiu, é claro, um rosto de pele áspera e dura em contato com a maciez da seu; nunca pulou um muro com um garoto. As visitas a Claremont – deliciosas pequenas escapadas para a sociedade masculina – chegaram ao fim quando ela fez 11 anos, e o príncipe Leopold deixou a Inglaterra para se tornar rei da Bélgica. Ela ainda o adorava; ele ainda era "*il mio secondo padre* – ou, antes, *solo padre*, pois de fato é como se ele fosse meu pai de verdade, já que eu não tenho um." Mas essa paternidade que ele assumia agora só a atingia de forma indistinta e indireta, através do frio canal da correspondência; dali em diante, o dever feminino, a elegância feminina, o entusiasmo feminino a ocupavam completamente; e o seu espírito, em meio a tantos deveres, mal chegava a ser atingido por aquelas duas grandes influências, sem as quais nenhuma vida pode verdadeiramente prosperar – o humor e a imaginação. A baro-

[44]Martineau, II, 118-9.

nesa Lehzen – já que ela tinha ganhado este título da nobreza de Hanover das mãos de George IV, pouco antes de ele morrer – era o centro real do mundo da princesa. Quando Feodora se casou, quando tio Leopold foi para a Bélgica, a baronesa ficou sem nenhum concorrente. A princesa tratava sua mãe com o respeito devido; mas o seu coração era de Lehzen. A volúvel e sagaz filha de um pastor de Hanover, pródiga na devoção à sua tarefa real, colhia a sua recompensa na forma de uma confiança sem limites e uma adoração apaixonada. A princesa atravessaria um incêndio pela sua "*preciosa* Lehzen", a "melhor e mais sincera amiga", ela dizia, que tivera desde o nascimento. O seu diário, iniciado quando tinha 13 anos, e no qual ela registrava dia após dia a pequena sucessão de suas atividades e sentimentos, traz em cada página os traços da baronesa e sua poderosa influência. A jovem criatura que se vê ali autorrepresentada com ingênua clareza, com sua sinceridade, sua simplicidade, seus rápidos afetos e suas resoluções piedosas, quase poderia ser ela própria a filha de um pastor alemão. Suas diversões, suas admirações, seus *engouements* vinham naturalmente sublinhados e acompanhados de frequentes pontos de exclamação.

> Foi um passeio *delicioso*. Nós andamos a meio-galope um bom trecho. A doce e pequena Rosy estava linda! Voltamos para casa às 13h15 (...) Às 18h40 fomos para a ópera (...) Rubini apareceu e interpretou uma canção de *Ana Bolena* bastante bem. Voltamos para casa às 23h30.[45]

Em seus comentários sobre suas leituras, a mente da baronesa se revela claramente. Um dia, por algum equívoco, lhe deixaram pegar um volume das memórias de Fanny Kemble.

---

[45]Girlhood, 66-7.

Certamente é um texto escrito de forma estranha e insolente. Pelo estilo, pode-se imaginar que a autora é muito atrevida e sem muita educação, já que existem tantas expressões vulgares ali. É uma pena que uma pessoa dotada de um talento tão grande, como é o caso da Sra. Butler, não tenha dado atenção a isso, publicando um livro tão cheio de disparates e absurdos que só pode causar danos a ela própria. Fiquei acordada até 21h20.

As cartas de madame de Sévigné que a baronesa lia em voz alta tiveram uma acolhida melhor. "Como o seu estilo é verdadeiramente elegante e natural! É tão cheio de *naïveté*, inteligência e graça!" Mas a sua admiração maior estava reservada para a *Exposição do Evangelho de São Mateus*, do bispo de Chester.

De fato, é um livro muito bom. Exatamente do tipo que eu gosto; simples e claro, cheio de verdades e bons sentimentos. Não é um daqueles livros eruditos nos quais você tem que cavilar quase em todos os parágrafos. Lehzen me deu este livro de presente no domingo em que eu recebi o sacramento.[46]

Poucas semanas antes a princesa tinha sido crismada, episódio que ela descreve da seguinte maneira:

Eu senti que a minha crisma foi um dos atos e acontecimentos mais importantes e solenes da minha vida; e por isso acreditei que ele teria um efeito salutar sobre o meu espírito. Senti-me profundamente arrependida por tudo aquilo que eu tinha feito de errado e confiei

[46]Ibid., I, 129.

> em Deus Todo-Poderoso para fortalecer meu coração e minha mente; e deixar de lado tudo o que for ruim e abraçar tudo o que for virtuoso e correto. Segui com a firme determinação de me tornar uma verdadeira cristã, confortar minha *Mamma* em todos os seus pesares, provações e ansiedades, tornando-me uma filha dedicada e afetuosa para ela. E também ser obediente à *querida* Lehzen, que tanto já fez por mim. Eu estava usando um vestido branco de renda, com um toucado branco de crepe com uma grinalda de rosas brancas ao redor dele. Fui na carruagem com minha querida *Mamma*, e os outros nos seguiram em outra carruagem.[47]

Parece que estamos diante de um cristal pequeno e liso, sem falhas nem cintilação, e tão transparente que se pode enxergar através dele no primeiro vislumbre.

Talvez, apesar de tudo, a um olhar mais agudo, a pureza não parecesse tão absoluta. O pesquisador cuidadoso pode detectar, no solo virgem, os primeiros e fracos traços de um veio inesperado. Naquela existência de convento, visitas eram eventos excitantes; e, como a duquesa tinha muitos parentes, elas não eram raras; tios e tias da Alemanha apareciam com frequência, e primos também. Quando a princesa tinha 14 anos, ela ficou encantada com a chegada de um par de garotos de Würtemberg, os príncipes Alexander e Ernst, filhos da irmã de sua mãe com o duque então reinante. "Os dois são *extremamente altos*", ela observou. "Alexander é *muito bonito*, e Ernst tem uma *expressão muito bondosa*. Ambos são EXTREMAMENTE *amigáveis*". Na mesma medida, a partida deles a encheu de tristeza.

---

[47]Girlhood, I, 124-5.

> Nós os vimos entrar na barcaça, e durante algum tempo ficamos na praia, olhando o barco se afastar. Eles eram tão amigáveis, e era tão bom tê-los em casa; eles estavam *sempre satisfeitos, sempre bem-humorados*; Alexander demonstrou muito zelo comigo ao sair do barco, e caminhou até mim; o mesmo fez Ernst.[48]

Dois anos depois, chegaram dois outros primos, os príncipes Ferdinand e Augustus. "O querido Ferdinand", escreveu a princesa,

> despertou uma admiração universal em todos os grupos (...) Ele é tão espontâneo, e tem uma aparência e um porte tão distintos. Os dois são rapazes muito queridos e encantadores. Augustus também é muito amigável e, quando observado, demonstra um enorme bom senso.

Em outra ocasião,

> O querido Ferdinand se aproximou, sentou-se perto de mim, e conversamos com muito carinho e sensibilidade. Eu o adoro *tanto*. O querido Augustus sentou-se ao meu lado e conversou comigo, e ele também é um jovem bondoso e querido, e muito bonito.

Ela não conseguia decidir qual dos dois era o mais bonito. No conjunto, ela concluía:

> Acho Ferdinand mais bonito que Augustus, seus olhos são tão lindos, e a expressão de seu rosto é tão viva e

[48]Ibid., I, 78, 82.

> inteligente; *os dois* têm uma expressão doce; Ferdinand tem alguma coisa *muito bonita* na sua expressão quando fala e sorri, e ele é *tão* bondoso.

Contudo, talvez fosse melhor dizer que "*ambos* eram muito bonitos e *muito queridos.*"[49] Mas pouco depois dois outros primos chegaram, que ofuscaram todos os outros. Eram os príncipes Ernest e Albert, filhos do irmão mais velho de sua mãe, o duque de Saxe-Coburg. Desta vez a princesa foi mais meticulosa nas suas observações. "Ernest", notou ela,

> é tão alto quanto Ferdinand e Augustus; ele tem cabelo preto e belos olhos escuros e sobrancelhas, mas o nariz e a boca não são bons; sua fisionomia é muito gentil, honesta e inteligente, e tem uma bela estampa. Albert, que é tão alto quanto Ernest, mas mais robusto, é extremamente bonito; o seu cabelo é quase da cor do meu; seus olhos são grandes e azuis, seu nariz é bonito, e sua boca é doce, com belos dentes; mas o charme de sua fisionomia é a sua expressão, que é muito agradável; *c'est à la fois* cheia de bondade e doçura, e também muito sábia e inteligente.

"Meus dois primos", acrescentou ela,

> são tão bons e gentis; eles são muito mais *formés* e homens do mundo do que Augustus; falam inglês muito bem, e eu converso neste idioma com eles. Ernest fará 18 anos no dia 21 de junho, e Albert fará 17 no dia 26 de agosto. O querido tio Ernest me presenteou com um

---

[49] Girlhood, I, 150-3.

papagaio adorável, que é tão manso que fica pousado na sua mão, e você pode tocar seu bico com o dedo, ou fazer qualquer coisa com ele, sem correr o risco de ser bicado. Ele é maior do que o papagaio cinzento de *Mamma*.

E, pouco depois,

Sentei-me entre meus dois primos no sofá, e ficamos olhando desenhos. Ambos desenham muito bem, especialmente Albert, e ambos são admiradores ardorosos da música; ambos tocam piano muito bem. Quanto mais os vejo, mais encantada eu fico, e mais os adoro (...). É agradável ficar com eles; eles também gostam tanto de se ocupar com algo; são um verdadeiro exemplo para qualquer jovem.

Quando, após uma estada de três semanas, chegou a hora de os dois rapazes e seu pai regressarem à Alemanha, o momento da partida foi melancólico.

Aquele foi nosso último café da manhã FELIZ, FELIZ, com o meu querido tio e meus *queridíssimos* e adorados primos, que eu *amo* MUITO MUITO; *muito mais intensamente* do que quaisquer outros primos no mundo. Eu amo muito Ferdinand e também o bondoso Augustus, mas amo Ernest e Albert *mais* do que eles, oh sim, MUITO *mais*... Os dois já aprenderam muitas coisas e são muito sábios, naturalmente sábios, especialmente Albert, que é o mais reflexivo dos dois, e ambos gostam muito de conversar sobre temas sérios e instrutivos, e ao mesmo tempo são *muito, muito* alegres, divertidos e joviais, como os rapazes devem ser; Albert sempre fazia alguma brincadeira e tinha uma palavra espirituosa no café da manhã, e em qualquer situação; ele também

> costumava brincar com Dash e acariciá-la de um jeito divertido. (...) O querido Albert estava tocando piano quando desci. Às 11 horas, meu querido tio, meus *adoradíssimos* primos e Charles nos deixaram, acompanhados do conde Kolowrat. Abracei com fervor meus dois queridos primos, e também o meu querido tio. Chorei amargamente, muito amargamente.[50]

A princesa dividia entre os dois os seus êxtases e os seus itálicos; mas é bastante claro qual deles merecia a sua predileção secreta. "Especialmente Albert!" Ela tinha 17 anos; e foi profunda a impressão deixada naquele organismo em botão pelo charme, pela bondade e pelas proezas daquele jovem, pelos seus grandes olhos azuis e seu belo nariz, e sua doce boca e seus belos dentes.

IV

O rei William não conseguia se entender com sua cunhada, e a duquesa retribuía inteiramente sua antipatia. Sem tato ou paciência consideráveis, suas atitudes em relação um ao outro eram calculadas de forma a causar o máximo desconforto; se havia pouquíssima diplomacia na postura da duquesa, não havia tolerância alguma na de Sua Majestade. Um velho cavalheiro explosivo e expansivo, com trejeitos de capitão de navio, olhos redondos e inquietos, e a cabeça na forma de abacaxi, sua súbita ascensão ao trono após 66 anos de completa insignificância quase o deixou louco. Sua natural exuberância era o melhor que ele tinha a oferecer; ele se apressava em fazer coisas ridículas de uma maneira extraordinária, espalhando diversão e terror por toda parte, e falando sem parar. Sua língua era

[50]Girlhood, I, 157-61.

decididamente hanoveriana, com suas repetições, seus lemas – "Isto é outra coisa! Isto é outra coisa!" – seu estilo estrepitoso e indomável, sua indiscrição ruidosa. Seus discursos, feitos invariavelmente nas circunstâncias menos oportunas e confusamente repletos de todos os caprichos e fúrias que lhe ocorressem no momento e sacolejassem a sua mente fraca, sempre causavam uma profunda consternação nos ministros. Ele era uma parte maroto, diziam as pessoas, e três partes bufão; mas aqueles que o conheciam melhor não podiam deixar de gostar dele – de fato ele tinha boas intenções; era verdadeiramente bem-humorado e tinha bom coração, se fosse analisado do ângulo adequado. Quem o observasse por outro ângulo, porém, precisaria tomar cuidado com seus gritos, como descobriu a duquesa de Kent.

A duquesa não tinha ideia de como lidar com ele – ela sequer conseguia entendê-lo. Ocupada com a sua própria posição, suas próprias responsabilidades, seus deveres e sua filha, não lhe sobrava tempo nem atenção para se preocupar com suscetibilidades apimentadas de um velho tolo e de má reputação. Ela era a mãe da herdeira da Inglaterra; e cabia a ele reconhecer este fato – tratando-a da maneira apropriada, em pé de igualdade – e dar a ela a precedência de uma princesa de Gales viúva, concedendo-lhe uma grande anuidade para seu uso privado.[51] Não ocorreu a ela que tais pretensões deviam ser exasperantes para um rei que não tinha filhos legítimos, e que ainda não perdera completamente a esperança de vir a ter um. A duquesa continuou a fazer pressão, de forma vigorosa, para alcançar seus objetivos. Sir John Conroy, um irlandês sem juízo mas altamente vaidoso, era seu conselheiro íntimo, e ele a atiçava. Era aconselhável que Vitória se familiarizasse com os vários distritos da Inglaterra, e ao longo de vários verões,

[51]Greville, II, 195-6.

uma sucessão de viagens – para o oeste, para o interior, para Gales – foi organizada para ela. A intenção deste projeto era excelente, mas sua execução foi bastante infeliz. As viagens, anunciadas na imprensa, atraindo multidões entusiasmadas e envolvendo recepções oficiais, assumiam ares de um desfile real. Cidadãos locais faziam discursos e faziam petições; encantada, a duquesa, inchada em suas plumagens e quase ofuscando a diminuta princesa, lia em voz alta, com seu sotaque alemão, réplicas espirituosas preparadas previamente por Sir John, que, alvoroçado e ridículo, parecia estar confundindo os papéis de mordomo e primeiro-ministro. Naturalmente, o rei se enfureceu ao ler as notícias de seu jornal em Windsor: "Essa mulher é uma praga! Essa mulher é uma praga!", exclamou. A pobre rainha Adelaide, amável embora desapontada, fez o possível para acalmar as coisas, mudou de assunto e escreveu cartas afetuosas a Vitória; mas foi em vão. Chegavam notícias de que a duquesa de Kent, agora navegando a bordo do *Solent*, insistira em que, sempre que sua embarcação aparecesse, ela deveria ser recebida com salvas reais por todos os militares de todos os fortes. O rei declarou que essas contínuas provocações precisavam parar imediatamente. O primeiro-ministro e o primeiro lorde do Almirantado foram consultados; e eles escreveram privadamente à duquesa, pedindo que abrisse mão de seus direitos. Mas ela não lhes deu atenção; Sir John Conroy estava inflexível. "Como *conselheiro confidencial* de Sua Alteza Real", disse ele, "não posso aconselhá-la a fazer isso." Por fim o rei, num estado de grande agitação, emitiu uma Ordem do Conselho especial, proibindo o disparo de saudações reais a qualquer barco, exceto aqueles que transportassem o atual soberano ou sua consorte a bordo.[52]

Quando o rei William discutiu asperamente com seus ministros do Partido Whig, a situação ficou ainda mais amarga,

---

[52]Greville, III, 321, 324.

já que agora a duquesa, além de seus outros defeitos, era partidária política de seus inimigos. Em 1836, ele fez uma tentativa de preparar o terreno para a união entre a princesa Vitória e um dos filhos do príncipe de Orange, e ao mesmo tempo fez o possível para impedir a visita dos jovens príncipes Coburg a Kensington. Ele fracassou nos dois projetos; e o único resultado dos seus esforços foi aumentar a ira do rei da Bélgica, que, esquecendo por um momento sua moderação real, enviou uma carta indignada sobre o assunto à sua sobrinha. "Estou realmente *perplexo*", escreveu ele,

> com a conduta de seu velho tio, o rei; este convite ao príncipe de Orange e seus filhos, essa pressão que ele vem fazendo, é algo extraordinário e inadmissível (...) Ainda ontem, eu recebi um comunicado semioficial da Inglaterra, insinuando que seria *altamente* desejável que a visita de *seus* parentes *não se realizasse neste ano – qu'en dites-vous*? Os parentes da rainha e do rei, portanto, e sabe Deus até que ponto, estão vindo aos bandos e controlam a terra, enquanto os *seus parentes* são quase *proibidos* de entrar no país, e isso quando, como você sabe, a totalidade de seus parentes sempre foi submissa e gentil ao rei. Sincera e verdadeiramente, eu nunca vi nada parecido, e espero que isso *desperte um pouco o seu espírito*; agora que a escravidão está quase abolida nas Colônias Britânicas, eu não compreendo *por que apenas a sua gente deveria encarnar uma espécie de escravidão branca na Inglaterra*, para o prazer da corte, que nunca a comprou. Já que não estou ciente de que eles algum dia tenham feito qualquer despesa, ou de que o rei *tenha gasto* 6 pence *pela sua existência*. (...) Oh, coerência em política, ou melhor, honestidade, onde se deve procurar por você![53]

[53]"Letters", I, 47-8.

Pouco depois, o próprio rei Leopold veio à Inglaterra, e sua recepção foi tão fria em Windsor quanto foi calorosa em Kensington. "Ouvir o meu querido tio falar sobre qualquer assunto", a princesa escreveu em seu diário,

> é como ler um livro altamente instrutivo; a sua conversa é tão iluminada, tão clara. Ele é universalmente reconhecido como um dos principais políticos em atividade. Ele fala muito suavemente, embora de forma firme e imparcial, sobre política. Meu tio me conta que a Bélgica é quase um modelo por sua organização, sua indústria e sua prosperidade; as finanças se encontram na maior perfeição. Meu tio é muito amado e reverenciado pelos seus súditos belgas, o que deve ser uma grande recompensa por todas as suas extremas preocupações.[54]

Mas seu outro tio estava longe de compartilhar seus sentimentos. Ele não podia, declarou, tolerar um "bebedor de água"; e o rei Leopold sequer tocava em vinho. "O que está bebendo, Sir?", perguntou uma noite num jantar. "Água, Sir", respondeu ele. "Maldito seja, Sir!", foi a tréplica. "Por que você não bebe vinho? Eu nunca permito que alguém beba água em minha mesa."[55]

Estava claro que haveria uma grande explosão em pouco tempo; e ela veio nos dias quentes de agosto. A duquesa e a princesa foram para Windsor participar da festa de aniversário do rei. E o próprio rei, que estava em Londres naquele dia para prorrogar as sessões do Parlamento, fez uma visita a Kensington na ausência delas. Lá ele descobriu que a duquesa tinha acabado de se apropriar, contrariando suas ordens expressas, de uma ala de 17 apartamentos para seu uso pessoal. Ele ficou extremamente zangado e, quando regressou a

---

[54]Girlhood, I, 168.

[55]Greville, III, 377.

Windsor, depois de cumprimentar afetuosamente a princesa, repreendeu publicamente a duquesa pelo que ela tinha feito. Mas isso foi pouco perto do que se seguiu. No dia seguinte, realizou-se o banquete de aniversário; havia cem convidados; a duquesa de Kent sentou-se do lado direito do rei, e a princesa Vitória à sua frente. No final do jantar, respondendo ao brinde à saúde do rei, ele se levantou e, num discurso forte, longo e vibrante, manifestou toda a ira que estava sentindo pela duquesa. Ela o insultara, ele disse – grosseira e repetidamente; ela mantivera a princesa afastada dele da maneira mais imprópria; ela estava cercada por conselheiros perversos e não tinha capacidade para agir da forma apropriada ao alto cargo que ocupava; mas ele não suportaria mais isso; ele a faria saber quem era o rei; ele estava determinado a fazer valer a sua autoridade; dali em diante, a princesa deveria comparecer a todas as cerimônias da corte, com a máxima regularidade; e ele confiava que Deus faria com que ele vivesse mais seis meses, para que a calamidade de uma regência fosse evitada, e as funções da coroa passassem diretamente à herdeira presumida, e não às mãos daquela pessoa "agora a seu lado", em cuja capacidade e conduta ele não podia depositar nenhuma confiança. O fluxo de vituperações se prolongou por um tempo aparentemente interminável, enquanto a rainha enrubescia cada vez mais, a princesa irrompia em lágrimas e os cem convidados se horrorizavam. A duquesa não disse uma só palavra até que a invectiva chegasse ao fim, e os convidados se retirassem; então, num furacão de raiva e mortificação, ela chamou sua carruagem e anunciou seu regresso imediato a Kensington. Foi somente após muita dificuldade que se conseguiu produzir algum apaziguamento e um sinal de reconciliação, e a enfurecida dama foi aconselhada a adiar sua partida pelo menos até a manhã seguinte.[56]

[56]Greville, III, 374-6.

Seus problemas, porém, não terminaram quando ela sacudiu a poeira de Windsor de seus pés. Em sua própria casa, ela era importunada pela amargura e pelo vexame. Os apartamentos de Kensington fervilhavam de desafetos, de invejas e animosidades, virulentamente acirrados por longos anos de convívio e rancor.

Havia uma inimizade mortal entre Sir John Conroy e a baronesa Lehzen. Mas isso não era tudo. A duquesa tinha se afeiçoado demais ao seu mordomo. Existiam familiaridades, e um dia a princesa Vitória descobriu o fato. Ela confidenciou o que tinha visto à baronesa, e à aliada adorada da baronesa, madame de Späth. Infelizmente, madame de Späth não conseguia segurar sua língua, e na verdade ela foi tola o bastante para repreender a duquesa; depois do que, foi imediatamente dispensada. Mas não era tão simples assim livrar-se da baronesa. Esta dama precavida e reservada tinha uma conduta irrepreensível. Sua posição estava fortemente entrincheirada; ela tinha conseguido assegurar o apoio do rei; e Sir John achava que não podia fazer nada contra ela. Mas, dali em diante, a família se dividiria em dois campos.[57] A duquesa apoiava Sir John com toda a força de sua autoridade; mas também a baronesa tinha um aliado que não podia ser ignorado. A princesa Vitória não dizia nada, mas era muito ligada à madame de Späth, e adorava a sua

---

[57]Ibid., IV, 21; e 15 de agosto de 1839 (não publicado). "A causa da alienação da rainha em relação à duquesa e do ódio de Conroy, disse o duque [de Wellington], devia-se inquestionavelmente ao fato de ela ter testemunhado algumas familiaridades entre os dois. Ela repetiu o que vira à baronesa Späth, e Späth não apenas não segurou sua língua, mas (ele acredita) repreendeu pessoalmente a duquesa sobre o assunto. A consequência foi que eles se livraram de Späth, como também teriam se livrado de Lehzen, se fossem capazes, mas Lehzen, que entendia muito bem o que estava se passando, era prudente o bastante para não se comprometer, e ela era, além disso, poderosamente protegida por George IV e William IV, de forma que eles não ousariam tentar expulsá-la."

Lehzen. A duquesa sabia bem demais que, naquela horrorosa confusão, sua irmã estava contra ela. Dissabores, contrariedades, censuras morais a agitavam sem parar. Ela fez o melhor que podia para se consolar com a loquacidade afetuosa de Sir John, ou com os comentários agudos de lady Flora Hastings, uma de suas damas de companhia, que não gostava nem um pouco da baronesa. O assunto foi objeto de ironias; pois a filha do pastor, com todos os seus ares de irônica superioridade, tinha hábitos que traíam a sua origem. Sua paixão por sementes de erva-doce, por exemplo, era incontrolável. Saquinhos cheios delas lhe eram enviados de Hanover, e ela polvilhava com elas seu pão e manteiga, seu repolho e até seu rosbife. Mais uma vez, lady Flora não conseguiu resistir a fazer uma observação cáustica; esta chegou à baronesa, que franziu os lábios, irritada; e assim a situação se complicou ainda mais.[58]

V

O rei tinha pedido aos céus para viver até que sua sobrinha alcançasse a maioridade; e, poucos dias antes de ela completar 18 anos – a idade de sua maioridade legal –, uma doença súbita quase o levou. Ele se recuperou, contudo, e a princesa pôde celebrar as festividades pelo seu aniversário – um pomposo baile de gala e uma recepção –, com serena alegria. "O Conde Zichy", ela observou em seu diário, "fica muito bonito em seu uniforme, mas não vestindo roupas comuns. O conde Waldstein fica com uma aparência notável quando usa o seu belo uniforme húngaro."[59] Com este último jovem ela quis dançar, mas havia um obstáculo intransponível. "Ele não sabia dançar quadrilhas e, como minha posição não me permite

[58]Greville, IV, 21; Crawford, 128-9.

[59]Girlhood, I, 192-3.

dançar valsas nem galopes, eu não pude dançar com ele."[60] O presente de aniversário dado pelo rei era agradável, mas levou a um episódio doméstico doloroso. Apesar do ódio de seu tio belga, ela tinha conseguido manter relações cordiais com o tio inglês. Ele sempre foi muito gentil com a princesa, e o fato de que ele tivesse rompido relações com sua mãe não parecia um motivo suficiente para deixar de gostar dele. Ele era, ela disse, "estranho, muito estranho e singular", mas "suas intenções eram frequentemente mal interpretadas."[61] Pouco antes ele lhe escrevera uma carta, oferecendo-lhe uma renda de 10 mil libras por ano, que propôs ficarem exclusivamente à disposição dela, sem a interferência de sua mãe. Lorde Conyngham, o lorde tesoureiro, foi instruído a entregar a carta nas mãos da própria princesa. Mas, chegando a Kensington, ele foi conduzido à presença da duquesa e da princesa e, quando apresentou a carta, a duquesa estendeu a mão para pegá-la. Lorde Conyngham pediu perdão a Sua Alteza, repetindo as orientações do rei. Então a duquesa recuou, e a princesa pegou a carta. Ela escreveu imediatamente de volta ao tio, aceitando sua generosa oferta. A duquesa ficou muito descontente; 4 mil libras por ano, disse ela, seriam suficientes para Vitória; quanto às 6 mil libras restantes, seria mais adequado que fossem destinadas a ela própria.[62]

O rei William já havia se recuperado de sua doença e voltara à vida normal. Mais uma vez, o círculo real em Windsor – Suas Majestades, as princesas mais velhas, e alguma infeliz embaixatriz ou esposa de ministro – podia ser visto reunido durante horas em torno de uma mesa de mogno, enquanto a rainha tecia uma bolsa, e o rei dormia, ocasionalmente desper-

[60]Girlhood, I, 191.

[61]Ibid., I, 194.

[62]Greville, III, 407-8.

tando de suas sonecas para observar "Exatamente, madame, exatamente!"[63] Mas este restabelecimento durou pouco. O velho homem repentinamente sofreu um colapso; sem sintomas específicos além de uma extrema fraqueza, ele não demonstrou forças para se recuperar; e ficou claro para todos que sua morte era agora algo certo.

Todos os olhos, todos os pensamentos, se voltavam agora para a princesa Vitória; mas ela ainda permanecia, isolada no retiro de Kensington, uma figura pequena e desconhecida, perdida na vasta sombra do domínio de sua mãe. O ano precedente, de fato, tinha sido importante no seu desenvolvimento. As suaves antenas de sua mente tinham começado, pela primeira vez, a estender-se rumo a coisas não infantis. Nisso o rei Leopold a encorajava. Após seu retorno a Bruxelas, ele tinha retomado a sua correspondência num tom mais sério; discutia detalhes da política externa; formulava os deveres do reinado; apontava as tolices e iniquidades dos jornais. Sobre este último tema, na verdade, chegou a escrever, algo asperamente: "Se todos os editores dos jornais dos países onde existe a liberdade de imprensa fossem reunidos numa assembleia, teríamos uma *quadrilha* à qual você *não* poderia confiar sequer seu cachorro, se gostasse dele, muito menos sua honra e reputação."[64] Sobre as funções de um monarca, seus comentários eram sempre irretocáveis. A tarefa da Alteza no Estado", ele escreveu, "certamente é, na minha opinião, agir com grande imparcialidade e um espírito de justiça para o bem de todos."[65] Ao mesmo tempo, os gostos da princesa estavam se ampliando. Embora ela ainda se dedicasse apaixonadamente à equitação e à dança, agora também começava a nutrir um genuíno amor pela música, e a beber na fonte das árias da ópera italiana, com grande

[63]Creevey, II, 262.
[64]"Letters", I, 53.
[65]Ibid. I, 61.

entusiasmo. Ela gostava até mesmo de ler poesia – pelo menos a poesia de Sir Walter Scott.[66]

Quando o rei Leopold soube que a morte do rei William estava próxima, escreveu diversas cartas longas à sua sobrinha, com excelentes conselhos. "Em toda carta que eu lhe escrever", dizia ele, "quero insistir que é uma *regra fundamental ser corajosa, firme e honesta, como você tem sido até agora.*" De resto, em relação à crise que se aproximava, ela não devia se alarmar, e sim confiar no seu "bom senso natural e na *verdade*" de seu caráter; ela não deveria fazer nada com pressa; nem ferir o *amour-propre* de ninguém, e continuar confiando na administração do Partido Whig.[67] Não contente com cartas, contudo, o rei Leopold determinou que a princesa não deveria precisar de orientação pessoal, mas enviou a ela, para ajudá-la, o amigo de confiança que, vinte anos antes, tinha conquistado o seu coração, ao lado de um leito de morte em Claremont. Assim, uma vez mais, como que de acordo com um destino preestabelecido, aparece a figura de Stockmar – inevitavelmente presente numa hora importante.

No dia 18 de junho, o rei estava esmorecendo visivelmente. O arcebispo de Canterbury estava a seu lado, prestando-lhe todos os consolos da Igreja. E as palavras sagradas não eram destinadas a um espírito rebelde; por muitos anos o rei tinha sido um devoto fiel. "Quando eu era rapaz", ele explicou uma vez num banquete público, "até onde me lembro, eu não acreditava em nada além do prazer e dos desatinos – nada mesmo. Mas quando fui para o mar e atravessei um vendaval, vi as maravilhas profundas do Todo-Poderoso, então acreditei; e desde então tenho sido um cristão sincero."[68] Era o aniversário da Batalha de Waterloo, e o homem agonizante se lembrava bem

---

[66]Girlhood, I, 175.

[67]"Letters", I, 70-1

[68]Torrens, 419.

disso. Ele devia estar feliz por sobreviver àquele dia, disse; ele achava que nunca mais veria um pôr do sol. "Espero que Sua Majestade viva para ainda ver muitos", disse o Dr. Chambers. "Oh, isso é outra coisa, isso é outra coisa", foi a resposta.[69] O rei chegou a viver para ver somente mais um pôr do sol; e morreu nas primeiras horas da manhã seguinte. Era o dia 20 de junho de 1837.

Quando tudo tinha terminado, o arcebispo e o lorde tesoureiro pediram uma carruagem e viajaram com toda a rapidez de Windsor a Kensington. Chegaram no palácio às 5 horas, e foi somente após dificuldades consideráveis que conseguiram ser admitidos.[70] Às 6 horas, a duquesa acordou sua filha, dizendo-lhe que o arcebispo de Canterbury e lorde Conyngham estavam lá e queriam vê-la. Ela se levantou, vestiu seu penhoar e foi, sozinha, para a sala onde os mensageiros a aguardavam. Lorde Conyngham se ajoelhou a seus pés e anunciou oficialmente a morte do rei; o arcebispo acrescentou alguns detalhes pessoais. Vendo seus dignitários curvados e murmurantes à sua frente, ela soube que era a rainha da Inglaterra. "Já que agradou à Providência", ela escreveu em seu diário,

> destinar-me a este posto, darei o máximo de mim para cumprir o meu dever perante meu país; sou muito jovem, e talvez inexperiente em muitos assuntos, mas não em todos; estou certa, porém, de que muito poucos têm mais boa vontade e o desejo verdadeiro de fazer o que for correto e digno do que eu.[71]

Mas não havia tempo para resoluções e reflexões. De uma só vez, os acontecimentos desabavam diante dela. Stockmar veio

---

[69]Huish, 686.
[70]Wynn, 281.
[71]Girlhood, I, 195-6

para o café da manhã e lhe deu alguns bons conselhos. Ela escreveu uma carta ao seu tio Leopold, e um apressado bilhete à sua irmã Feodora. Chegou uma carta do primeiro-ministro, lorde Melbourne, anunciando sua chegada para breve. Ele chegou às 9 horas, usando o traje completo da corte, e beijou sua mão. Ela ficou a sós com ele, e lhe repetiu a lição que, certamente, o fiel Stockmar lhe tinha dado no café da manhã. "Eu já tinha há tempos a intenção de conservá-lo e o restante do atual ministério à frente dos negócios", e então lorde Melbourne beijou mais uma vez sua mão, e pouco depois a deixou. Ela ainda escreveu uma carta de condolências à rainha Adelaide. Às 11 horas, lorde Melbourne veio de novo. E, às 11h30, ela desceu ao salão vermelho para presidir seu primeiro Conselho.[72] A grande assembléia de lordes e notáveis, bispos, generais e ministros de Estado viu as portas serem abertas e uma garota pequena e muito esbelta, trajando luto completo, entrar sozinha na sala e se dirigir ao seu assento com extraordinárias dignidade e graça; eles viram um semblante que não era bonito, mas atraente – cabelos louros, olhos azuis proeminentes, um nariz pequeno e ligeiramente curvado, uma boca aberta que revelava os dentes de cima, um queixo pequenino, uma pele clara e, sobretudo, os sinais, estranhamente misturados, de inocência, gravidade, juventude e compostura; eles ouviram uma voz alta e resoluta, que lia com perfeita clareza; e então, terminada a cerimônia, eles viram a pequena figura se levantar e, com a mesma graça consumada, a mesma surpreendente dignidade, sair da sala sozinha, como tinha entrado.[73]

---

[72]Ibid., I, 196-7.

[73]Greville, III, 414-6.

3
Lorde Melbourne

I

A nova rainha era quase completamente desconhecida de seus súditos. Em suas aparições públicas, a mãe dominara invariavelmente a cena. Sua vida privada tinha sido a de uma noviça num convento: quase nenhum ser humano do mundo exterior sequer falara com ela; e absolutamente nenhum ser humano, exceto sua mãe e a baronesa Lehzen, chegou a ficar sozinho com ela num aposento. Portanto, não era apenas o público em geral que ignorava tudo o que dizia respeito à Vitória; o pequeno círculo de estadistas, oficiais e damas de alta linhagem estava igualmente no escuro.[74] Quando ela subitamente emergiu daquela obscuridade, a impressão que criou foi imediata e profunda. Seu comportamento no primeiro Conselho que presidiu encheu toda a assembléia de surpresa e admiração; o duque de Wellington, Sir Robert Peel, até mesmo o selvagem Croker e o frio e cáustico Greville – todos foram inteiramente arrebatados. Tudo o que foi relatado sobre a sua conduta em episódios subsequentes parecia trazer igualmente bons augúrios. Suas percepções eram rápidas, suas decisões eram sensíveis, sua linguagem era discreta; ela cumpria seus deveres reais com extraordinária facilidade.[75] Em meio ao público exterior, havia uma grande onda de entusiasmo. O sentimento e o romance estavam entrando na moda; e o espetáculo da pequena menina-rainha, inocente, modesta, com cabelos louros e bochechas rosadas, passeando pela capital,

[74]Greville, III, 411.

[75]Ibid, IV, 7, 9, 14-15.

encheu os corações dos súditos com arroubos de afetuosa lealdade. O que, acima de tudo, impressionava todos com uma força surpreendente era o contraste entre a Rainha Vitória e os seus tios. Aqueles velhos pervertidos, debochados e egoístas, com suas ridículas cabeças de porco, com sua eterna carga de dívidas, confusões e episódios indecorosos – todos evaporaram como as neves do inverno, e agora, finalmente, coroada e radiante, chegava a primavera. Lorde John Russell, num floreado discurso, deu voz ao sentimento geral. Ele esperava que Vitória pudesse revelar-se uma Elizabeth sem a sua tirania, e uma Anne sem a sua fraqueza. Ele pediu à Inglaterra que orasse para que a ilustre princesa que acabara de ascender ao trono, animada das mais puras intenções e dos mais justos desejos, visse, durante seu reinado, a escravidão ser abolida, os crimes diminuírem e a educação progredir. Esperava também que o povo pudesse, dali em diante, retirar sua força, sua boa conduta e sua lealdade dos princípios religiosos e morais iluminados e que, assim fortalecido, o reino de Vitória fosse celebrado pela posteridade e por todas as nações da Terra.[76]

Muito cedo, porém, houve sinais de que o futuro poderia não ser tão simples e tão róseo quanto o encantado público esperava. A "ilustre princesa" poderia, talvez, ter algo dentro de si que não se conciliasse com a visão agradável de uma heroína bem-comportada de um livro de histórias. As mais puras intenções e os mais justos desejos? Sem dúvida; mas isso era tudo? Para aqueles que observavam de perto, por exemplo, poderia haver algo de agourento no curioso contorno daquela pequena boca. Quando, depois de sua primeira reunião com o Conselho, ela cruzou a antessala e encontrou sua mãe esperando por ela, disse, "E agora, *mamma*, eu sou sincera e verdadeiramente rainha?", "Como você vê, minha querida, é assim", "Então, querida *mamma*, espero que me atenda no

[76]Walpole, I, 284.

primeiro pedido que lhe farei, como rainha. Deixe-me sozinha por uma hora."[77] E, durante uma hora, ela ficou sozinha. Então reapareceu e deu uma ordem significativa: sua cama deveria ser retirada do quarto da mãe. Era a ruína da duquesa de Kent. Os longos anos de espera tinham terminado, finalmente; o momento decisivo de uma vida tinha chegado; sua filha era a rainha da Inglaterra; e precisamente aquele momento trazia a sua própria aniquilação. Ela se viu, de forma absoluta e irremediável, desligada de qualquer vestígio de influência, confiança ou poder. Na verdade, ela continuava cercada por todos os signos exteriores de respeito e consideração; mas isso só tornava a verdade interior de sua posição ainda mais intolerável. Apesar das formalidades da etiqueta da corte e do dever filial, ela nunca poderia chegar até Vitória. A duquesa não conseguia esconder seu desapontamento e sua raiva. *"Il n'y a plus d'avenir pour moi"*, declarou ela a madame de Lieven; eu não sou mais nada. Durante 18 anos, disse ela, aquela criança tinha sido o único fim de sua existência, de seus pensamentos, de suas esperanças, e agora – não! – ela não encontraria consolo em parte alguma, ela tinha perdido tudo, ela era irremediavelmente infeliz.[78] Navegando com tanta elegância e pertinácia através das tempestades que açoitaram sua vida, o barco majestoso, com as velas ainda infladas e bandeiras ondulantes, tinha sido recolhido ao porto, por fim; para ali nada encontrar – uma terra de sombria desolação.

Um mês depois da ascensão ao trono, a realidade da nova situação assumiu uma forma visível. A família real inteira se mudou de Kensington para o Palácio de Buckingham e, no novo domicílio, a duquesa de Kent recebeu um conjunto de apartamentos totalmente separados dos da rainha. Vitória, por

---

[77]Crawford, 156-7

[78]Greville, IV, 16.

sua vez, gostou da mudança, embora, no momento da partida, tenha se permitido ser sentimental. "Embora me agrade *ir* para o P.B. por diversos motivos", escreveu ela em seu diário, "não é sem um certo pesar que direi *adieu* para sempre ao lugar de meu nascimento, onde nasci e fui criada, e ao qual sou verdadeiramente ligada!" Sua memória deteve-se por um momento em visões do passado: o casamento de sua irmã, "bailes agradáveis e concertos *deliciosos*(...)." E havia outras reminiscências. "Atravessei cenas dolorosas e desagradáveis aqui, é bem verdade", ela concluiu, "mas mesmo assim gosto deste pobre e velho palácio."[79]

Ao mesmo tempo, ela tomava outra decisão importante. Vitória determinou que não mais voltaria a ver Sir John Conroy. Ela recompensou os seus serviços passados generosamente: ele ganhou o título de barão e uma pensão de 3 mil libras por ano; continuou sendo um membro da família da duquesa, mas seu contato pessoal com a rainha foi interrompido abruptamente.[80]

II

Estava claro que essas mudanças interiores – mesmo que anunciassem outras coisas – indicavam o triunfo de uma pessoa – a baronesa Lehzen. A filha do pastor assistiu à ruína de seus inimigos. Discreta e vitoriosa, ela manteve a posse do terreno conquistado. Mais próxima do que nunca, ela se apegou ainda mais à sua senhora, sua pupila e sua amiga; e, nos recantos do palácio, sua misteriosa figura era ao mesmo tempo invisível e onipresente. Quando os ministros da rainha entravam por uma porta, a baronesa saía pela outra; quando eles se retiravam, ela imediatamente retornava.[81] Ninguém

---

[79]Girlhood, I, 210-1.

[80]Greville, IV, 15.

[81]Ibid., IV, 21-2.

sabia – ninguém jamais saberá – a extensão e a natureza exatas de sua influência. Ela própria declarou que nunca discutiu assuntos públicos com a rainha, e que só lhe interessavam questões privadas – cartas pessoais e detalhes da vida íntima.[82] Mas certamente a sua mão está visível em toda parte, na correspondência inicial da rainha. O diário é escrito no estilo de uma criança; as cartas não são tão simples; elas são a obra de uma criança, rearrumada – com as mínimas alterações possíveis, sem dúvida, mas ainda assim perceptíveis – por uma governanta. E a governanta não era tola: rigorosa, ciumenta, provinciana ela podia ser; mas era também uma mulher arguta e vigorosa, que tinha conquistado, graças a uma intuição toda sua, uma ascendência peculiar. E ela pretendia conservar esta ascendência a qualquer preço. Sem dúvida é verdade que, tecnicamente, ela não participava de assuntos públicos; mas a distinção entre o que é público e privado é sempre sutil; e, no caso de uma soberana reinante – como os anos seguintes iriam comprovar –, é frequentemente imaginária. Considerando todas as coisas – o caráter das pessoas e o caráter da época – era por algo mais do que uma mera questão de interesse privado que o quarto da baronesa Lehzen no Palácio de Buckingham ficava ao lado do quarto da rainha.

Mas a influência exercida pela baronesa, por maior que pareça ter sido em sua própria esfera, não era ilimitada; outras forças também trabalhavam. Por algum motivo, o fiel Stockmar tinha fixado residência no palácio. Durante os vinte anos que tinham se passado desde a morte da princesa Charlotte, suas experiências foram variadas e admiráveis. O conselheiro desconhecido de um principelho desconhecido tinha gradualmente ascendido a uma posição de importância europeia. Sua devoção a seu mestre não fora apenas sincera, como também

[82]Stockmar, 322-3; Maxwell, 159-60.

cautelosa e sensata. Foi um conselho de Stockmar que manteve o príncipe Leopold na Inglaterra durante os anos críticos que sucederam a morte de sua esposa, tendo assim assegurado para si o requisito essencial de um *point d'appui* no seu país de adoção.[83] Foi a discrição de Stockmar que abafou os embaraços que cercaram a aceitação e posterior rejeição da coroa grega por parte do príncipe. Foi Stockmar quem induziu o príncipe a se tornar o soberano constitucional da Bélgica.[84] Acima de tudo, foram o tato, a honestidade e o talento diplomático de Stockmar que, após uma longa série de negociações árduas e complicadas, resultaram na garantia da neutralidade da Bélgica pelas grandes potências.[85] Seus serviços foram recompensados com um baronato alemão e a total confiança do rei Leopold. Mas não era apenas em Bruxelas que ele era tratado com respeito e ouvido com atenção. Os estadistas que governavam a Inglaterra - lorde Grey, Sir Robert Peel, lorde Palmerston, lorde Melbourne - tinham aprendido a valorizar altamente sua probidade e sua inteligência. "Ele é um dos homens mais sábios que já vi", disse lorde Melbourne - "o homem mais discreto, mais sensato, mais frio".[86] E lorde Palmerston citou o barão Stockmar como o único homem absolutamente desprendido que ele encontrara na vida.[87] Por fim, ele pôde se retirar para Coburg, onde desfrutou por alguns anos a companhia de sua mulher e seus filhos, a quem até então os trabalhos a serviço de seu senhor só permitiam visitar após longos intervalos, às vezes de um mês ou dois. Mas, em 1836, ele foi novamente encarregado de uma negociação importante, concluída com sucesso: a que resultou no casamento do prín-

[83]Stockmar, 109-10.

[84]Ibid., 165-6.

[85]Ibid., caps. Viii, ix, x e xi.

[86]Girlhood, II, 202.

[87]Stockmar, 324.

cipe Ferdinand de Saxe-Coburg, um sobrinho do rei Leopold, com a rainha Maria II de Portugal.[88] A casa dos Coburg estava começando a se espalhar pela Europa. E o estabelecimento do barão no Palácio de Buckingham, em 1837, estava destinado a ser o prelúdio de mais um avanço importante.[89]

O rei Leopold e seu conselheiro proporcionam em suas trajetórias um exemplo da curiosa diversidade das ambições humanas. Os desejos do homem são maravilhosamente variados; mas não menos variados são os meios pelos quais estes desejos podem alcançar satisfação: e assim é feito o trabalho do mundo. A mente correta de Leopold ansiava pelo completo aparato da realeza. O mero poder não teria exercido atração alguma sobre ele; ele precisava ser um rei de verdade – a cabeça coroada de um povo. E isso ainda não era o bastante; também era essencial ser reconhecido; nada mais adiantaria. A grandeza com que ele sonhara vinha cercada de todas as circunstâncias apropriadas. Ser uma majestade, ser um primo dos soberanos, casar-se com uma Bourbon com fins diplomáticos, corresponder-se com a rainha da Inglaterra, ser muito frio e pontual, fundar uma dinastia, provocar desmaios em embaixatrizes, viver, no pináculo mais alto da sociedade, uma vida exemplar, devotada ao serviço público – tais eram os seus objetivos, e tais, de fato, foram as suas realizações. O *Marquis Peu-à-Peu*, como o chamava George IV,[90] teve o que queria. Mas nada daquilo teria acontecido se a ambição de Stockmar não tomasse uma forma exatamente complementar à sua. A soberania a que o barão aspirava não era de forma alguma óbvia. Sua satisfação essencial se realizava na sombra, na invisibilidade – em entrar, despercebido, através de uma porta secreta, na própria câmara central do poder, e sentar-se lá em silêncio,

[88]Stockmar, cap. 15, parte 2.
[89]Ibid, cap. xvii.
[90]Stein, VI, 932

puxando sutilmente as cordas que colocava em movimento as engrenagens de todo o mundo. Pouquíssimas pessoas, ocupando altos cargos e excepcionalmente bem informadas, sabiam que o barão Stockmar era alguém tão importante: mas isso era o bastante. As fortunas do senhor e seu criado, interagindo intimamente, cresciam juntas. O talento secreto do barão tinha dado a Leopold um reinado inatacável; e Leopold, por sua vez, à medida que passava o tempo, fornecia ao barão mais e mais chaves que abriam cada vez mais portas dos fundos.

Stockmar fixou residência no palácio, parcialmente como um emissário do rei Leopold, mas mais particularmente como um amigo e conselheiro de uma rainha que era quase uma criança, e que, certamente, precisaria muito de conselhos e amizade. Mas seria um erro supor que um desses dois homens agiu motivado por um egoísmo vulgar. O rei, na verdade, sabia perfeitamente de que lado do pão estava a manteiga; durante uma vida aventurosa e complicada, ele tinha adquirido um conhecimento sagaz do funcionamento do mundo; e estava bastante preparado para usar esse conhecimento para fortalecer sua posição e espalhar sua influência. E então, quanto mais firme estivesse em seu posto e mais ampla fosse sua influência, melhor seria para a Europa; disso ele estava certo. E além disso, ele era um monarca constitucional; e seria altamente indecoroso para um monarca constitucional ter metas ou interesses que fossem baixos ou pessoais. Quanto a Stockmar, o desprendimento que Palmerston observara era certamente um elemento básico de seu caráter. O conspirador é sempre um otimista; e Stockmar, torturado pela dispepsia e assaltado por pressentimentos sombrios, era um homem melancólico por constituição. Ele era um conspirador, sem dúvida; mas conspirava de forma cautelosa e revestida de malícia, e sempre para fazer o bem. Para fazer o bem! Que motivo mais nobre pode ter um conspirador? Ainda assim era perigoso conspirar.

Com Lehzen presente para supervisionar cada detalhe de sua conduta, com Stockmar no quarto ao lado, tão cheio de sabedoria e experiência em negócios, com as cartas de seu tio Leopold, todos manifestando tão constantemente seu encorajamento, com reflexões gerais e conselhos altamente valiosos, Vitória, mesmo que não tivesse nenhum outro guia, não careceria de conselheiros privados. Mas ela tinha outro guia; pois todas essas influências foram ofuscadas por uma nova estrela, de primeiríssima grandeza, que, surgindo repentinamente no seu horizonte, imediatamente dominou a sua vida.

III

William Lamb, o Visconde Melbourne, tinha 55 anos de idade e fora, nos últimos três anos, o primeiro-ministro da Inglaterra. Sob qualquer ponto de vista, ele podia ser considerado um dos membros mais afortunados da humanidade. Tinha nascido em meio a riquezas, brilho e poder. Sua mãe, fascinante e inteligente, tinha sido uma grande anfitriã do Partido Whig, e ele fora criado como um membro daquela sociedade radiante que, durante o último quarto do século XVIII, concentrava dentro de si as perfeições finais de cem anos de aristocracia triunfante. A natureza lhe tinha dado beleza e inteligência; a morte inesperada de um irmão mais velho lhe trouxe riqueza, o título de par do reino e a possibilidade de avançar ainda mais. Dentro deste círculo encantado, fossem quais fossem as suas fraquezas pessoais, era difícil falhar; e para ele, com todas as suas vantagens, o sucesso era quase inevitável. Com pouco esforço, ele obteve uma posição de destaque na vida política. Com o triunfo do Partido Whig, ele se tornou um dos líderes do governo; e, quando lorde Grey se aposentou como primeiro-ministro, ele ocupou serenamente o posto vago. E não era apenas nos sinais visíveis da fortuna que o destino o tinha favorecido. Condenado, por assim dizer, ao sucesso – e ao sucesso fácil –, ele ainda foi dotado de uma natureza a que o sucesso agradava muito. Sua inteligência, ao mesmo tempo rica e flexível, e seu temperamento, ao mesmo tempo calmo e sensível, o capacitaram não meramente a trabalhar, mas a viver com perfeita facilidade, e com a graça do poder. Na sociedade, ele era um prosador notável, uma companhia cativante, um homem encantador. Se alguém olhasse mais fundo, veria imediatamente que ele não era comum, que os toques picantes de sua conversa, e suas maneiras – sua forma distraída e despreocupada de se expressar, suas perguntas repentinas, seu jeito de refestelar-se e reclinar-se, suas inúmeras blasfêmias – eram algo mais que um ornamento divertido: eram a manifestação externa de uma individualidade toda peculiar.

A natureza precisa daquela individualidade era muito difícil de avaliar: ela era dúbia, complexa, talvez contraditória. Certamente havia uma discórdia entre a história interior daquele homem e a sua fortuna aparente. Ele devia tudo o que tinha ao seu nascimento, e seu nascimento fora vergonhoso; sabia-se que sua mãe amara apaixonadamente lorde Egremont, e que lorde Melbourne não era seu pai.[91] Seu casamento, que parecia ter sido a coroação de seus ardores juvenis, foi um fracasso desesperado, miserável e prolongado: a incrível lady Caroline,

(...) "de gostos refinados demais para satisfazer,
Com espírito demais para ficar à vontade,
Com vivacidade demais para ser corrigida
Com imaginação demais para ter pensamentos normais,"

esteve muito perto de representar a destruição de sua vida. Quando, finalmente, livrou-se da angústia e da confusa loucura de lady Caroline, de sua extravagância, sua ira, seu

[91] Greville, VI, 247; Torrens, 14; Hayward, I, 336.

desespero e sua devoção, ele ficou sozinho com as lembranças intermináveis de uma farsa mesclada a uma tragédia, e um filho único que era um imbecil. Mas havia mais uma coisa que ele devia a lady Caroline. Enquanto ela rodopiava com Byron num agitado frenesi de romance na alta sociedade, ele permanecera em casa com uma indulgência que beirava o cinismo, ocupando sua solidão com a leitura. Foi assim que ele adquiriu o hábito do estudo, o amor ao aprendizado e aquele conhecimento amplo e arguto da literatura antiga e moderna, que formavam uma parte tão inesperada de sua bagagem intelectual. Sua paixão pela leitura nunca o abandonou; mesmo quando era primeiro-ministro, ele encontrava tempo para conhecer a fundo cada livro novo que era editado.[92] Com uma incongruência característica, seu assunto favorito era teologia. Como um perfeito erudito, ele lera em profundidade os Pais da Igreja; examinara pesados volumes de comentário e exegese com uma diligência escrupulosa; e nos momentos mais estranhos ele podia ser encontrado virando uma página da Bíblia.[93] Para as damas preferidas, ele emprestava alguns livros sobre a Revelação, atulhados de notas nas margens escritas por ele próprio, ou as *Observações sobre os erros dos judeus em relação à conversão de Maria Madalena*, do Dr. Lardner. As mais devotas entre elas alimentavam grandes esperanças de que esses estudos o levariam ao bom caminho; mas não havia sinais disso em suas conversas após o jantar.[94]

O paradoxo de sua carreira política não foi menos curioso. Aristocrata por temperamento e conservador por convicção, ele subiu ao poder como líder do partido popular, o partido da

---

[92]Greville, VI, 248.

[93]Greville, III, 332; VI, 254; Haydon, III, 12: "1º de março de 1835. Chamado por lorde Melbourne, eu o encontrei lendo as atas, com um volume em grego do testamento que pertencera a Samuel Johnson".

[94]Greville, III, 142; Torrens, 545.

mudança. Ele reprovara profundamente a Lei da Reforma, que no final só aceitou como um mal necessário; e a Lei da Reforma está na raiz da própria existência, do próprio significado, de seu governo. Ele era cético demais para acreditar em qualquer tipo de progresso. As coisas estavam melhores como eram – ou, pelo menos, menos piores. "É melhor não tentar fazer o bem", era uma de suas máximas, "pois assim não se meterá em nenhuma enrascada." A educação, na melhor das hipóteses, era algo fútil; a educação dos pobres era positivamente perigosa. As crianças nas fábricas? "Oh, se pelo menos você fizesse o favor de deixá-las em paz!" O livre comércio era uma ilusão; o sufrágio era um absurdo; e não existia democracia. Todavia, ele não era um reacionário; era simplesmente um oportunista. Todo o dever do governo, ele dizia, era "prevenir o crime e garantir os contratos." Tudo o que se devia esperar dele era que tocasse o barco para a frente. E ele o fez de uma forma notável – com perpétuas soluções conciliatórias, com flutuações e contradições, com todo o tipo de fraquezas, e ainda assim com sagacidade, gentileza, até mesmo com consciência, e um suave e etéreo conhecimento dos homens e dos acontecimentos. Ele conduzia as transações de negócios com extraordinária *nonchalance*. Pessoas importantes, que o procuravam para tratar de assuntos sérios, o encontravam numa cama desarrumada, atulhada de livros e papéis, ou se barbeando despreocupadamente em seu quarto; mas, quando eles desciam novamente as escadas, se davam conta de que, de alguma maneira, tinham servido aos seus propósitos. Quando ele tinha que receber uma delegação, mal conseguia manter a gravidade apropriada para esses momentos. Os valorosos representantes dos fabricantes de velas, ou da Sociedade para a Abolição da Pena de Morte, ficavam aflitos e humilhados quando, no meio das suas exposições, o primeiro-ministro se divertia soprando uma pena, ou subitamente os interrompia para contar uma piada indecorosa. Como eles poderiam adivinhar que ele tinha passado a noite anterior estudando cuidadosamente os elementos de seus casos? Ele odiava favorecimentos e tinha verdadeira aversão a agendar compromissos – um sentimento raro entre ministros. "Quanto aos bispos", ele irrompia, "estou positivamente convencido de que eles adoram me irritar." Mas quando, finalmente, o compromisso era marcado, ele o fazia com agudo discernimento. Seus colegas observavam ainda outro sintoma – seria de sua irresponsabilidade ou de sua sabedoria? Ele às vezes dormia durante as reuniões do gabinete.[95]

Provavelmente, se ele tivesse nascido um pouco antes, teria sido um homem mais simples e feliz. Tal como sucedeu, ele foi uma criança do século XVIII, cuja sorte estava lançada numa nova, difícil e pouco simpática época. Ele era uma rosa do outono. Apesar de toda a sua graciosa afabilidade, seu humor, seus modos despreocupados, uma profunda inquietação o possuía. Um cínico sentimental, um crente cético, ele tinha o coração melancólico e agitado. Acima de tudo, ele não era capaz de endurecer; aquelas pétalas sensíveis tremiam a qualquer ventania. Fossem quais fossem suas outras características, uma coisa era certa: lorde Melbourne sempre foi humano, supremamente humano – humano demais, talvez.[96]

E agora, próximo da velhice, sua vida dava uma súbita, nova, extraordinária reviravolta. Ele se tornou, num piscar de olhos, o conselheiro íntimo e a companhia diária de uma jovem que tinha saltado de uma vez só de um quarto de criança para o trono. Suas relações com as mulheres tinham sido, como tudo o mais em sua vida, ambíguas. Ninguém era capaz

[95]Girlhood, II, 148; Torrens, 278, 431, 517; Greville, IV, 331; VIII, 162.

[96]Greville, VI, 253-4; Torrens, 354.

de avaliar as complexidades emocionais cambiantes de sua vida de casado; lady Caroline desapareceu; mas suas peculiares suscetibilidades permaneceram. A companhia feminina, de uma natureza ou de outra, lhe era necessária, e ele não se colocava limites nesse terreno. Uma boa parcela de cada dia era gasta em companhia de mulheres. O elemento feminino de seu temperamento tornava fácil para ele ser amigo de muitas mulheres importantes; mas nele o elemento masculino era igualmente forte. Nessas circunstâncias, era bastante natural, e até mesmo inevitável, que com muitas ele fosse mais que um simples amigo. Havia rumores, e mais de uma vez seu nome foi envolvido em casos escandalosos. Lorde Melbourne foi duas vezes citado em ações de divórcio; mas nas duas ele saiu vencedor. A adorável lady Brandon, a infeliz e brilhante Sra. Norton... A lei ignorou as duas. Sobre os fatos ocorridos desceu uma cortina impenetrável. Mas, de qualquer forma, estava claro que, com essas credenciais, a posição do primeiro-ministro no Palácio de Buckingham era altamente delicada. Ele estava, porém, acostumado a situações delicadas, e enfrentou mais esta com total êxito. Desde o primeiro momento, sua conduta foi impecável. Sua forma de lidar com a jovem rainha combinava, com perfeita facilidade, a atenção e o respeito de um estadista e cortesão com a terna solicitude de um pai. Ele era ao mesmo tempo reverente e afetuoso, ao mesmo tempo um servo e um guia. Enquanto isso, os hábitos de sua vida passaram por uma surpreendente mudança. Seus dias de comodismo e impontualidade tiveram que se sujeitar à rotina inalterável de um palácio; ele já não se estatelava em sofás; nem um único "Maldito!" escapava de seus lábios. O homem do mundo, que tinha sido amigo de Byron e do Regente, o prosador cujos paradoxos tinham encantado a Casa da Holanda, o cínico cujas obscenidades tinham animado tantas festas, o amante cujas palavras suaves tinham conquistado tantas belezas, tantas paixões e tantos espíritos, agora podia ser visto, tarde após tarde, conversando, com infinita polidez, com uma colegial, retesado, em meio ao silêncio e à rigidez da etiqueta da corte.[97]

IV

Por sua vez, Vitória ficou instantaneamente fascinada por lorde Melbourne. O relatório favorável de Stockmar tinha certamente preparado o terreno; Lehzen sensatamente aquiesceu; e a primeira e altamente favorável impressão nunca foi alterada. Ela o achava perfeito; e perfeito ele permaneceu, a seus olhos. Sua adoração absoluta e evidente era muito natural; que criatura jovem e inocente teria resistido, em quaisquer circunstâncias, ao charme e à devoção daquele homem? Mas, na sua situação, havia uma influência especial que conferia um brilho peculiar a tudo o que ela sentia. Depois de anos de solidão, tédio e repressão, ela tinha conquistado repentinamente, na flor da juventude, liberdade e poder. Era senhora de si mesma, de grandes domínios e palácios; era a rainha da Inglaterra. Ela tinha responsabilidades e dificuldades, sem dúvida, e estas eram imensas; mas um sentimento dominava e absorvia os demais – a alegria. Tudo lhe agradava. Ela vivia com uma excelente disposição, da manhã até a noite. O Sr. Creevey, agora envelhecido e muito próximo do fim, vendo-a de relance em Brighton, gostou muito, à sua maneira arguta, da ingênua alegria da "pequena Vic"* – "Nunca se contemplou criatura mais trivial, *quando ela está à vontade*, e ela está evidentemente disposta a ficar cada vez mais à vontade. Ela ri com real sinceridade, abrindo a boca tanto quanto pode, mostrando gengivas não muito bonitas (...) Ela come com a mesma voracidade com que ri, acho mesmo que posso dizer que ela devora os pratos (...) Ela

---

[97]Greville, IV, 135.

*O apelido "Vic" é uma referência ao nome da rainha em inglês, Victoria. (*N. do E.*)

ruboriza e ri a cada instante, mas o faz de forma tão natural que desarma qualquer um."[98] Mas não era apenas quando estava rindo ou devorando que ela se divertia; o cumprimento de seus deveres reais lhe dava intensa satisfação. "Eu realmente tenho muito o que fazer", escreveu em seu diário poucos dias depois de sua ascensão ao trono. "Recebo sem parar comunicados de meus ministros, mas gosto muito disso."[99] E novamente, uma semana depois, ela escreveu: "Repito o que já disse antes sobre receber *tantos* comunicados dos ministros, e envio igualmente muitos a eles, e tenho que assinar muitos papéis a cada dia, tenho sempre *muita coisa* a fazer. Mas eu me *deleito* com este trabalho."[100] Através da imaturidade da menina, os predestinados gostos da mulher estavam vindo à tona com uma impaciente velocidade, com uma deliciosa força.

Um detalhe de sua feliz situação merece uma menção particular. À parte o esplendor de sua posição social e a importância de sua posição política, Vitória era uma pessoa de grande riqueza. Tão logo o Parlamento se reuniu, foi estabelecida para ela uma anuidade de 385 mil libras. Descontadas as despesas com a família, sobravam 68 mil libras anuais para seu uso pessoal. Ela gozava, além disso, das rendas do ducado de Lancaster, que superavam as 27 mil libras anuais. O primeiro emprego que ela fez do dinheiro foi típico: pagou todas as dívidas de seu pai. Em questões financeiras, não menos do que em outras áreas, ela estava determinada a ser correta. Vitória tinha os instintos de um homem de negócios; e ela jamais poderia ficar satisfeita numa posição que fosse financeiramente inconsistente.[101]

Com a juventude e a beleza brilhando o tempo todo, os dias passavam felizes. E cada dia dependia de lorde Melbourne. O

---

[98]Creevey, II, 326.

[99]Girlhood, I, 203.

[100]Girlhood, I, 206.

[101]Lee, 79-81.

seu diário nos revela, com enorme clareza, a vida da jovem soberana durante os primeiros meses de seu reinado – uma vida satisfatoriamente regular, cheia de momentos agradáveis, uma vida de prazeres simples, sobretudo físicos – equitação, comida, dança – uma vida leve, fácil, nada sofisticada e autossuficiente. A luz da manhã brilhava sobre ela; e, da rósea claridade, emergia a figura de "lorde M.", supremo e glorioso. Se ela é a heroína da história, ele é o herói; mas, na verdade, eles são mais que herói e heroína, já que não existem outros personagens. Lehzen, o barão e tio Leopold são sombras sem substância – os suportes incidentais da peça. O seu paraíso era habitado por duas pessoas, e seguramente isso bastava à rainha. Os dois são vistos juntos, imóveis, formando um curioso casal, estranhamente unido naquelas páginas simples, sob a iluminação mágica daquela aurora de 80 anos atrás: o polido e refinado cavalheiro de cabelos grisalhos, costeletas e sobrancelhas escuras e grossas, os lábios em constante movimento e os olhos grandes e expressivos; e ao lado dele a pequena rainha – loura, esbelta, elegante, ativa, com seu vestuário completo de menina e seu pequeno chapéu, consultando-o de forma sincera e adorável, com olhos azuis saltados e a boca semiaberta. Assim eles aparecem em cada página do diário; em cada página, lorde M. está presente, lorde M. está falando, lorde M. está sendo divertido, instrutivo, afetuoso e encantador ao mesmo tempo; e Vitória bebe suas palavras melosas, ri até mostrar as gengivas, tenta lembrar-se de tudo e se apressa, tão logo fica sozinha, a anotar tudo. Suas longas conversas abordavam muitíssimos temas. lorde M. criticava livros, lançava uma observação ou duas sobre a Constituição britânica, fazia reflexões breves sobre a vida humana e contava uma história atrás da outra sobre o grande povo do século XVIII. Então vinha o trabalho – talvez um despacho de lorde Durham, no Canadá, que lorde M. tinha que ler. Mas antes ele devia dar uma pequena explicação.

> Ele afirmou que eu preciso saber que o Canadá pertencia originalmente aos franceses e só foi cedido à Inglaterra em 1760, quando ele foi tomado numa expedição comandada por Wolfe; 'um empreendimento muito audacioso', ele disse. O Canadá era então inteiramente francês, e os britânicos só chegaram depois (...) lorde M. explicou isso com muita clareza (e muito melhor do que estou fazendo), e disse muitas outras coisas sobre o assunto. Ele então leu para mim o despacho de Durham, que era muito longo e consumiu mais de meia hora para ser lido. Lorde M. o leu lindamente, com sua voz suave e agradável, e com muita expressão, de forma que é desnecessário dizer que eu fiquei muito interessada em tudo.[102]

E então a conversa ganhava um tom mais pessoal. Lorde M. descrevia a sua infância, e ela aprendia que "ele usava seus cabelos longos, como todos os garotos na época, até completar 17 anos (*como* ele devia ser bonito!)."[103] Ou ela descobria algo sobre seus gostos e hábitos extravagantes – como o fato de nunca usar relógio, o que parecia bastante extraordinário. "'Eu sempre pergunto a hora ao criado, e ele me responde o que quiser', disse lorde M."[104] Ou quando as gralhas voavam em torno das árvores, "de uma maneira que indicava chuva", ele dizia que poderia sentar-se e ficar olhando para elas durante uma hora, e "ficou bastante surpreso por eu não gostar delas... Lorde M. disse: 'As gralhas me dão prazer.'"[105]

A rotina diária, fosse em Londres, fosse em Windsor, quase não variava. A manhã era dedicada aos negócios e lorde M.

---

[102]Girlhood, II, 3.

[103]Ibid., II, 29.

[104]Ibid, II, 100.

[105]Girlhood, II, 57, 256.

À tarde, a corte inteira saía para cavalgar. A rainha, com sua roupa de equitação de veludo e uma cartola com um véu preso na aba, liderava a cavalgada; e lorde M. ia ao seu lado. O animado grupo era rápido e percorria grandes distâncias, para a alegria de Sua Majestade. De volta ao palácio, ainda havia tempo para um pouco mais de diversão antes do jantar – talvez um jogo de raquete e volante, ou brincadeiras com as crianças nas galerias.[106] O jantar chegava, e o cerimonial se retesava decididamente. O cavalheiro de posto mais elevado sentava-se do lado direito da rainha; à sua esquerda – isto logo se tornou uma regra estabelecida – sentava-se lorde Melbourne. Depois que as damas deixavam a sala de jantar, os cavalheiros não eram autorizados a permanecer por muito tempo mais; na verdade, o curto período que eles tinham para tomarem vinho foi tema – correu este rumor – de uma das poucas desavenças entre a rainha e seu primeiro-ministro;[107] mas a sua determinação triunfou, e a partir dali a bebedeira após o jantar começou a sair de moda. Quando o grupo voltava a se reunir na sala de estar, a etiqueta era rigorosa. Por alguns minutos, a rainha se dirigia a cada um de seus convidados; e durante esses colóquios breves mas desconfortáveis, a aridez da realeza se tornava dolorosamente evidente. Uma noite, o Sr. Greville, o sacristão do Conselho Privado, estava presente; logo chegou a sua vez; o *viveur* de meia-idade e rosto duro ouviu de sua jovem

[106]Lee, 71.

[107]O duque de Bedford disse a Greville que estava "certo de que havia uma disputa entre ela e Melbourne... Ele está seguro de houve discordância em relação à reunião dos homens após o jantar, já que ele a ouviu dizer a Greville, com raiva, que 'este é um costume horrível' — mas quando as damas deixavam a sala (onde ele tinha jantado), foram dadas instruções para que os homens permanecessem por mais 5 *minutos*". Greville, 26 de fevereiro de 1840 (não publicado).

anfitriã: "Cavalgou hoje, Sr. Greville?", perguntou a rainha. "Não, senhora, não cavalguei", respondeu o Sr. Greville. "Foi um belo dia", continuou a rainha. "Sim, senhora, um dia muito bonito", disse o Sr. Greville. "Mas talvez estivesse um pouco frio", disse a rainha. "*Estava* um pouco frio, senhora", disse o Sr. Greville. "Creio que a sua irmã, lady Francis Egerton, também gosta de cavalgar, não?", disse a rainha. "Ela cavalga de vez em quando, senhora", disse o Sr. Greville. Houve uma pausa, após a qual o Sr. Greville se aventurou a conduzir a conversa, embora sem ousar mudar de assunto. "Sua Majestade cavalgou hoje?", perguntou o Sr. Greville. "Oh, sim, um passeio muito longo", respondeu animadamente a rainha. Era só isso. Sua Majestade sorria e inclinava a cabeça. O Sr. Greville se curvava, e a conversa seguinte começava, com o cavalheiro ao lado.[108] Quando todos os convidados já se tinham inclinado, a duquesa de Kent sentava-se para o seu jogo de uíste, e todos os demais sentavam-se ao redor da mesa. Lorde Melbourne sentava-se atrás da rainha e falava pernosticamente – frequentemente *à propos* do conteúdo de um dos diversos álbuns de gravuras que ficavam sobre a mesa – até que fossem 23h30, hora de ir para a cama.[109]

De vez em quando havia pequenas diversões: a tarde podia ser passada no teatro ou na ópera. Na manhã seguinte, o crítico real tentava decifrar cautelosamente as impressões da rainha.

> Foi encenada a tragédia *Hamlet*, de Shakespeare, e entramos logo no começo. O Sr. Charles Kean (filho do velho Kean) interpretou o papel de Hamlet lindamente, devo dizer. A sua concepção desse personagem tão di-

---

[108]Greville, 11 de março de 1838 (não publicado).

[109]Greville, IV, 152-3.

> fícil, e quase posso dizer incompreensível, é admirável; ele pronunciou muito bem todos os longos e refinados monólogos; ele é muito gracioso, e todos os seus atos e atitudes são expressivos, embora nem sempre o sejam na aparência (...) Fui embora assim que *Hamlet* terminou."[110]

Mais tarde, ela foi assistir a Macready em *Rei Lear*. Ela não conhecia a história; não sabia nada sobre a trama e, a princípio, mostrou-se pouco interessada pelo que acontecia no palco; Vitória preferia conversar e rir com o lorde tesoureiro. Mas, à medida que a peça avançava, o seu estado de espírito mudou; ela passou a concentrar sua atenção, parando de rir. Ela estava intrigada; a história parecia estranha e horrível. O que achava lorde M.? Lorde M. pensava que era uma peça muito fina, mas certamente também era uma peça dura e áspera, escrita para a sua época, com personagens exagerados. "Fico contente por você estar assistindo a isso", ele acrescentou.[111] Mas, sem dúvida, as tardes que ela mais apreciava eram aquelas em que havia dança. Ela estava sempre pronta para aproveitar qualquer oportunidade – a chegada de primos, um aniversário, uma reunião de jovens – para ordenar que houvesse uma festa. Então, quando a banda tocava, as figuras dos dançarinos se moviam ao sabor da música, e ela sentia o seu próprio corpo balançar, com espíritos jovens tão próximos dela, em todos os lados – era então que a sua felicidade era suprema, seus olhos cintilavam, e ela precisava continuar até a madrugada. Por um momento ela se esquecia até mesmo de lorde Melbourne.

---

[110]Girlhood, I, 265-6

[111]Martineau, II, 119-20; Girlhood, II, 121-2.

V

Os meses passaram. O verão tinha terminado: "O mais agradável verão que JÁ passei na *minha vida*, e eu nunca esquecerei este primeiro verão de meu reinado."[112] Com surpreendente rapidez, outro verão se aproximou. A coroação veio e passou – um sonho estranho e curioso. O cerimonial antigo e complicado funcionou tão bem quanto podia, como uma máquina de enorme complexidade que estivesse um pouco fora de uso. A pequena figura central passou através de suas engrenagens. Ela se sentou; ela caminhou; ela rezou; ela levou de um lado para o outro um globo muito pesado; o arcebispo de Canterbury se aproximou e lhe enfiou com força um anel no dedo errado, a ponto de quase fazê-la chorar de dor; o velho lorde Rolle tropeçou em seu manto e caiu quando ia prestar sua homenagem; ela foi levada para uma capela lateral, onde o altar estava coberto com uma toalha de mesa, sanduíches e garrafas de vinho; ela entreviu Lehzen num camarote superior e trocou com ela um sorriso ao se sentar, de manto e coroa, no trono do confessor. "Sempre me lembrarei deste dia como *o mais orgulhoso* de minha vida", disse ela. Mais o orgulho logo cedeu mais uma vez à juventude e à simplicidade. Quando ela regressou ao Palácio de Buckingham, pelo menos não estava cansada; subiu até seus quartos particulares, desfez-se de seus esplendores e deu o banho vespertino em seu cachorro Dash.[113]

A vida voltava a passar com a tranquilidade habitual – embora, naturalmente, esta tranquilidade fosse às vezes perturbada. Havia sempre o comportamento aflitivo do tio Leopold. O rei da Bélgica não tinha sido capaz de resistir à tentação de fazer uso de sua posição familiar para promover seus objetivos

---

[112]Girlhood, I, 229.

[113]Girlhood, I, 356-64; Leslie, II, 239.

diplomáticos. Mas, na verdade, por que deveria ele resistir? Aquela sua conduta, longe de ser uma tentação, não estaria simplesmente *selon les règles*? Para que serviam os casamentos reais, se não para capacitar os soberanos a controlar a política externa, apesar dos obstáculos impostos pelas constituições? Para os mais elevados propósitos, é claro; isso estava entendido. A rainha era sua sobrinha – mais que isso, era quase sua filha; seu agente confidencial vivia na corte dela, numa posição quase de favor íntimo. Certamente, em tais circunstâncias, seria absurdo, seria positivamente incorreto, perder a oportunidade de submeter às suas vontades, por meio da influência pessoal, à revelia dos ministros ingleses, a política externa da Inglaterra.

Ele tomou as precauções convenientes para se dedicar à tarefa. Continuava a dar admiráveis conselhos em suas cartas. Poucos dias depois da ascensão ao trono, recomendou à jovem rainha que enfatizasse, em toda ocasião possível, o seu nascimento inglês; que exaltasse a nação inglesa; "Também recomendo fortemente o apoio à Igreja Estabelecida; *nunca* se poderá falar *demasiadamente* sobre esse assunto". E, então: "Antes de você tomar decisões sobre qualquer questão importante, eu ficaria feliz se fosse consultado; o que teria a vantagem de lhe dar mais tempo"; nada era mais desagradável do que ser pressionada a tomar decisões erradas, de surpresa. Sua sobrinha respondeu imediatamente, com o habitual calor de seu afeto; mas ela escreveu apressadamente – e, talvez, de forma um pouco vaga. "O *seu* conselho é sempre *da maior importância para mim*", afirmou.[114]

Teria ido, possivelmente, longe demais? Ele não podia ter certeza; talvez Vitória *estivesse* com pressa. De qualquer forma, ele seria cauteloso; retrocederia – *pour mieux sauter*, acrescentou para si mesmo, com um sorriso. Nas cartas seguintes, não fez referência alguma à sugestão prévia de que ela

[114]"Letters", I, 79.

o consultasse; ele simplesmente sublinhou a sabedoria de se recusar, em geral, a tomar decisões precipitadas, de improviso, sobre questões importantes. Até ali, seu conselho fora seguido; sabia-se que a rainha, quando lhe faziam requerimentos, raramente dava uma resposta imediata. Isso acontecia até mesmo com lorde Melbourne; quando ele lhe pedia a sua opinião sobre qualquer assunto, ela respondia que pensaria a respeito e lhe diria a que conclusão chegara no dia seguinte.[115]

Os conselhos do rei Leopold prosseguiam. A princesa de Lieven, ele disse, era uma mulher perigosa; havia motivos para crer que ela faria tentativas de se meter em assuntos que não lhe diziam respeito; Vitória devia saber disso. "Uma regra que nunca farei demais em repetir é nunca permitir que as pessoas falem de assuntos que envolvam você ou seus negócios, sem que você as tenha autorizado a fazê-lo." Se tal coisa ocorresse, ela deveria "mudar o assunto da conversa e fazer o indivíduo sentir que cometera um erro." Madame de Lieven solicitou uma audiência e de fato parecia inclinada a tocar em assuntos confidenciais; depois do que a rainha, embora ligeiramente embaraçada, falou apenas lugares-comuns. O indivíduo sentiu que tinha cometido um erro.[116]

O conselho seguinte do rei foi notável. Quase invariavelmente, ele disse, as cartas são lidas no posto do correio. Isso era inconveniente, sem dúvida; mas, devidamente assimilado, o fato podia trazer alguns benefícios.

> Vou lhe dar um exemplo: ainda estamos sendo atormentados pela Prússia em relação àqueles fortes; agora, para informar ao governo da Prússia várias coisas, que *nós não gostaríamos* de informar *oficialmente*, o ministro

[115]"Letters", I, 80; Greville,IV, 22.

[116]Greville, I, 85-6; Greville, IV, 16.

> está escrevendo um despacho para o nosso homem em Berlim, que será enviado *pelo correio*; os prussianos *certamente* o lerão, descobrindo o que nós queremos que eles descubram.

Circunstâncias análogas poderiam perfeitamente acontecer na Inglaterra. "Eu lhe revelo o truque", escreveu Sua Majestade, "para que você se prepare para refutá-lo." Tais eram as sutilezas da soberania constitucional.[117]

Parecia que era chegada a hora para mais um passo. A carta seguinte do rei estava cheia de comentários sobre a política externa – a situação da Espanha e de Portugal, o caráter de Louis-Philippe; e desta vez ele recebeu uma resposta favorável. Vitória, é verdade, começou dizendo que tinha mostrado a *parte política* de sua carta a lorde Melbourne. Mas ela passou em seguida a discutir os assuntos do exterior. Parecia que estava disposta a trocar observações dessa natureza com seu tio.[118] Até ali, tudo bem. Mas o rei Leopold ainda estava cauteloso. Embora uma crise diplomática fosse iminente, ele ainda vacilava; finalmente, ele não podia mais manter o silêncio. Era da máxima importância para ele que, em suas manobras com a França e a Holanda, ele tivesse, ou ao menos parecesse ter, o apoio da Inglaterra. Mas o governo inglês parecia adotar uma atitude neutra; isso era muito ruim; não estar a seu lado significava estar contra ele – será que eles não viam isso? Por outro lado, talvez eles estivessem apenas hesitando, e um pouco de pressão de Vitória ainda poderia salvar tudo. Ele decidiu levar o caso a ela, de forma delicada porém enérgica – mostrar-lhe exatamente como ele via a questão. "Tudo o que desejo de sua generosa Majestade", escreveu ele,

---

[117]"Letters", I, 93.

[118]Ibid., I, 93-5.

> é que expresse a seus ministros, *ocasionalmente*, e particularmente ao bondoso lorde Melbourne, que, na medida em que isso for *compatível* com os interesses *de seus próprios* domínios, você não deseja que seu governo apoie medidas que poderiam em curto prazo provocar a *destruição* deste país, bem como de seu tio e sua família.[119]

O resultado deste apelo foi surpreendente; fez-se um silêncio mortal por mais de uma semana. Quando Vitória finalmente escreveu, foi pródiga em seu afeto – "Na verdade, meu caro tio, seria um *equívoco* da sua parte pensar que meus sentimentos de ternura, devotada lealdade e grande afeição por você, poderiam mudar – *nada* poderá mudá-los." Mas as referências de Vitória à política externa, embora fossem longas e rebuscadas, não eram comprometedoras ao extremo; quase chegavam a ser formuladas num estilo oficial e diplomático. Os seus ministros, ela dizia, compartilhavam inteiramente as suas opiniões sobre o assunto; ela entendia as dificuldades da posição de seu adorado tio e se sensibilizava diante delas; e ele poderia estar seguro "de que tanto lorde Melbourne quanto lorde Palmerston estão permanentemente preocupados com a prosperidade e o bem-estar da Bélgica". Mas não passava daí. Em sua resposta, o rei se declarava lisonjeado, fazendo eco às manifestações de afeto de sua sobrinha. "Minha querida e adorada Vitória", dizia ele, "você me escreveu uma carta *adorável* e longa, que me encheu de *prazer e satisfação*." Ele jamais admitiria que tinha sido repelido.[120]

Poucos meses depois veio a crise. O rei Leopold estava determinado a agir de forma audaz, conquistando Vitória, dessa vez, com uma exibição de energia e de sua autoridade de

---

[119] Ibid., I, 116.

[120] "Letters", I, 117-20.

parente. Numa carta rude e quase peremptória, ele apresentou o caso, uma vez mais, à sua sobrinha. "Você sabe, por experiência", escreveu ele,

> que eu *nunca lhe pedi nada* (...) mas, como já disse antes, se não formos prudentes poderemos enfrentar consequências graves, que podem afetar mais ou menos a todos, e isto deve ser objeto da nossa mais séria atenção. Continuo sendo, minha cara Vitória, seu tio afetuoso, Leopold R.[121]

A rainha despachou imediatamente a carta a lorde Melbourne, que respondeu com palavras cautelosas e ponderadas, que a rigor nada significavam e que ela deveria, ele sugeriu, enviar por sua vez ao tio. Ela o fez, copiando o elaborado texto, no qual a expressão "querido tio" era frequente; e terminava a carta com uma mensagem de "amor afetuoso à tia Louise e às crianças". Então, finalmente, o rei Leopold foi obrigado a reconhecer os fatos. Sua carta seguinte não continha referência alguma à política. "Fico feliz em saber", escreveu ele,

> que Brighton a agrada mais do que no ano passado. Acho Brighton muito agradável nesta época do ano, antes de começarem os ventos do leste. Além disso, o pavilhão é confortável; isto não se pode negar. Antes de meu casamento, era lá que eu me encontrava com o regente. Mais tarde, Charlotte aparecia com a velha rainha Charlotte. Acontecimentos já distantes, mas ainda presentes na memória.

---

[121]Ibid., I, 134.

Como a pobre madame de Lieven, Sua Majestade sentiu que cometera um erro.[122]

Ele não podia, porém, perder todas as esperanças. Outra oportunidade surgiu, e ele fez um derradeiro esforço – mas desta vez sem muita convicção, e foi imediatamente repelido. "Meu querido tio", escreveu a rainha,

> Devo lhe agradecer por sua última carta, que recebi no domingo. Embora minhas opiniões políticas não pareçam desagradá-lo, acho melhor não alimentá-las, já que elas podem provocar um incêndio, particularmente porque vejo que não podemos concordar neste assunto específico. Eu me limitarei, portanto, a expressar meus sinceros votos de bem-estar e prosperidade à Bélgica.[123]

Depois disso, ficou claro que não restava nada a dizer. Deste ponto em diante, é perceptível nas cartas do rei um tom curiosamente elegíaco. "Minha caríssima Vitória, sua *adorável* cartinha acabou de chegar e penetrou como *uma flecha no meu coração.* Sim, minha adorada Vitória. *Eu a amo ternamente* (...) Eu a amo *por você mesma*, e amo em você a querida criança cujo bem-estar eu sempre desejei." Ele tinha passado por muita coisa; e, se a vida lhe trouxera algumas mágoas, também lhe trouxe satisfações. "Tenho todas as honras que se pode ter e estou, politicamente falando, solidamente estabelecido." Mas havia outras coisas além da política. Havia anseios românticos em seu coração. "O único desejo que ainda sinto é pelo Oriente, onde talvez irei terminar minha vida, começando no oeste e terminando no leste." Quanto à sua devoção pela sobrinha, esta nunca terminaria.

---

[122]"Letters", I, 134-6, 140.

[123]Ibid., I, 154.

Eu nunca impus os meus serviços a você, nem os meus conselhos, embora possa dizer com alguma verdade que, graças ao destino extraordinário que os poderes superiores me designaram, minha experiência é vasta, tanto politicamente quanto na vida privada. Estarei *sempre pronto* a lhe ser útil, *onde e quando* for necessário, e, vou repetir, *tudo que peço em retribuição é um pouco de afeição sincera da sua parte.*[124]

VI

A correspondência com o rei Leopold foi reveladora de muito do que ainda poderia estar parcialmente oculto no caráter de Vitória. Ela não vacilou um instante sequer em sua atitude com o tio. A todas as investidas dele, ela reagiu de forma inflexível. A política externa da Inglaterra não era da sua competência; só dizia respeito a ela e aos seus ministros. Suas insinuações, pedidos e esforços – tudo foi em vão, e ele devia compreender que novas tentativas seriam inúteis. A rigidez de sua posição era ainda mais admirável levando-se em conta o estilo respeitoso e afetuoso com que ela a expressou. Do início ao fim, a rainha, impassível, continuou sendo a sobrinha devotada. O próprio Leopold deve ter invejado essa perfeita correção; mas o que é admirável num estadista maduro é alarmante numa moça de 19 anos. E observadores privilegiados já demonstravam alguns receios. A estranha mistura de uma bondade ingênua e determinação acirrada, de franqueza e reticência, de infantilidade e orgulho, parecia prenunciar um futuro surpreendente e cheio de perigos. À medida que o tempo passava, as características menos agradáveis dessa curiosa combinação se revelavam com

[124]"Letters", I, 185.

mais frequência e mais seriamente. Havia sinais de um temperamento imperioso e arrogante, de um egoísmo forte e duro. Notou-se que a etiqueta do palácio, em vez de ser suavizada, tornava-se cada dia mais rigorosa. Alguns atribuíram isso à influência de Lehzen; mas, se fosse assim, Lehzen teria uma pupila devotada em suas mãos; enquanto as mais leves infrações das rígidas regras de ordem e deferência eram invariavelmente – e imediatamente – condenadas pelos olhares agudos e altivos da própria rainha.[125] Mesmo assim, os olhares de Vitória, por esmagadores que fossem, eram menos esmagadores que a sua boca. A rebeldia expressada por aqueles dentes pequenos e projetados e aquele queixo recuado era mais assustadora que a de uma poderosa mandíbula; era uma rebeldia imperturbável, impenetrável, quase irracional; uma rebeldia perigosamente próxima da obstinação. E a obstinação dos monarcas não é igual à dos outros homens.

Dois anos depois de sua coroação, as nuvens sombrias que, desde o início, se vislumbravam vagamente no horizonte cresceram e se juntaram. As relações de Vitória com sua mãe não melhoraram. A duquesa de Kent, ainda cercada por todas as exasperantes aparências de consideração filial, era uma figura descartada no Palácio de Buckingham, sem poder algum e inconsolável. Sir John Conroy, banido da presença da rainha, ainda tinha ascendência sobre a família da duquesa, e as hostilidades em Kensington continuaram intensas nas novas circunstâncias. Lady Flora Hastings continuava a fazer suas brincadeiras maldosas; a animosidade da baronesa ainda não tinha sido apaziguada. Mas um dia lady Flora percebeu que a brincadeira tinha-se voltado contra ela. No início de 1839, viajando na comitiva da duquesa, ela voltou da Escócia na mesma carruagem que Sir John. Uma mudança em sua aparência tornou-se tema de uma pilhéria indecorosa; boatos

[125]Greville, IV, 16-7; Crawford, 163-4.

começaram a correr, e a pilhéria tornou-se séria. Comentava-se que lady Flora estava esperando um filho.[126] Seu estado de saúde parecia confirmar a suspeita; ela consultou Sir James Clark, o médico real, e, depois da consulta, Sir James tampouco segurou a língua. A partir daí, o escândalo cresceu rapidamente. Todo mundo comentava; a baronesa não estava surpresa; a duquesa apressou-se a protestar energicamente e a apoiar sua dama; a rainha foi informada. Por fim, recorreu-se ao expediente extraordinário de um exame médico completo, durante o qual, segundo lady Flora, Sir James se comportou com brutal grosseria, enquanto um segundo médico foi extremamente polido. Finalmente, os dois médicos assinaram um atestado inocentando inteiramente a dama. Mas isso não representou de forma alguma o final da polêmica. A família Hastings, socialmente muito poderosa, entrou na disputa com toda a fúria do orgulho ferido e da inocência ultrajada. Sir Hastings insistiu numa audiência com a rainha, escreveu aos jornais e exigiu a demissão de Sir James Clark. Vitória expressou o seu pesar a lady Flora, mas não dispensou Sir James Clark. A maré da opinião voltou-se violentamente contra a rainha e seus conselheiros; a alta sociedade estava chocada com toda aquela lavagem de roupa suja do Palácio de Buckingham; o público estava, em sua maioria, indignado com o mau tratamento dado a lady Flora. Por volta do final de março, a popularidade, tão radiante e abundante, com que a jovem soberana começara o seu reino, tinha desaparecido completamente.[127]

Não resta dúvida de que faltou discrição à corte. Deixou-se que comentários maldosos, que deviam ter sido imediatamente cortados pela raiz, crescessem até assumir as dimensões de

[126]Greville, IV, 178, e 15 de agosto de 1839 (não publicado).

[127]"Ninguém gosta da rainha, sua popularidade caiu a zero, e a lealdade é letra morta." Greville, 25 de março de 1839; "Morning Post", 14 de setembro de 1839.

uma desgraça; e o próprio trono se envolvera nas maldosas calúnias do palácio. Uma questão particularmente constrangedora dizia respeito à posição de Sir James Clark. O duque de Wellington, a quem se costumava consultar em casos de grande dificuldade envolvendo altos postos, foi consultado sobre o assunto e manifestou a opinião de que, como seria impossível afastar Sir James sem uma investigação pública, ele certamente devia ficar onde estava.[128] Provavelmente o duque estava certo. Mas o fato de que o médico culpado continuava a serviço da rainha tornava irredutível a família Hastings e produzia na opinião pública desagradável impressão de um erro sem arrependimento. Vitória era muito jovem e inexperiente; dificilmente se poderia culpá-la de ter falhado ao tentar controlar uma situação extremamente difícil. Isto era claramente uma tarefa de lorde Melbourne; ele era um homem do mundo e, com a vigilância e a circunspecção adequadas, poderia ter serenamente apagado as chamas enquanto elas ainda estavam no começo. Ele não o fez; Melbourne era preguiçoso e permissivo; a baronesa era persistente, enquanto ele deixava as coisas correrem. Mas sem dúvida a sua posição não era fácil. As paixões se intensificavam no palácio; e Vitória era não apenas muito jovem, ela era também muito teimosa. Possuiria ele o freio mágico que domaria aquele corcel impetuoso? Ele não podia estar seguro. E então, subitamente, outra crise violenta revelou mais inequivocamente do que nunca a natureza do espírito com o qual ele tinha que lidar.

VII

Fazia tempo que a rainha era perseguida por um temor: chegaria o dia em que ela seria obrigada a separar-se de seu ministro. Desde a aprovação da Lei da Reforma, o poder do

[128]Greville, 15 de agosto de 1839 (não publicado)

governo Whig vinha decaindo regularmente. A eleição geral de 1837 deixou o governo com uma pequena maioria na Câmara dos Comuns; desde então, vinha passando por dificuldades crescentes – no exterior, dentro de casa, na Irlanda; o grupo radical se tornou hostil; era altamente questionável se eles conseguiriam sobreviver por muito mais tempo. A rainha assistia ao desenrolar dos acontecimentos com grande ansiedade. Ela era do Partido Whig por nascimento, por formação, por todo tipo de associação, pública e privada; e, mesmo que estes laços nunca tivessem existido, o mero fato de que lorde M. fosse um líder do Partido Whig era mais que suficiente para determinar os rumos das suas preferências políticas. A queda dos Whigs representaria um sério transtorno para lorde M., mas teria uma consequência ainda mais terrível: lorde M. teria que deixá-la; e a presença diária, em todas as horas, de lorde M. tinha-se tornado uma parte integrante da vida de Vitória. Seis meses depois de sua coroação, ela escreveu em seu diário: "Ficarei muito triste se o perder, mesmo se for *por uma noite sequer*";[129] e este sentimento de dependência pessoal de seu ministro só fez aumentar. Nessas circunstâncias, era natural que ela se tivesse tornado uma partidária dos Whigs. Do significado mais amplo das questões políticas ela não entendia muito; tudo o que ela via era que seus amigos ocupavam postos importantes e estavam perto dela, e que seria horrível se isso mudasse. "Mal posso dizer", ela escreveu quando uma ruptura crítica era iminente,

> (embora eu esteja *confiante em nosso sucesso*) como me sinto *mal* e *triste*, quando penso na POSSIBILIDADE de este excelente e verdadeiramente bondoso homem não *continuar* sendo meu ministro! Mas ainda acredito com

[129] Girlhood, I, 254.

fervor que *Ele*, que tão maravilhosamente me protegeu em meio a tantas dificuldades, não irá me abandonar *agora*! Gostaria de ter expressado a lorde M. a minha ansiedade, mas as lágrimas estavam mais próximas que as palavras durante o tempo em que o vi, e senti que teria engasgado se tentasse dizer alguma coisa.[130]

Lorde Melbourne percebeu com bastante clareza como era indesejável este estado de espírito numa soberana constitucional que a qualquer momento poderia ser chamada para receber, como seus ministros, os líderes do partido de oposição; ele fez o que pôde para acalmar seu ardor, mas em vão.

Mas foi com considerável falta de habilidade para fazer prognósticos que ele próprio contribuiu para provocar aquela infeliz situação dos negócios. Desde o momento da coroação, ele cercou a rainha com damas de companhia de seu próprio partido. Em sua vida cotidiana, a rainha praticamente nunca via alguém do Partido Tóri e, na verdade, empenhava-se para nunca precisar ver um, em quaisquer circunstâncias. Ela reprovava "a tribo inteira", e não se esforçava para ocultar isso. Ela não gostava particularmente de Sir Robert Peel, que quase certamente seria o próximo primeiro-ministro. Suas maneiras eram detestáveis, e ele queria pôr lorde M. na rua. Seus partidários, sem exceção, eram igualmente ruins; e quanto a Sir James Graham, ela não tolerava sequer vê-lo; ele era exatamente como Sir John Conroy.[131]

O caso de lady Flora intensificou ainda mais os rumores nos partidos. Os Hastings eram Tóris, e lorde Melbourne e a corte estavam sendo atacados pela imprensa Tóri com uma linguagem fortíssima. O ardor sectário da rainha cresceu na

---

[130]Girlhood, I, 324.

[131]Greville, 4 de agosto de 1841 (não publicado); Girlhood, II, 154, 162.

mesma proporção. Mas a hora terrível estava se aproximando depressa. No começo de maio, os ministros estavam visivelmente cambaleando; num ponto vital da política eles mal conseguiam manter uma maioria de cinco na Câmara dos Comuns; então eles decidiram renunciar. Quando Vitória ouviu a notícia, irrompeu em lágrimas. Então aquilo era possível? Estava tudo acabado? Ela estava de fato prestes a ver lorde M. pela última vez? Lorde M. chegou; e é um fato curioso que, mesmo nessa hora suprema de tormento e agitação, a meticulosa garota tenha anotado o momento exato, até os minutos, da chegada e da partida de seu amado ministro. A conversa foi longa e comovente; mas só podia terminar de um jeito – a rainha precisava mandar chamar o duque de Wellington. Quando, na manhã seguinte, o duque veio, ele aconselhou Sua Majestade a chamar também Sir Robert Peel. Vitória se encontrava num "estado de pesar medonho", mas engoliu as lágrimas e se recompôs, com real determinação, preparando-se para a odiosa, odiosa entrevista.

Peel era de natureza reservada, orgulhoso e tímido. Suas maneiras de fato não eram refinadas, e ele sabia disso; embaraçava-se facilmente e, nesses momentos, ficava ainda mais retesado e formal do que antes, enquanto os seus pés desempenhavam, de forma mecânica sobre o tapete, uma mesura. Ansioso como estava agora para conquistar a simpatia da rainha, a sua própria ansiedade em ser bem-sucedido tornou o seu objetivo ainda mais difícil. Ele fracassou completamente em fazer qualquer progresso com a desdenhosa e hostil garota à sua frente. Vitória observou friamente que Peel parecia estar infeliz e "desconcertado" e, enquanto ele permanecia em dolorosa imobilidade, movendo ocasional e desconfortavelmente os pés, o coração da rainha se apertou diante daquela visão: "Oh! Como ele é diferente, como é horrivelmente diferente do sincero, afetuoso, espontâneo e gentil lorde Melbourne! A audiência, porém, acabou sem nenhum desastre. Somente num pequeno detalhe pareceu existir a sombra de um desacordo. Peel decidira que seria necessária uma mudança na composição da Casa Real: não convinha a rainha ficar inteiramente rodeada pelas esposas e irmãs dos adversários do primeiro-ministro; pelo menos algumas das damas de companhia deveriam ser simpáticas ao seu governo. Quando tocaram neste assunto, a rainha sugeriu que gostaria que tudo permanecesse como estava; e Sir Robert respondeu que a questão poderia ser resolvida mais tarde, e logo em seguida retirou-se para acertar os detalhes de seu gabinete. Enquanto ele estava presente, Vitória permaneceu, como ela própria disse, muito senhora de si, cortês e grave, não deixando transparecer nenhum sinal de agitação"; mas assim que ficou sozinha, ela desmoronou. Então tentou se recompor para escrever a lorde Melbourne um balanço de tudo o que acontecera, e de sua própria infelicidade. "A rainha se sente," escreveu ela, "e lorde Melbourne entenderá isso, cercada dos inimigos daqueles em que ela mais confiava e mais estimava; mas o pior de tudo é estar privada de ver lorde Melbourne como costumava."

Lorde Melbourne respondeu com uma carta muito sábia. Ele tentou acalmar a rainha e convencê-la a aceitar a nova situação elegantemente; e ele só tinha boas palavras para os líderes do Partido Tóri. Quanto à questão das damas, a rainha, disse ele, deveria insistir fortemente em seu desejo, já que se tratava de um assunto que a afetava pessoalmente; "mas", ele acrescentou, "se Sir Robert não for capaz de ceder, de nada servirá bater pé ou adiar a negociação a respeito disso."

Neste ponto não pode haver dúvida de que lorde Melbourne estava certo. A questão era delicada e sutil, e nunca tinha ocorrido antes; mas a prática constitucional subsequente determinou que uma rainha reinante devia ceder à vontade de seu primeiro-ministro no que dissesse respeito ao *corpo de funcionários* feminino de sua casa. A sabedoria de lorde Melbourne, porém, não serviu para nada. A rainha não se acalmava, nem muito menos se mostrava disposta a seguir o seu conselho.

Era ultrajante que os Tóris quisessem privá-la de suas damas de companhia, e naquela noite ela tomou a resolução de que, fossem quais fossem as palavras de Sir Robert, ela se recusaria a consentir a remoção de uma só de suas damas. Coerentemente, quando, na manhã seguinte, Peel apareceu novamente, ela estava pronta para a ação. Ele começou detalhando os compromissos do gabinete e então acrescentou: "Agora, madame, sobre as damas" – quando a rainha o interrompeu bruscamente. "Não posso abrir mão de nenhuma delas", disse ela. "O que, madame!", disse Sir Robert, "Sua Majestade pretende manter *todas*?" "*Todas*", disse a rainha. A face de Sir Robert trabalhava de forma estranha; ele não conseguia ocultar sua agitação. "a dama do vestuário e as damas do dormitório?", ele perguntou finalmente. "*Todas*", respondeu mais uma vez Sua Majestade. Peel protestou e discutiu inutilmente; em vão ele falou, num tom cada vez mais pomposo e desconfortável, da Constituição, da rainha reinante e do interesse público; em vão ele dançou o seu patético minueto. Ela estava irredutível; mas ele tampouco, apesar de todo o seu embaraço, mostrava sinais de ceder; e, quando finalmente ele a deixou, nada tinha sido decidido – toda a formação do governo tinha ficado pendente, ao sabor do vento. Um frenesi de excitação agora invadia Vitória. Sir Robert – ela acreditava, furiosa – tinha tentado sobrepujá-la, afastando dela os seus amigos e impondo a sua vontade sobre a dela; mas isso não era tudo: subitamente ela tinha descoberto, enquanto o pobre homem se agitava com tanto embaraço à sua frente, aquilo que vinha desejando desesperadamente uma saída para escapar. Ela pegou uma pena e rabiscou um bilhete para lorde Melbourne.

"Sir Robert se comportou muito mal", escreveu ela;

> ele insistiu que eu deveria desistir de minhas damas, e eu respondi que jamais consentiria isso, e nunca vi um homem tão apavorado (...). Eu estava calma, mas muito

> decidida, e acho que você teria gostado de ver minha compostura e grande firmeza; a rainha da Inglaterra não se submeterá a esse tipo de tramoia. Mantenha-se alerta, pois em breve posso precisar de você.

Mal ela terminou, foi anunciado o duque de Wellington. "Bem, senhora", disse ele ao entrar, "é com muito pesar que vejo que há uma dificuldade." "Oh!", ela respondeu imediatamente. "Foi *ele* quem começou, não eu." Vitória sentia que apenas uma coisa era necessária: ela devia ser firme. E firme ela foi. O venerável conquistador de Napoleão foi derrotado pela incansável vontade de uma garota que ainda não tinha 20 anos. Ele não conseguiu mover a rainha uma polegada sequer. Por fim, ela até se aventurou a zombar dele. "Sir Robert é tão fraco que até mesmo as damas precisam compartilhar sua opinião?", e neste momento o duque, após um breve e humilde protesto, fez uma mesura e partiu.

Ela tinha vencido? O tempo mostraria; por ora, Vitória escreveu mais uma carta: "Lorde Melbourne não deve julgar leviana a conduta da rainha (...). A rainha sentiu que se tratava de um teste para saberem se ela podia ser manipulada como uma criança." Os Tóris não eram apenas perversos, mas também ridículos. Segundo ela entendia, Peel, tendo manifestado o desejo de afastar apenas aqueles funcionários de sua casa que fossem ligados ao Parlamento, agora fazia objeções às suas damas. "Eu gostaria de saber", exclamou ela com um desdém triunfante, "se eles pretendem dar às *damas* cadeiras no Parlamento."

O final da crise estava se aproximando rapidamente. Sir Robert voltou, dizendo que, se ela insistisse em conservar todas as suas damas, ele não poderia formar um governo. Ela respondeu dizendo que lhe enviaria sua decisão final por escrito. Na manhã seguinte, o extinto gabinete Whig se reuniu. Lorde Melbourne leu em voz alta as cartas da rainha, e o grupo de políticos experientes foi invadido por uma onda de entusiasmo.

Eles sabiam muito bem que, para dizer o mínimo, era muito duvidoso que a rainha tivesse agido em estrito acordo com a Constituição; que, ao fazer o que tinha feito, ela pusera de lado o conselho de lorde Melbourne; que, na realidade, não havia um único motivo público para que eles voltassem atrás na decisão de renunciar. Mas todas essas considerações desapareciam diante da teimosia apaixonada de Vitória. A intensidade da sua determinação os dominava e arrastava na corrente de sua vontade. Eles sentiram unanimemente que "era impossível abandonar aquela Rainha e aquela mulher". Esquecendo que já não eram mais ministros de Sua Majestade, eles tomaram a decisão sem precedentes de aconselharem por carta a rainha a encerrar suas negociações com Sir Robert Peel. Foi o que ela fez; tudo estava terminado; ela tinha triunfado. Naquela tarde, houve um baile no palácio. Todos estavam presentes. "Peel e o duque de Wellington vieram e pareciam muito desconcertados." Ela estava perfeitamente feliz; lorde M. voltava a ser primeiro-ministro, e estava mais uma vez a seu lado.[132]

VIII

A felicidade voltara com lorde M., mas era uma felicidade em meio a uma grande agitação. O *imbroglio* doméstico continuava existindo, até que finalmente o duque, rejeitado

[132]"Letters", I, 154-72; Girlhood, II, 163-75; Greville, IV, 206-17 e trechos nao publicados; Broughton, V, 195; Clarendon, I, 165. A exclamação "Eles quiseram me tratar como uma menina, mas vou lhes mostrar que sou a rainha da Inglaterra!", frequentemente citada, é apócrifa. É apenas um trecho do resumo que Greville fez das duas cartas a Melbourne, publicadas em "Letters", 162 e 163. Pode-se notar que a frase "A rainha da Inglaterra não se submeterá a tais tramoias" é omitida em Girlhood, 169; e, em geral, existem diversas discrepâncias verbais entre as versões do diário e das cartas reunidas nos dois volumes.

como ministro, foi convocado mais uma vez para exercer sua antiga função de "médico moral" da família. Finalmente algo aconteceu quando ele persuadiu Sir John Conroy a renunciar a seu posto junto à duquesa de Kent e a deixar o palácio para sempre; algo mais aconteceu, quando ele convenceu a rainha a escrever uma carta afetuosa à sua mãe. O caminho parecia aberto para uma reconciliação, mas a duquesa ainda estava irada. Ela não acreditava que Vitória tinha escrito aquela carta; a letra não era dela, e a duquesa mandou chamar o duque para lhe dar sua opinião. O duque, assegurando a ela que a carta era autêntica, implorou que ela esquecesse o passado. Mas isso não era tão simples. "O que devo fazer se lorde Melbourne vier me procurar?" "Fazer, senhora? Por quê? Receba-o com civilidade". Bem, ela faria um esforço... "Mas o que farei se Vitória me pedir para apertar as mãos de Lehzen?" "Fazer, senhora? Por quê? Tome-a em seus braços e beije-a." "O quê!", a duquesa encolerizou-se a ponto de se descontrolar, para então explodir numa sincera gargalhada. "Não, senhora, não", disse o duque, que também ria, "Não quero dizer que a senhora deva tomar *Lehzen* nos braços e beijá-*la*, mas sim a rainha."[133]

O duque talvez fosse bem-sucedido, se todas as tentativas de reconciliação não tivessem sido anuladas por um trágico acontecimento. Lady Flora, descobriu-se, estava sofrendo de uma terrível doença interna, que agora avançava cada vez mais rapidamente. Não restava dúvida de que ela estava morrendo. A impopularidade da rainha atingiu um patamar extraordinário. Mais de uma vez ela foi publicamente insultada. "Sra. Melbourne", gritavam para ela quando aparecia em sua sacada; e, em Ascot, ela foi vaiada pela duquesa de Montrose e lady Sarah Ingestre quando passava. Lady Flora morreu. O escân-

---

[133]Greville, 7 de junho, 10 de junho, 15 de junho, 15 de agosto de 1839 (não publicado).

dalo inteiro voltou à tona, com veemência redobrada; enquanto, no palácio, os dois partidos seriam divididos dali em diante por uma barreira intransponível.[134]

Todavia, lorde M. estava de volta, e todos os problemas se dissipavam sob o encanto de sua presença e sua conversação. Ele, por sua vez, também tinha passado por muita coisa; e seus conflitos eram intensificados pela consciência de suas próprias deficiências. Ele percebia bastante claramente que, se tivesse intervindo no momento certo, o escândalo dos Hastings poderia ter sido evitado; e, na crise relacionada às damas, ele sabia que tinha deixado que sua opinião fosse ignorada, e sua conduta dominada por sentimentos privados e pela impetuosidade de Vitória.[135] Mas ele não era do tipo que sofria muito agudamente por crises de consciência. Apesar das tolices e das formalidades da corte, seu relacionamento com a rainha acabara se tornando o interesse dominante na sua vida; ser privado disso teria partido seu coração; essa hipótese medonha fora – pelo menos provisoriamente – abortada; mais uma vez, ele estava bem instalado, numa espécie de triunfo; então deveria aproveitar por inteiro essas horas fugazes! E, assim, acariciada pelos favores de uma soberana e aquecida pela adoração de uma menina, a rosa de outono, naqueles meses do outono de 1839, desabrochou maravilhosamente. Suas pétalas se expandiram, lindamente, pela última vez. Pela última vez naquele acidental, incongruente e quase inacreditável relacionamento o velho epicurista provou as delicadezas de um romance. Ver, ensinar, reprimir, encorajar a jovem criatura real ao seu lado – isto já era muito; sentir com uma intimidade tão constante o impacto de sua viva afeição, de sua radiante vitalidade – isto era mais ainda; acima de tudo, talvez, ele gostava de deixar-se

---

[134]Greville, 24 de junho e 7 de julho de 1839 (não publicado); Crawford, 222

[135]Greville, VI, 251-2.

ficar numa contemplação vaga e bem-humorada, numa ociosa displicência, falar despreocupadamente, brincar com uma maçã ou uma folha, sonhar. As fontes de sua sensibilidade, profundamente escondidas dentro dele, estavam transbordando. Frequentemente, quando Melbourne se curvava para beijar a mão da rainha, ele próprio se surpreendia chorando.[136]

Quanto a Vitória, apesar de toda a sua inflexibilidade, era inevitável que um companheiro assim acabasse provocando algum efeito. Ela já não era mais a colegial simples de dois anos antes. A mudança era visível até mesmo em sua atitude pública. Sua expressão, antes "ingênua e serena", agora parecia, a um observador sagaz, "atrevida e descontente".[137] Ela tinha aprendido algumas lições com os prazeres e as dores do poder; mas isso não era tudo. Lorde Melbourne, seu bondoso instrutor, tinha tentado conduzi-la ao caminho da sabedoria e da moderação, mas todo o movimento inconsciente de seu caráter a desviara para um rumo muito diferente. A pedra de cristal clara e resistente, submetida por tanto tempo e tão constantemente àquela fluidez envolvente e insidiosa, tinha sofrido uma corrosão curiosa; na verdade, ela parecia estar se suavizando e ficando ligeiramente enevoada. As fraquezas humanas e falibilidade são contagiosas; era possível que a pupila empertigada de Lehzen as tivesse contraído? Que Vitória fosse começar a ouvir vozes de sereias? Que os impulsos secretos de autoexpressão, e mesmo de autoindulgência, estivessem dominando a sua vida? Por um momento, a filha de uma nova era olhou para trás e cambaleou na direção do século XVIII. Foi o momento mais crítico da sua carreira. Tivessem estas influências durado, o desenvolvimento de seu caráter e a história de sua vida teriam sido completamente diferentes.

---

[136]Ibid., VI, 251; Girlhood, I, 236, 238; II, 267.

[137]Martineau, II, 120.

E por que eles não deveriam durar? Ela própria estava ansiosa para que durassem. Que eles continuassem para sempre! Vitória estava cercada de Whigs, era livre para fazer o que bem entendesse e tinha lorde M. a seu lado; ela simplesmente não podia acreditar que um dia poderia ser mais feliz. Qualquer mudança só poderia ser para pior; e a pior mudança de todas... Não, ela não queria saber disso; seria intolerável, estragaria tudo, se ela tivesse que se casar. E, no entanto, todos pareciam querer que ela o fizesse – o público em geral, os ministros, os seus parentes em Saxe-Coburg – era sempre a mesma história. É claro, Vitória sabia perfeitamente que existiam excelentes razões para isso. Quanto mais não fosse, se ela não tivesse filhos, e morresse, seu tio Cumberland, que agora era o rei de Hanover, a sucederia no trono da Inglaterra. Isto, sem dúvida, seria um acontecimento dos mais desagradáveis; e ela simpatizava inteiramente com todos aqueles que queriam evitar essa hipótese. Mas não havia pressa; naturalmente, ela acabaria se casando – mas não agora, nem nos três ou quatro anos seguintes. O cansativo era que, aparentemente, seu tio Leopold tinha determinado não apenas que ela devia se casar, mas também que o marido deveria ser o seu primo Albert. Isso era muito típico do tio Leopold, que queria ter influência em tudo; e era verdade que muito tempo antes, em dias longínquos, anteriores até à sua coroação, ela lhe tinha escrito de uma maneira que pode muito bem tê-lo encorajado a alimentar essa ideia. Ela dissera ao tio que Albert tinha "todas as qualidades que seriam desejáveis para fazê-la feliz", e pedira ao "adorado tio que cuidasse do bem-estar de alguém que me é *tão querido*, e tomá-lo sob *sua proteção especial*", acrescentando: "Espero e creio que tudo correrá bem e prosperamente neste assunto de tanta importância para mim."[138] Mas isso acontecera anos antes,

[138]"Letters", I, 49.

quando ela não passava de uma criança; talvez, na verdade, a julgar pela linguagem, a carta tenha sido ditada por Lehzen; de qualquer forma, seus sentimentos, e todas as circunstâncias, agora tinham mudado completamente. Albert não interessava a ela de forma alguma.

Muito mais tarde, a Rainha declarou que nunca, por um momento sequer, sonhou casar-se com alguém que não fosse seu primo;[139] mas suas cartas e seu diário contam uma história bastante diferente. No dia 26 de agosto de 1837, ela escreveu em seu diário: "Hoje o meu *querido* primo Albert completa 18 anos, e eu rezo aos céus que verta suas melhores bênçãos sobre sua adorada cabeça!" Nos anos subsequentes, porém, a data passa despercebida. Foi acertado que Stockmar acompanharia o príncipe à Itália, e o fiel barão se afastou dela por isso. Ele lhe escreveu mais de uma vez com simpáticas descrições de seu jovem companheiro; mas, nessa altura, ela já estava decidida. Ela gostava de Albert e o admirava muito, mas não queria se casar com ele. "Hoje", disse ela a lorde Melbourne em abril de 1839, "eu me sinto avessa à ideia de me casar um dia".[140] Quando a viagem à Itália de seu primo chegou ao fim, ela começou a ficar nervosa; sabia que, segundo um compromisso havia muito tempo estabelecido, a próxima parada de Albert seria na Inglaterra. Ele provavelmente chegaria no outono, e por volta de julho o desconforto de Vitória era grande. Deve ficar claro, disse ela, que "não *existe nenhum compromisso entre nós*". Mesmo que ela gostasse de Albert, "*não* poderia fazer *uma promessa final neste ano*, porque, na melhor das hipóteses um acontecimento assim só poderia acontecer *dois ou três anos depois.*" Ela sentia, disse, "uma *grande* repugnância" a alterar a sua atual posição; e, se ela não gostasse dele, "estava *muito*

---

139 Grey, 219.

140 Girlhood, II, 153.

ansiosa para que se soubesse que *não estaria sendo culpada* de nenhuma quebra de promessa, já que ela *nunca prometera nada.*"[141] Com lorde Melbourne ela foi mais explícita. Ela lhe disse "que não tinha muita vontade de ver Albert, já que o assunto inteiro era odioso"; Vitória detestava ter que tomar uma decisão a respeito; e repetiu mais uma vez que ver Albert seria "uma coisa desagradável".[142] Mas não havia escapatória para a lamentável questão; a visita tinha que ser feita, e ela precisava vê-lo. O verão passou rapidamente; já era outono; no entardecer do dia 10 de outubro, Albert, acompanhado de seu irmão Ernest, chegou a Windsor.

Albert chegou; e toda a estrutura da existência da rainha desabou rumo ao nada, como um castelo de cartas. Ele era bonito – ela disse com voz entrecortada, e nada sabia além disso. Então, num instante, mil mistérios lhe foram revelados; o passado e o presente a assaltaram com um novo significado; as ilusões de anos foram destruídas, e uma certeza extraordinária e irresistível surgiu repentinamente na luz daqueles olhos azuis, no sorriso daquela boca adorável. As horas seguintes passaram num arroubo. Ela foi capaz de observar poucos detalhes mais – o "atraente nariz", o "delicado bigode e as suíças discretas, muito discretas", o "bonito rosto, os ombros largos e a cintura fina." Ela cavalgou, dançou e conversou com ele, tudo era perfeito. Vitória não tinha mais sequer a sombra de uma dúvida. Albert chegou na tarde de uma quinta-feira, e na manhã do domingo seguinte Vitória disse a lorde Melbourne que ela "tinha mudado bastante a sua opinião sobre se casar." Na manhã seguinte, ela lhe disse que tinha decidido casar-se com Albert. Mais uma manhã, e Vitória mandou chamar o primo. Ela o recebeu sozinha, e "depois de alguns minutos, eu lhe disse que

---

141 "Letters", I, 177-8.

142 Girlhood, II, 215-6.

achava que ele devia estar ciente do motivo *por que* eu quis que ele viesse, e que eu ficaria *muito feliz* se ele estivesse de acordo com o meu desejo (de nos casarmos). Então "nós nos abraçamos, e ele foi *tão* carinhoso, *tão* afetuoso". Ela disse achar que não o merecia, e ele murmurou que ficaria muito feliz "*das Leben mit dir zuzubringen*", ao passar a vida com você. Eles se separaram, e ela se sentiu "o mais feliz dos seres humanos" quando lorde M. entrou. Inicialmente ela falou sobre o clima e outros assuntos sem importância. De alguma maneira, Vitória se sentia um pouco nervosa diante de seu velho amigo. Por fim, ela juntou coragem e disse: "Eu me dei muito bem com Albert." "Oh! Você se deu", disse lorde M.[143]

4
Casamento

I

Aquele foi decididamente um casamento familiar. O príncipe Francis Charles Augustus Albert Emmanuel de Saxe-Coburg-Gotha – pois este era o seu título completo – tinha nascido apenas três meses depois de sua prima Vitória, e a mesma parteira tinha assistido os dois partos. A avó das crianças, a viúva duquesa de Coburg, tinha desde o primeiro momento desejado

---

[143]Girlhood, II, 262-9. A afirmação de Greville (27 de novembro de 1839) de que "a rainha resolveu sozinha toda a questão de seu casamento, sem consultar Melbourne sobre o assunto, ou sequer lhe comunicando suas intenções" na verdade não tem fundamento. O diário da rainha prova que ela consultou Melbourne sobre cada detalhe.

esse casamento; quando eles cresceram, o duque, a duquesa de Kent e o rei Leopold passaram a compartilhar o mesmo desejo. O príncipe, desde a época em que, ainda criança de três anos, a ama de leite lhe dissera que um dia "a pequena flor de maio inglesa seria sua esposa", nunca pensou em se casar com ninguém mais. Quando, finalmente, o próprio barão Stockmar manifestou a sua aprovação, o caso parecia resolvido.[144]

O duque tinha outro filho – o príncipe Ernest, um ano mais velho que Albert e herdeiro do principado. A duquesa era uma mulher bela e alegre, com cabelos louros e olhos azuis; Albert se parecia muito com ela e era seu favorito declarado. Mas, aos 5 anos, ele foi afastado dela para sempre. A corte ducal não se destacava pela severidade de sua moral; o duque era um galanteador, e comentava-se que a duquesa seguia o exemplo do marido. Houve escândalos: foi citado o nome de um dos tesoureiros da corte, um homem charmoso e culto, de ascendência judaica; por fim houve a separação, seguida do divórcio. A duquesa se retirou para Paris e morreu infeliz, em 1831. Sua memória foi sempre muito cara a Albert.[145]

Ele foi um menino bonito, esperto e espirituoso. Geralmente bem-comportado, Albert era, contudo, algumas vezes violento. Era muito caprichoso, e gostava de impor suas vontades; seu irmão mais velho era menos veemente, menos obstinado e, quando brigavam, era sempre Albert quem levava a melhor. Os dois garotos, vivendo na maior parte do tempo numa das diversas casas de campo do duque, em meio a belas montanhas, florestas e riachos, foram afastados de suas babás numa idade muito precoce – Albert tinha menos de 4 anos – e colocados sob os cuidados de um tutor, com quem ficaram até entrarem na universidade. Eles foram criados de uma maneira simples e

---

[144]Martin, I, 1-2; Grey, 213-4.

[145]Grey, 7-9; Crawford, 243-6; Panan, 236-7.

nada ostentosa, já que o duque era pobre, e seu ducado muito pequeno e insignificante. Logo ficou evidente que Albert era um rapaz modelo. Inteligente e esmerado, ele foi tocado pela sinceridade moral de sua geração; aos 11 anos, surpreendeu o pai ao lhe dizer que esperava tornar-se "um homem bom e útil". Contudo, ele não era excessivamente sério para a idade; embora, talvez, não tivesse muito senso de humor, era cheio de vida – gostava de brincadeiras e imitações. Não era covarde – cavalgava, caçava e esgrimia; gostava sobretudo de ficar ao ar livre, e nunca se sentia mais feliz do que quando perambulava em longos passeios pelo campo com seu irmão, na vizinhança de sua amada Rosenau – caçando veados, admirando a paisagem, e voltando para casa carregado de espécimes para a sua coleção de história natural. Ele era, além disso, um fã ardoroso da música. Mas num aspecto particular, foi observado que Albert não seguiu os passos do pai; devido à sua criação peculiar ou a uma idiossincrasia mais fundamental, ele demonstrava uma clara aversão pelo sexo oposto. Aos 5 anos, numa quadrilha de crianças, ele chorou com desgosto e raiva quando lhe designaram uma menina como parceira; e embora, mais tarde, tenha conseguido disfarçar com sucesso esses sentimentos, eles permaneciam.[146]

Os irmãos eram muito populares em Coburg, e, quando chegou a hora de eles serem crismados, o exame preliminar, que, segundo um antigo costume, era feito em público no "Salão dos Gigantes" do castelo, foi assistido por uma entusiasmada multidão de funcionários, clérigos, representantes dos povoados do ducado e uma miscelânea de outros espectadores. Também estavam presentes, além do duque e da duquesa viúva, Suas Altezas, os príncipes Alexander e Ernst de Würtemberg, o príncipe Leiningen, a princesa Hohenlohe-Langenburg e a princesa Hohenlohe-Schillingfürst. Dr. Jacobi,

[146]Grey, caps. i a vi; Ernest, I, 18-23.

o capelão da corte, presidiu a cerimônia num altar, decorado de forma simples mas adequada, que tinha sido montado no final do salão; e a cerimônia começou com o coro cantando o primeiro verso do hino *Come, Holy Ghost.* Após algumas observações iniciais, o Dr. Jacobi iniciou o exame. Uma narrativa da época informa:

> A conduta digna e decorosa dos príncipes, sua rigorosa atenção às perguntas, sua franqueza, convicção e a correção de suas respostas provocaram uma impressão profunda na numerosa assembleia. Nada era mais admirável em suas respostas que a prova que elas davam de um sentimento profundo de força interior e convicção. As questões propostas pelo examinador não eram do tipo que se pode responder com um simples "sim" ou "não". Elas foram cuidadosamente elaboradas para dar à audiência uma visão clara das opiniões e sentimentos dos jovens príncipes. Um dos momentos mais comoventes foi quando o examinador perguntou ao príncipe herdeiro se ele pretendia abraçar firmemente a Igreja Evangélica, e o príncipe respondeu não apenas "Sim!", mas acrescentou em tom claro e decidido: "Eu e meu irmão estamos inabalavelmente determinados a permanecer para sempre fiéis à verdade reconhecida."

Após o exame, que durou uma hora, o Dr. Jacobi fez algumas considerações finais, seguidas de uma breve oração; o segundo e o terceiro verso do hino de abertura foram cantados; e a cerimônia tinha acabado. Os príncipes, descendo do altar, foram abraçados pelo duque e pela duquesa viúva; depois do que, os leais habitantes de Coburg se dispersaram, satisfeitos com aquele entretenimento.[147]

---

[147]Grey, Apêndice B.

O desenvolvimento intelectual de Albert agora avançava rapidamente. Ao completar 17 anos, ele começou um estudo meticuloso da literatura e da filosofia alemãs. Ele pretendia, conforme informou ao seu tutor, "acompanhar os pensamentos do grande Klopstock em sua profundidade – mesmo que eu não tenha êxito completo nesta tarefa", acrescentou modestamente. Ele escreveu um ensaio intitulado "Modo de Pensamento dos Alemães", e outro, "Esboço da História da Civilização Alemã", "empregando", disse, "em suas linhas gerais, as divisões que o próprio tratamento do tema exige", e concluindo com um "retrospecto das deficiências de nossa época, com um apelo para que cada um corrija estas deficiências na medida do possível, dando assim um bom exemplo para os outros."[148] Entregue durante alguns meses aos cuidados do rei Leopold, em Bruxelas, ele passou a sofrer a influência de Adolphe Quetelet, um professor de matemática, que estava particularmente interessado na aplicação das leis da probabilidade aos fenômenos políticos e morais: esta linha de pesquisa atraiu o príncipe, e a amizade entre os dois prosseguiu até o fim de sua vida.[149] De Bruxelas, Albert partiu para a Universidade de Bonn, onde se destacou rapidamente por suas atividades intelectuais e sociais; suas energias eram absorvidas pela metafísica, pelo direito, pela economia política, pela música, pela esgrima e pelo teatro amador. Trinta anos mais tarde, seus colegas se lembrariam com prazer dos acessos de riso provocados pelas imitações do príncipe Albert. A *verve* com a qual Sua Serena Majestade reproduzia a voz e os trejeitos de um professor que costumava apontar um quadro retratando uma fileira de casas em Veneza com a observação "Esta é a Ponte Realte", e de outro, que sofreu uma queda numa corrida e se viu forçado a procurar seus óculos no chão, era especialmente apreciada.[150]

---

[148] Grey, 124-7.

[149] Gossart; Ernest, I, 72-3.

[150] Grey, 169-73.

Depois de um ano em Bonn, chegou o momento para uma viagem ao exterior, e o barão Stockmar veio da Inglaterra para acompanhar o príncipe numa expedição à Itália. O barão já tinha, dois anos antes, sido consultado pelo rei Leopold sobre sua opinião a respeito do possível casamento de Albert e Vitória. Sua resposta tinha sido extraordinária. Com uma antevisão típica, com uma ausência de otimismo típica e um típico senso dos elementos morais envolvidos na situação, Stockmar sublinhara quais seriam, em sua opinião, as condições essenciais para que o casamento fosse bem-sucedido. Albert, ele escreveu, era um belo rapaz, bastante desenvolvido para a sua idade, com qualidades agradáveis e valiosas; e era provável que dentro de poucos anos ele se tornasse um homem forte e bonito, com um porte simples e gentil, mas digno. "Portanto, exteriormente, ele apresenta tudo o que agrada ao sexo, e que continuará agradando em todos os lugares, em todas as épocas." Supondo, portanto, que a própria Vitória fosse favorável ao casamento, restava a questão de saber se as qualidades mentais de Albert eram tais que o tornassem adequado ao posto de marido da rainha da Inglaterra. Sobre este ponto, continuava o barão, ouviu-se muito em seu favor; dizia-se que o príncipe era discreto e inteligente; mas todos esses julgamentos eram necessariamente parciais, e o barão preferia guardar sua opinião até que pudesse chegar a uma conclusão confiável a partir de sua própria observação pessoal. Então ele acrescentou:

> Mas isso ainda não é tudo. O jovem deve demonstrar não apenas grande talento, mas também a ambição *certa*, bem como uma grande força de vontade. Seguir para a vida inteira uma carreira política tão árdua requer mais que energia e inclinação – requer também a mais séria convicção de que se está disposto a sacrificar o mero prazer aos interesses reais. Se, a partir daqui, ele não estiver satisfeito com a consciência de ter atingido

> uma das posições mais influentes da Europa, frequentemente se sentirá tentado a arrepender-se dessa aventura! Se ele não aceitar tudo, desde o começo, como uma vocação e uma grave responsabilidade, de cujo desempenho eficiente dependerão a sua honra e a sua felicidade, será pouco provável que ele tenha êxito.[151]

Tais eram as opiniões de Stockmar sobre as qualificações necessárias para a realização adequada daquele destino que a família de Albert tinha traçado para ele; e ele esperava, durante a viagem pela Itália, chegar a uma conclusão sobre em que medida o príncipe as possuía. Por sua vez, Albert ficou muito impressionado com o barão, que anteriormente ele só vira em poucas ocasiões; ele também se familiarizou, pela primeira vez na vida, com um jovem inglês, o tenente Francis Seymour, que tinha sido designado para acompanhá-lo, e que ele achou *sehr liebenswürdig*, muito amável, e com quem estabeleceu uma calorosa amizade. Albert adorou as galerias e a paisagem de Florença, mas não se impressionou tanto com Roma. "Exceto por alguns belos palácios", disse, "esta poderia muito bem ser qualquer cidade alemã." Numa audiência com o papa Gregório XVI, ele teve oportunidade de demonstrar a sua erudição. Quando o papa observou que os gregos tinham tirado sua arte dos etruscos, Albert respondeu que, ao contrário, em sua opinião, eles a tomaram emprestada dos egípcios; Sua Santidade concordou polidamente. Onde quer que se encontrasse, ele se demonstrava ansioso para ampliar seu conhecimento, e, num baile em Florença, observou-se que ele não dava atenção às moças, engajado numa conversa profunda com o culto *signor* Capponi. "*Voilà un prince dont nous pouvons être fiers*", aqui está um príncipe do qual podemos nos orgulhar, disse o

---

[151]Stockmar, 310.

grão-duque da Toscana, que assistiu à cena: "*la belle danseuse l'attend, le savant s'occupe*", a bela dançarina o espera e ele se ocupa com os estudos.[152]

De volta à Alemanha, as observações de Stockmar, encaminhadas ao rei Leopold, também continham algumas críticas. Albert, disse ele, era inteligente, educado e amigável; estava cheio de boas intenções e de resoluções nobres, e em vários aspectos o seu discernimento era superior ao habitual em sua idade. Mas muito esforço lhe causava aversão; ele parecia ansioso demais em se poupar, e suas sábias decisões frequentemente não resultavam em nada. Era particularmente lamentável que ele não demonstrasse o menor interesse por política, e nunca lesse um jornal. Suas maneiras, igualmente, também poderiam ser aprimoradas. "Ele sempre", disse o barão, "terá mais sucesso com os homens que com as mulheres, em cuja companhia demonstra pouco *empressement*, pouca prontidão revelando-se muito indiferente e isolado." Outra característica sua foi observada pelo olhar agudo do velho médico: a constituição do príncipe não era robusta.[153] Mesmo assim, no conjunto, ele era favorável ao casamento projetado. Mas, por ora, o principal obstáculo parecia residir em outra parte. Vitória estava aparentemente decidida a não se comprometer. Tanto isso era verdade que, quando Albert chegou na Inglaterra, ele já estava determinado a se retirar completamente do caso. Nada o convenceria, Albert confessou a um amigo, a ficar esperando vagamente uma resposta; ele abandonaria tudo imediatamente. Mas a recepçao em Windsor lançou uma luz inteiramente nova sobre a situação. A roda da fortuna girara com repentina rapidez; e ele encontrou, nos braços de Vitória, a certeza irrevogável de seu extraordinário destino.[154]

---

[152]Grey, 133, 415, 416, 419.

[153]Stockmar, 331-2.

[154]Grey, 425.

II

Albert não estava apaixonado por Vitória. Afeição, gratidão, as reações naturais à dedicação sincera de uma prima jovial, que também era uma rainha – tais eram os seus sentimentos, e não os ardores de uma paixão recíproca. Embora Albert achasse que gostava muito de Vitória, o que imediatamente lhe interessava na nova e curiosa situação era menos ela do que ele próprio. Deslumbrado e encantado, passeando, dançando, cantando e rindo em meio aos esplendores de Windsor, ele era invadido por uma nova sensação – os arroubos da ambição em seu peito. Seu lugar seria então alto e invejável! E, então, no mesmo instante, veio outro pensamento. Os ensinamentos da religião, as admoestações de Stockmar e suas próprias convicções interiores, tudo falava a mesma coisa. Ele não estava lá para se divertir, mas com um propósito muito diferente – para fazer o bem. Ele devia ser "nobre, viril e principesco em todas as coisas", teria que "sacrificar a vida e a si mesmo em benefício de seu novo país", usar "seus poderes e esforços em prol de um grande objetivo – promover o bem-estar de seus semelhantes." Um pensamento sério levava a outro. A riqueza e a animação da corte inglesa poderiam ser prazerosas por ora, mas, no fim das contas, o seu coração continuava pertencendo a Coburg. "Mesmo que eu seja incansável", ele escreveu à sua avó, "em meus esforços e trabalhos em prol do país ao qual pertencerei no futuro, e que me chama a ocupar uma posição tão elevada, jamais cessarei *ein treuer Deutscher, Coburger, Gothaner zu sein.*" Entretanto, teria que se afastar para sempre de Coburg! Melancólico e grave, ele encontrava consolo na companhia de seu irmão Ernest; os dois rapazes trancavam-se juntos na sala e, sentados ao piano, fugiam do presente e do futuro no doce encantamento de um dueto de Haydn.[155]

---

[155]Grey, 421-5; "Letters", I, 188.

Eles retornaram à Alemanha; e enquanto Albert, durante uns poucos meses de despedida, aproveitava pela última vez a felicidade do lar, Vitória, também pela última vez, retomava a sua vida habitual em Londres e Windsor. Ela se correspondeu diariamente com seu futuro marido, num texto mesclado de alemão e inglês; mas a rotina estabelecida prevalecia; os negócios e prazeres do dia não admitiam interrupção; lorde M. estava mais uma vez constantemente ao seu lado; e os Partido Tóri continuava tão intolerável quanto sempre. Na verdade, estavam ainda piores. Pois agora, naqueles momentos finais, a velha hostilidade irrompia com fúria redobrada.[156] A impetuosa soberana descobriu, para seu pesar, que poderia haver desvantagens em ser inimiga declarada de um dos grandes partidos no Estado. Em duas ocasiões, os Tóris a rejeitaram numa questão na qual ela se engajara de coração. Vitória queria que o posto de seu marido fosse fixado por um estatuto, mas a oposição impediu. E ela desejava que o marido recebesse 50 mil libras por ano; e, novamente por culpa dos Tóris, só lhe concederam 30 mil. Isso era muito ruim. Quando a questão foi discutida no Parlamento, foi enfatizado que a maioria da população estava sofrendo com a pobreza, e que 30 mil libras correspondiam à totalidade da renda de Coburg; mas seu tio Leopold recebia 50 mil, e seria monstruoso que Albert recebesse menos. Sir Robert Peel – como era de se esperar – tinha tido a desfaçatez de discursar e votar pela quantia menor. Vitória

[156]"Conversei bastante com lady Cowper a respeito da corte. Ela lamentou o caráter obstinado da rainha, que, segundo ela, poderia lhe trazer grandes contrariedades no futuro. Lady Cowper disse também que os preconceitos e antipatias da soberana eram profundos, graves e arraigados em seu espírito, e que seu temperamento era inflexível. O ódio que ela sentia por Peel e o ressentimento que alimentava contra o duque por ter tomado o partido dele, e não o dela, na antiga disputa entre os dois continuavam inalterados". Greville, 11 de novembro de 1839 (não publicado).

ficou irada e decidiu vingar-se deixando de convidar um só Tóri para o seu casamento. Ela faria uma exceção ao velho lorde Liverpool, mas se recusou a convidar até mesmo o duque de Wellington. Quando argumentaram que a ausência do duque em seu casamento poderia resultar num escândalo nacional, ela ficou mais zangada ainda. "O quê! Aquele velho rebelde! Eu não o quero!", ela teria dito. Finalmente, Vitória foi convencida a lhe enviar um convite; mas não se esforçou para ocultar a amargura de seus sentimentos, e o próprio duque estava bem informado sobre tudo o que acontecera.[157]

Não foi somente contra o Partido Tóri que se voltou a irritação de Vitória. À medida que se aproximava a data do casamento, ela se mostrava cada vez mais temperamental e arbitrária. A rainha Adelaide a aborrecia. O rei Leopold, por sua vez, era "desagradável" em sua correspondência. "Meu querido tio", disse ela a Albert, "é inclinado a acreditar que deve dar palpite em tudo. Porém", acrescentou com aspereza, "isso não é de forma alguma necessário."[158] Nem mesmo Albert era irrepreensível. Mergulhado nos Coburgs, ele não conseguia apreciar a complexidade dos assuntos ingleses. Havia dificuldades em relação à sua família. Ele sabia que não deveria se deixar cercar por Whigs violentos; mas não entendia por que a única alternativa aos Whigs violentos eram os Tóris violentos; e seria ridículo se os seus lordes e cavalheiros fossem flagrados votando contra a rainha. Ele precisava escolher seu secretário particular. Mas como escolheria a pessoa certa? Lorde M. era evidentemente o mais qualificado a ocupar o cargo; e lorde M. tinha decidido que o príncipe deveria convocar como secretário particular George Anson, um Whig inveterado. Albert protestou, mas foi inútil; Vitória simplesmente anun-

[157]Greville, 29 de janeiro, 15 de fevereiro de 1840 (não publicado).
[158]"Letters", I, 201.

ciou que Anson fora indicado, e instruiu Lehzen a enviar ao príncipe uma explicação dos detalhes do caso. Então, mais uma vez, ele tinha escrito ansiosamente sobre a necessidade de manter imaculada a pureza da corte. A pupila de lorde M. considerava que seu querido Albert tinha uma mentalidade tacanha, e, numa enérgica missiva anglo-germânica, expôs suas próprias impressões. "Eu gosto muito de lady A.", ela lhe disse,

> só a julgo um pouco *meticulosa* demais, e muito severa em relação aos outros, o que não é certo; pois eu acho que sempre se deve ser indulgente com os outros, já que acredito que, se não tivessem cuidado de nós, também poderíamos nos ter extraviado. Este sempre foi meu sentimento. Por outro lado, é sempre certo alguém mostrar que não gosta de ver algo que está errado; mas é muito perigoso ser severo *demais*, e estou certa de que, na regra geral, essas pessoas sempre trazem dentro de si uma enorme mágoa por não terem sido tão cuidadosas quanto deviam na juventude. Minha explicação é tão ruim, e tão mal escrita, que receio que você não seja capaz de entender.[159]

Ela se mostrou insistente num outro assunto. Desde o caso de lady Flora Hastings, Sir James Clark tinha se deparado com um destino muito triste. Sua elegante clientela o tinha deixado; ninguém mais o consultava. Mas a rainha permaneceu fiel. Ela mostraria ao mundo como dava pouca atenção à sua desaprovação, e ela quis que Albert fizesse do "pobre Clark" seu médico particular. Ele fez o que ela lhe disse; mas, com o tempo, a nomeação se mostrou pouco feliz.[160]

---

[159]"Letters", I, 200-8; Girlhood, II, 287.

[160]"Dictionary of National Biography", Verbete Sir James Clark; "Letters", I, 202.

O dia do casamento estava marcado, e era hora de Albert se despedir de sua família e dos cenários de sua infância. Com o coração partido, ele voltou a visitar seus lugares preferidos – as florestas e vales onde ele tinha passado tantas horas felizes caçando coelhos e colecionando espécimes botânicos; em estado de profunda depressão, Albert compareceu aos banquetes de despedida no palácio e ouviu a *Freischütz*, executada pela orquestra de gala. Era hora de partir. As ruas pareciam estreitar-se à medida que ele passava por elas; por um curto período, seus olhos brilharam ao ver amistosos rostos alemães, e uma mistura agradável de sons guturais invadiu os seus ouvidos. Ele parou para dar um último adeus à sua avó. Foi um momento de partir o coração. "Albert! Albert!", ela gritava, desfalecendo nos braços de seus criados quando a carruagem do neto se afastou. Ele estava sendo rapidamente arremessado rumo ao seu destino. Em Calais, um barco a vapor o esperava, e, junto com seu pai e seu irmão, ele subiu, desalentado, ao convés. Pouco depois, ele estava mais desanimado ainda. A travessia foi muito dura; o duque foi apressadamente conduzido para o convés inferior, enquanto os dois príncipes, segundo foi relatado, ficaram um de cada lado da escada da cabine, "num estado quase desesperador". Em Dover, uma enorme multidão se reunira no porto, e "não foi sem um grande esforço que o príncipe, que sofrera até o último minuto da viagem, desembarcou para saudar o povo". O seu senso de dever triunfou. Foi um augúrio curioso: toda a sua vida na Inglaterra foi prefigurada no momento em que ele pisou em solo inglês.[161]

Enquanto isso, Vitória, em estado de grande agitação, era uma presa do seu temperamento e de seus nervos. Ela ficou febril, e após examiná-la Sir James Clark declarou que ela estava com sarampo. Mas, novamente, o diagnóstico de Sir James

---

[161]Grey, 292-303.

estava equivocado. Não era o sarampo que a estava atacando, mas uma doença muito diferente; o estado contínuo de alerta, a dúvida e a tristeza que a deixavam subitamente prostrada. Por dois anos ela tinha sido a senhora de si mesma – de longe, os dois anos mais felizes de sua vida. E agora tudo ia terminar! Vitória estava prestes a se submeter ao domínio de um estranho – ela teria que prometer que honraria e obedeceria... alguém que, mais tarde, poderia desapontá-la, opor-se a ela – e como isso seria terrível! Por que ela tinha se envolvido nesse empreendimento tão arriscado? Por que ela não tinha se contentado com lorde M.? Sem dúvida, ela amava Albert; mas ela também amava o poder. De qualquer forma, uma coisa era certa: ela poderia ser a esposa de Albert, mas sempre seria a rainha da Inglaterra.[162] Mas ele reapareceu, num belíssimo uniforme, e suas hesitações desapareceram diante de sua presença, como a neblina diante do sol. No dia 10 de fevereiro de 1840, foi realizado o casamento. O casal rumou para Windsor; mas, é claro, não estavam inteiramente sós. Eles eram acompanhados por suas comitivas e, em particular, por duas pessoas – o barão Stockmar e a baronesa Lehzen.

III

Albert já tinha previsto que sua vida de casado não seria sem turbulências; mas de forma alguma ele tinha percebido a gravidade e a complicação das dificuldades que teria que enfrentar. Politicamente, ele era um zero à esquerda. Lorde Melbourne era não apenas primeiro-ministro, mas também era o secretário particular da rainha, e assim controlava toda a existência política da soberana. O marido de uma rainha era uma entidade ignorada pela Constituição Britânica. Em

[162]Greville, 15 de fevereiro de 1840 (não publicado).

negócios de Estado, parecia não haver lugar para ele; não que a própria Vitória demonstrasse má-vontade em relação a isso. "Os ingleses", disse ela ao príncipe quando, durante o noivado, foi feita a proposta de lhe dar o título de par do reino,

> são muito ciumentos de qualquer estrangeiro que tente interferir no governo deste país, e já expressaram em alguns jornais a esperança de que você não interferirá de forma alguma. Agora, embora eu saiba que você jamais o faria, se você fosse um par do reino todos eles diriam que o príncipe está querendo ter um papel político.[163]

"Eu sei que você jamais o faria!" Na realidade, ela não estava tão segura, mas queria que Albert entendesse o seu ponto de vista. Ele seria, ela esperava, um marido perfeito; mas, quanto a governar o país, Albert veria que ela e lorde M. poderiam fazê-lo muito bem, sem a sua ajuda.

Mas não era apenas em política que o príncipe descobriu que o papel que lhe estava reservado era insignificante. Mesmo como um marido, ele se deu conta, suas funções seriam de uma natureza extremamente limitada. Ao longo de toda a vida privada de Vitória, a baronesa reinara suprema; e ela não tinha a menor intenção de permitir que esta supremacia fosse diminuída por um estrangeiro. Desde a coroação, seu poder tinha crescido enormemente. Além da grande e indefinida influência que a baronesa exercia através da administração da correspondência privada da rainha, agora ela era superintendente do sistema real e tinha a importante função de controlar a bolsa privada.[164] Logo Albert percebeu que ele não era o senhor da própria casa.[165] Cada detalhe de sua existência e da de

---

[163] "Letters", I, 199.

[164] Martin, I, 71, 153.

[165] Grey, 319-20.

sua mulher era supervisionado por uma terceira pessoa: nada podia ser feito sem que o consentimento de Lehzen fosse previamente obtido. E Vitória, que adorava Lehzen com crescente intensidade, não via nada de errado em tudo isso.

O príncipe também não estava feliz com o seu ambiente social. Estrangeiro, jovem, tímido, desconfortável na companhia de mulheres, pouco expansivo e com opiniões próprias, ele tinha pouca probabilidade de fazer sucesso em sociedade. Sua aparência, igualmente, depunha contra ele. Embora aos olhos de Vitória ele fosse um exemplo de beleza masculina, os seus súditos, cujos olhares obedeciam a um padrão menos germânico, não concordavam de forma alguma com ela. Para eles – e particularmente para as damas e cavalheiros bem-nascidos que, naturalmente, o viam com mais frequência –, o que era imediatamente – e de forma alarmante – visível no rosto e no corpo de Albert, bem como em suas maneiras, era a sua aparência radicalmente não inglesa. Seus traços eram regulares, sem dúvida, mas havia neles algo de adulador e presunçoso; ele era alto, mas desprovido de graça, e tinha uma postura relaxada ao caminhar. De fato, pensavam eles, o que saltava aos olhos antes de tudo naquele rapaz era o fato de ele ser estrangeiro. Estas eram desvantagens sérias; e a linha de conduta que o príncipe adotou desde o primeiro momento de sua chegada estava longe de contribuir para dispersá-las. Devido tanto a uma timidez natural, quanto ao medo de uma familiaridade indevida, ou, ainda, ao desejo de agir sempre de um modo rigorosamente correto, suas maneiras eram marcadas por uma formalidade e uma dureza extraordinárias. Sempre que Albert aparecia em grupo, parecia estar cercado por uma densa névoa de etiqueta incômoda. Ele nunca se misturava à sociedade comum; nunca caminhava nas ruas de Londres; era invariavelmente acompanhado por um cavalariço quando montava ou passeava. Albert queria ser impecável, e, se isso implicava não ter amigos, não podia fazer nada. Além disso, ele não tinha os ingleses em alta conta. Até onde podia ver, eles só ligavam para caçadas a raposas e cerimônias dominicais; eles oscilavam entre uma frivolidade imprópria e um abatimento igualmente impróprio; se você lhes falasse com alegre cordialidade, eles arregalavam os olhos; e não entendiam sequer as leis do pensamento e o espírito de uma universidade alemã. Como estava claro que com esse tipo de gente ele tinha muito pouco em comum, não havia razão alguma para Albert ser menos rigoroso com suas regras de etiqueta somente para favorecê-los. Em estrita privacidade, ele podia ser espontâneo e encantador; Seymor e Anson se dedicavam a ele, e ele retribuía sua afeição; mas eles eram subordinados – os depositários de sua confiança e os agentes de sua vontade. Do conforto e do alívio do puro companheirismo ele estava totalmente afastado.[166]

Albert tinha, porém, um amigo – ou melhor, um mentor. O barão, mais uma vez vivendo na residência real, estava determinado a trabalhar com sincero desprendimento em benefício do príncipe, da mesma forma que, mais de vinte anos antes, tinha trabalhado por seu tio. As duas situações, semelhantes em muitos aspectos, apresentavam, porém, muitas diferenças. Talvez nos dois casos as dificuldades encontradas fossem igualmente grandes; mas o problema presente era mais complexo e interessante. O jovem médico, desconhecido e insignificante, cujas únicas credenciais eram o próprio talento e a amizade de um príncipe pouco importante, tinha sido substituído pelo confidente consumado de reis e ministros, amadurecido na idade, na reputação e na sabedoria conferida por uma vasta experiência. Era possível para ele tratar Albert com a autoridade afetuosa de um pai; mas, por outro lado, Albert não era Leopold. Como o barão sabia muito bem, ele não tinha a rigidez nem a ambição de seu tio, nem seu impulso arrogante de ser

[166]Greville, 3 de abril de 1840 (não publicado); Grey, 353-4; Ernest, I, 93-4.

alguém grandioso. Albert era virtuoso e bem-intencionado; era esperto e bem-informado; mas não se interessava por política, e não havia sinal algum de que ele possuísse a força de caráter de um líder. Deixado entregue a si mesmo, ele quase certamente teria se conformado em ter uma não existência de caráter elevado, um diletante inofensivo ocupado com a cultura, um apêndice do palácio sem influência ou poder. Mas não foi entregue a si mesmo: Stockmar cuidou dele. Sempre ao lado de seu pupilo, o barão o impulsionava para a frente com uma energia incansável, pelo mesmo caminho que Leopold traçara tantos anos antes. Mas, desta vez, a meta final era algo mais que a realeza medíocre que Leopold tinha alcançado. O prêmio que Stockmar, animado por toda a energia de uma devoção desinteressada, perseguia para Albert era de fato extraordinário.

O começo do empreendimento acabou sendo a sua parte mais difícil. Albert desanimava facilmente; para se esforçar em ter um bom desempenho num papel que o entediava e que, como estava claro, ninguém além do bom e querido barão desejava que ele ocupasse? Era mais simples, e pouparia diversos problemas, deixar as coisas como estavam. Mas Stockmar não aceitava isso.[167] Incessantemente, ele pressionava duas cordas – o senso de dever de Albert e o seu orgulho pessoal. Tinha o príncipe esquecido os nobres objetivos aos quais devia dedicar sua vida? E ele permitiria que sua esposa, sua família, sua própria existência fossem governados pela baronesa Lehzen? A última consideração era poderosa. Albert nunca gostara de vender algo barato; e agora, mais do que nunca, deixar que isso acontecesse seria humilhante. Ele não apenas era constantemente exasperado pela posição da baronesa na Casa Real; havia outro, e mais sério, motivo de reclamação. Ele era, e sabia muito bem disso, intelectualmente superior à sua esposa, mas

[167]Stockmar, 351.

mesmo assim percebia, com grande contrariedade, que havia partes do intelecto dela sobre as quais não exercia influência alguma. Quando, encorajado pelo barão, ele tentou discutir política com Vitória, ela mudou de assunto e passou a falar de generalidades. Ela o estava tratando como tratara, no passado, o seu tio Leopold. Quando, por fim, Albert protestou, Vitória respondeu que sua conduta era simplesmente um resultado da sua indolência; pois, quando estava ao lado *dele*, ela não conseguia ocupar a mente com um assunto tão tolo quanto a política. A desculpa foi pior que a falta: era ele a esposa, e ela o marido? Quase parecia ser assim. Mas o barão afirmou que a raiz do mal era Lehzen: que tinha sido ela quem encorajara a rainha a ter segredos; e que fizera pior – corrompera a ingenuidade natural de Vitória, induzindo-a a dar, ainda que inconscientemente, falsos motivos para explicar a sua conduta.[168]

Divergências menores pioraram as coisas. O casal real diferia em seus gostos. Albert, criado num regime de simplicidade espartana e horários rígidos, achava as atividades grandiosas da corte intoleravelmente cansativas e, frequentemente, era visto cochilando no sofá às 22h30; enquanto a diversão favorita da rainha era dançar noite adentro, para então, saindo até o pórtico do palácio, observar o sol nascer atrás da Catedral de St. Paul e das torres de Westminster.[169] Ela adorava Londres, ele odiava. Ele só se sentia capaz de respirar em Windsor; mas também Windsor tinha seus terrores; embora lá Albert pudesse, durante o dia, pintar, caminhar e tocar piano, depois do jantar um tédio negro desabava sobre ele como uma mortalha. Ele teria gostado de chamar cientistas e literatos conceituados à sua presença e, após analisar opiniões deles sobre várias questões da arte e da cultura, apresentar as próprias; mas, in-

---

[168]"Letters", I, 224.

[169]Bloomfield, I, 19.

felizmente, Vitória "não gostava de estimular aquela gente"; sabendo que não conhecia o suficiente para poder participar das conversas, ela insistia em que a rotina das noites devia permanecer inalterada; a troca regular de trivialidades com figuras oficiais devia ser seguida, como sempre, pela mesa redonda e pelos livros com gravuras, enquanto o príncipe, acompanhado de três criados jogava uma partida de xadrez após a outra.[170]

Era bastante natural que, numa situação tão peculiar, na qual os elementos de poder, paixão e orgulho eram distribuídos tão estranhamente, deveria haver ocasionalmente algo mais que mera irritação – uma luta de vontades em fúria. Vitória não estava acostumada, nem Albert, a tocar o segundo violino da orquestra. Seu temperamento arbitrário se inflamou. Sua vitalidade, sua obstinação, seu arrogante senso da própria posição podiam muito bem prevalecer sobre a superioridade e os direitos do marido. Mas Vitória lutava com uma desvantagem; ela não era mais, na verdade, senhora de si mesma; uma profunda preocupação a dominava, apoderando-se de seus interesses mais íntimos. Ela estava loucamente apaixonada. Os detalhes dessas curiosas batalhas nos são desconhecidos; mas o príncipe Ernest, que permaneceu na Inglaterra por alguns meses, as observou com um olhar surpreso e amigável.[171] Uma história sobrevive – na verdade, de autenticidade duvidosa, possivelmente mítica –, embora apresente, como ocorre frequentemente com essas histórias, os fatos centrais do caso. Quando, enfurecido, o príncipe um dia se trancou em seu quarto, Vitória, não menos furiosa, bateu na porta querendo entrar. "Quem está aí?", perguntou ele. "A rainha da Inglaterra", foi a resposta. Ele não se mexeu, e novamente ela bateu na porta com força. A pergunta e a resposta

[170]Grey, 340; "Letters", I, 256.

[171]Ernest, I, 93.

se repetiram diversas vezes; mas, por fim, houve uma pausa, e então ela bateu mais suavemente. "Quem está aí?", perguntou ele novamente, implacável. "Sua mulher, Albert." E a porta foi imediatamente aberta.[172]

A posição do príncipe mudou muito gradualmente. Ele passou a achar o estudo da política menos desinteressante do que supunha; leu Blackstone e teve aulas sobre o Direito inglês; eventualmente, passou a estar presente enquanto a rainha inquiria seus ministros; e, atendendo a uma sugestão de lorde Melbourne, passou a ler todos os despachos relativos à política externa. Às vezes, Albert passava suas impressões para o papel, e as lia em voz alta para o primeiro-ministro, que, infinitamente cortês e gentil, ouvia com atenção, mas raramente fazia algum comentário.[173] Um passo importante foi dado quando, antes do nascimento da princesa real, o príncipe, sem qualquer oposição do Parlamento, foi indicado como Regente, no caso de morte da rainha.[174] Stockmar, graças a cuja intervenção junto aos Tóris foi possível chegar a este resultado feliz, agora se sentia à vontade para tirar férias com sua família em Coburg; mas em sua solicitude, manifestada em inúmeras cartas, ele continuava a observar de longe o seu pupilo. "Caro príncipe," escreveu,

> Estou satisfeito com as notícias que me enviou. Erros, mal-entendidos, obstruções que fazem uma aborrecida oposição às nossas opiniões devem sempre ser avaliados em sua justa medida – ou seja, como fenômenos naturais da vida, que representam um de seus lados, o lado sombrio. Ao superá-los com dignidade, o seu espírito se prepara, se exercita e se ilumina; e seu caráter se fortalece e ganha a necessária resistência.

---

[172]Jerrold, "Merried life", 56.

[173]Grey, 320-21; 361-2.

[174]Stockmar, 352-7.

O príncipe estava indo bem até aqui; mas ele precisava continuar no rumo certo; acima de tudo, ele *nunca* devia *relaxar*.

> Nunca relaxar em pôr sua magnanimidade à prova; nunca relaxar na separação lógica entre o que é importante e essencial e o que é trivial e efêmero; nunca relaxar em cobrar de si mesmo um elevado padrão – na determinação, diariamente renovada, de ser coerente, paciente, corajoso.

Era um programa duro, talvez, para um jovem de 21 anos; mas havia algo nele que tocou profundamente a alma de Albert. Ele suspirou, mas ouviu – ouviu como se fosse a voz de um diretor espiritual inspirado pela verdade divina. "As estrelas necessárias a você agora", continuou a voz,

> e possivelmente por mais algum tempo, são o *Amor*, a *Honestidade*, a *Verdade*. Todos aqueles de mentalidade deformada, ou destituídos de um sentimento verdadeiro, serão propensos a *entender você mal*, persuadindo a si mesmos e ao mundo de que você não é o homem que é – ou, ao menos, o homem que pode se tornar (...). Você, portanto, deve ficar em estado de permanente alerta, com os olhos bem abertos, vigiando todas as direções (...). Eu desejo que o meu príncipe tenha um coração grande, nobre, afetuoso e sincero, que possa funcionar como a base mais rica e segura para as intenções mais nobres da alma humana, e a vontade firme para levá-las adiante.[175]

---

[175]Martin, I, 90-2.

Não muito tempo depois, chegou o momento decisivo. Houve uma eleição geral, e era certo que os Tóris, finalmente, subiriam ao poder. A rainha os desprezava tanto quanto antes; mas, com uma ampla maioria na Câmara dos Comuns, eles agora teriam condições de insistir que suas vontades fossem atendidas. O próprio lorde Melbourne foi o primeiro a perceber a importância de se conduzir a transição inevitável com o menor atrito possível; e, com o seu consentimento, o príncipe, dando continuidade ao *rapprochement*, à reconciliação que tinha começado com a Lei da Regência, abriu negociações, através de Anson, com Sir Robert Peel. Numa série de encontros secretos, chegou-se a um acordo completo sobre a difícil e complexa questão das damas de companhia. Foi estabelecido que não se invocaria o aspecto constitucional, mas também que, quando fosse formado o governo Tóri, as principais damas Whigs deveriam se retirar, para que seus lugares fossem ocupados por outras, indicadas por Sir Robert.[176] Assim, de fato, mas não formalmente, a coroa abriu mão de suas exigências de 1839, e estas nunca voltaram a ser feitas mais tarde. A negociação foi um ponto decisivo na carreira do príncipe. Albert tinha conduzido uma importante transação com habilidade e tato; e tinha estabelecido relações próximas e cordiais com o novo primeiro-ministro; era evidente que diante dele se abria um grande futuro político. Vitória ficou muito impressionada e agradecida. "O meu querido anjo", disse ela ao rei Leopold, "de fato me conforta muito. Ele demonstra o maior interesse por tudo o que acontece, compartilha comigo os seus sentimentos, mas se abstém, como deve ser, de me contrariar de uma ou outra maneira, embora conversemos muito sobre todos os assuntos; e o seu julgamento é sempre moderado e

[176]"Letters", I, 271-4, 284-6.

bondoso."[177] Ela precisava de toda a assistência e conforto que ele pudesse lhe oferecer. Lorde M. estava partindo; e ela mal conseguia tolerar o contato com Peel. Sim; a partir de agora ela passaria a discutir tudo com Albert!

Stockmar, que tinha regressado à Inglaterra, assistiu à partida de lorde Melbourne com satisfação. Se tudo corresse bem, o príncipe exerceria agora uma influência política suprema sobre Vitória. Mas tudo correria bem? Um desdobramento inesperado deixou o barão seriamente estremecido. Quando o momento terrível finalmente chegou, e a rainha, angustiada, disse adeus ao seu amado ministro, foi acertado entre eles que, embora fosse desaconselhável que se encontrassem com frequência, eles continuariam a se corresponder. Nunca as inconsistências do caráter de lorde Melbourne se revelaram com mais clareza do que no episódio que se seguiu. Enquanto ainda ocupava seu cargo, a atitude de lorde Melbourne em relação a Peel tinha sido irrepreensível; tinha feito tudo o que podia para facilitar a troca de governo; tinha até mesmo, através de mais de um canal, transmitido privadamente ao seu rival vencedor conselhos sobre as melhores maneiras de conquistar as boas graças da rainha.[178] Contudo, assim que lorde Melbourne entrou para a oposição, seu coração o traiu. Ele não conseguia suportar a ideia de abrir mão completamente do privilégio e do prazer de dar conselhos a Vitória – a ideia de ser totalmente cortado do poder e da intimidade de que ele desfrutara tanto tempo, e em tão larga medida. Embora Melbourne tivesse assegurado que seria discretíssimo em suas cartas, ele não conseguiu resistir a tirar partido da abertura que estas lhe proporcionavam. Ele discutia em detalhes diversas questões públicas e, em particular, dava à rainha uma série de conse-

---

[177]Ibid., I, 280.

[178]"Letters", I, 305; Greville, V, 39-40.

lhos em relação aos seus decretos. Pelo menos um conselho foi seguido. Lorde Melbourne recomendou que lorde Heytesbury, que, segundo ele, era um homem hábil, deveria ser nomeado embaixador em Viena; e uma semana depois a rainha escreveu ao secretário do Exterior solicitando que lorde Heytesbury, o qual ela considerava um homem muito hábil, fosse empregado "numa importante missão." Stockmar estava em pânico. Ele escreveu um memorando, enfatizando a natureza inconstitucional do comportamento de lorde Melbourne e a posição desagradável na qual a rainha poderia se encontrar se tudo fosse descoberto por Peel; e instruiu Anson a levar este memorando ao ex-ministro. Lorde Melbourne, deitado num sofá, leu o memorando com os lábios comprimidos. "Esta é uma opinião bastante tola", ele se limitou a dizer. Quando Anson se aventurou a prolongar a discussão, sugerindo que era impróprio para um líder da oposição manter um relacionamento íntimo com a soberana, o velho homem perdeu a paciência: "Que Deus o amaldiçoe eternamente!", exclamou, levantando-se num salto do sofá e andando em círculos pela sala. "Um homem feito de carne e sangue não pode tolerar isso!" Ele continuou a escrever à rainha, como antes; e dois outros violentos ataques do barão foram necessários para trazê-lo à razão. Então, gradualmente, suas cartas se espaçaram cada vez mais, fazendo cada vez menos referências a assuntos públicos; no final, elas eram inteiramente inócuas. O barão sorriu; lorde M. tinha aceitado o inevitável.[179]

O ministério Whig renunciou em setembro de 1841; mas transcorreria mais de um ano até que outra mudança igualmente importante fosse efetuada – o afastamento de Lehzen. Pois, finalmente, a misteriosa governanta tinha sido subjugada. Os movimentos que levaram Vitória a finalmente aceitar a sua

---

[179]"Letters", I, 325-6, 329, 330-1, 339-42, 352-4, 360-3, 368.

retirada com compostura – talvez mesmo com alívio – são desconhecidos; mas está claro que a posição doméstica de Albert deve ter se fortalecido enormemente com o aparecimento das crianças. O nascimento da princesa real foi seguido, em novembro de 1841, pelo nascimento do príncipe de Gales; e, pouco depois, outro bebê já estava sendo esperado. Apesar de toda a sua afeição, a baronesa só podia desfrutar de uma fatia pequena desses prazeres familiares. Visivelmente ela perdia terreno. Chamou a atenção, como um fenômeno, o fato de que, em uma ou duas ocasiões, quando a corte viajou, ela foi deixada para trás, em Windsor.[180] O príncipe era muito prudente; com a mudança do ministério, lorde Melbourne o aconselhara a escolher aquele momento para agir com decisão; mas ele julgava mais sábio esperar.[181] O tempo e a pressão de circunstâncias inevitáveis trabalhavam a seu favor; a cada dia – e a cada noite – a sua predominância estava mais assegurada. Por fim, ele percebeu que não precisava mais hesitar – já que bastava expressar cada desejo, cada veleidade sua, para que Vitória ficasse do seu lado. Ele se pronunciou, e Lehzen desapareceu para sempre. Ela não mais reinaria naquele coração real, nem naqueles salões reais. Nunca mais ela voltaria a acompanhar, de uma janela em Windsor, a sua pupila e soberana, passeando no terraço em meio aos obsequiosos súditos, com um olhar de amor triunfante.[182] De volta a sua Hanover natal, Lehzen se estabeleceu numa casa, pequena mas confortável, em Bückeburg, cujas paredes eram inteiramente cobertas por retratos de Sua Majestade.[183] O barão, apesar de sua dispepsia, sorria novamente: Albert reinava supremo.

---

[180]Ibid., I, 291, 295.

[181]Ibid., I, 303.

[182]Lyttelton, 282-3.

[183]Bloomfield, I, 215.

IV

As desavenças iniciais tinham sido completamente superadas – e resolvidas pela harmonia absoluta da vida conjugal. Vitória, conquistada por uma revelação nova e inesperada, tinha entregado sua alma inteira ao marido. Ela agora percebia que a beleza e o charme que a tinham feito entregar-se a ele de forma tão repentina, no começo, não eram mais que a manifestação exterior do verdadeiro Albert. Havia nele uma beleza e uma glória interior que, por ela estar cega, só tinha percebido vagamente, mas da qual estava agora consciente em cada fibra de seu corpo: ele era ótimo – ele era grande! Como ela podia ter pensado um dia em opor sua vontade à sabedoria do marido, sua ignorância ao conhecimento dele, seus caprichos ao bom gosto perfeito do príncipe? Tinha ela um dia realmente amado Londres, com suas noites em claro e dissipações? Ela que agora só ficava feliz no campo, que saltava da cama a cada manhã – oh, tão cedo! – com Albert, para dar um passeio antes do café da manhã, somente ela e Albert! Como era maravilhoso aprender coisas com ele! Que ele lhe dissesse o nome de cada árvore, e tudo sobre as abelhas! E então sentar-se fazendo ponto de cruz, enquanto ele lia em voz alta para ela a *História Constitucional da Inglaterra*, de Hallam! Ou ouvi-lo tocar seu órgão ("O órgão é o primeiro dos instrumentos!", dizia ele); ou cantar para ele uma canção de Mendelssohn, tomando muito cuidado com a cadência e a respiração, e só raramente deixando escapar uma nota em falso! E também, depois do jantar – oh, como ele era bondoso! Albert tinha abandonado o seu jogo de xadrez! Então podiam jogar cartas na mesa redonda, ou todos poderiam passar a noite da forma mais divertida possível – brincando de anel e outros jogos de salão.[184] Quando vieram os bebês, tudo se tornou ainda mais maravilhoso. Pussy era

---

[184]Grey, 338-9; Bloomfield, I, 28, 123; Lyttelton, 300, 303, 305-6, 312, 334-5; Martin, I, 488. "Letters", I, 369.

uma menina tão esperta ("Eu não sou Pussy! Sou a princesa real!", ela protestara, furiosa, numa ocasião); e Bertie – bem, ela só fazia rezar fervorosamente para que o pequeno príncipe de Gales crescesse "e ficasse parecido com seu pai angelical em *todos os aspectos, todos,* tanto no corpo quanto na mente."[185] Sua querida *Mamma* também tinha sido trazida de volta ao círculo familiar, já que Albert promovera uma reconciliação, e a partida de Lehzen ajudou a esquecer as divergências do passado.[186] Aos olhos de Vitória, a vida se transformara num idílio, e, se os elementos essenciais de um idílio são a felicidade, o amor e a simplicidade, tratava-se de fato de um; embora, na verdade, isso desconcertaria Teócrito. "Albert vestiu a nossa amada e pequena Pussy", escreveu Sua Majestade em seu diário,

> com um vestido de merino lindo, adornado de azul, que mamãe lhe tinha dado, e um belo chapéu, e a colocou em minha cama, sentando-se ao seu lado, e ela estava muito comportada e querida. E, quando meu precioso e inestimável Albert se sentou com nossa pequena amada entre nós, eu fiquei muito comovida e me senti invadida por uma onda de felicidade e gratidão a Deus.[187]

Quando ela olhava para o passado – um passado de apenas três anos antes – este lhe parecia tão remoto e estranho que ela só conseguia explicá-lo a si mesma como uma espécie de ilusão – um equívoco infeliz. Folheando um antigo volume de seu diário, ela se deparou com esta sentença: "Quanto à 'confiança da coroa', por Deus! Nenhum ministro, nenhum amigo jamais a teve tão completamente quanto o verdadeiramente querido

[185] "Letters", I, 366.
[186] "Letters", III, 439.
[187] Martin, I, 125.

lorde Melbourne!" Uma angústia a atravessou – ela pegou uma pena e escreveu na margem:

> Lendo isto novamente, não posso abster-me de registrar como a *minha* felicidade era artificial *nessa época*, e que, hoje sim, por uma verdadeira bênção que é meu marido, a minha felicidade é sólida e *real*; e nenhum evento político, nenhum revés mundial *pode* alterá-la; aquela felicidade não poderia ter durado muito, até porque, por mais afetuoso e excelente que fosse lorde M., e ele era bastante afetuoso comigo, era somente em sociedade que eu me divertia, e eu estava vivendo apenas dessa fonte superficial, que eu, *então*, por um *capricho*, julgava ser a autêntica felicidade! Graças a Deus! Para *mim* e para outras pessoas, isso mudou, e hoje *eu sei o que é a verdadeira felicidade* – V.R.[188]

Como ela sabia? Qual é a diferença entre a felicidade real e a felicidade sentida? Assim poderia ter perguntado um filósofo – talvez o próprio lorde. M. Mas ela não era uma filósofa, lorde M. era um fantasma, e Albert estava a seu lado, e era isso que importava.

Certamente, Vitória estava feliz e queria que todos soubessem disso. Suas cartas ao rei Leopold eram repletas de arroubos apaixonados. "Oh! Meu adorado tio, estou certa de que se você soubesse como estou feliz, como me sinto abençoada e quanto *orgulho* eu tenho de ter uma criatura *tão* perfeita como marido!..." Esses êxtases pareciam se derramar incessantemente de sua pena, de bom grado.[189] Quando, um dia, sem pensar, lady Lyttelton lhe descreveu alguém como sendo "feliz

---

[188]Girlhood, 2, 135.

[189]"Letters", I, 366, 464-5, 475 etc.

como uma rainha" e então ficou um pouco embaraçada, Sua Majestade replicou: "Não se corrija, lady Lyttelton. Uma rainha *é* uma mulher muito feliz."[190]

Mas essa nova felicidade não era um sonho de lótus. Ao contrário, era mais revigorante que relaxante. Vitória até então não sentira com tanta veemência a necessidade de cumprir seu dever. Ela trabalhava mais metodicamente do que nunca nos negócios de Estado; e cuidava das crianças com vigilância incansável. Mantinha uma enorme correspondência; ocupava-se com sua fazenda, sua leiteria e uma imensidão de passatempos familiares – da manhã até a noite. Seu pequeno corpo, ativo e inquieto, acompanhava com agilidade as largas passadas de Albert através dos corredores e avenidas de Windsor,[191] e parecia ser uma expressão perfeita de seu espírito. Em meio a toda a delicadeza de uma alegria pura, toda a exuberância, todo o transbordamento de sentimentos inexauríveis, a sua rigidez natural permanecia. "Uma veia de ferro", disse lady Lyttelton, que, como governanta real, era uma boa observadora, "percorre o extraordinário caráter de Vitória."[192]

Às vezes a prazerosa rotina da existência doméstica precisava ser interrompida. Era necessário trocar Windsor pelo Palácio de Buckingham, abrir as sessões do Parlamento, encontrar figuras oficiais, ou, ocasionalmente, entreter visitantes estrangeiros no castelo. Então a calma corte ganhava uma súbita magnificência, e soberanos de além-mar – Louis-Philippe, ou o rei da Prússia, ou o rei da Saxônia – encontravam em Windsor entretenimentos que eram efetivamente dignos de reis. Poucos espetáculos na Europa, sabia-se, produziam um efeito tão impressionante quanto o grande salão de banquetes de Waterloo, repleto de convidados usando diamantes cin-

---

[190]Lyttelton, 306.
[191]Crawford, 243
[192] Lyttelton, 348.

tilantes e uniformes elegantes, as altas paredes exibindo os retratos oficiais de heróis, e as mesas cobertas com as belas baixelas douradas dos reis da Inglaterra.[193] Mas, em meio àquela riqueza, o espetáculo mais impressionante de todos era a rainha. A pequena *Hausfrau*, que tinha passado o dia anterior passeando com suas crianças, inspecionando seus animais, praticando piano e enchendo as páginas de seu diário com descrições adoráveis de seu marido, subitamente brilhava, sem esforço algum, sem estratagema, por uma transição natural e espontânea, na própria culminância da majestade. O próprio czar ficou profundamente impressionado. Por sua vez, Vitória via com secreta reverência o imponente Nicolau. "A *sua* visita constitui, certamente, um grande cumprimento e um grande acontecimento", disse ela ao tio,

> e todos *aqui* estão extremamente lisonjeados. Ele é certamente um homem *admirável*; e ao mesmo tempo muito bonito. Seu perfil é *belo*, e suas maneiras cheias de dignidade e graça; ele é extremamente cortês - cortês até demais, sempre tão cheio de atenções e *gentilezas*. E a expressão dos seus olhos é *formidável*, diferente de tudo o que já vi antes.[194]

Ela, Albert e o "bom rei da Saxônia", que também estava lá nessa ocasião, e de quem, ela disse, "nós gostamos muito - ele é tão modesto!" se uniram como inofensivas aves domésticas na presença daquela águia terrível. Quando ele se foi, eles trocaram impressões sobre seu rosto, sua infelicidade e seu poder despótico sobre milhões de pessoas. Bem! Não adiantava

---

[193]"Letters", II, 13; Bunsen, II, 6; Bloomfield, I, 53-4.

[194]"Letters", II, 12-16.

muito ela sentir pena dele, e graças a Deus ela era a rainha da Inglaterra.[195]

Quando chegou a época de retribuir algumas dessas visitas, o casal real usou o seu iate, para o contentamento de Vitória: "Eu adoro barcos!", ela exclamou, subindo e descendo escadas com grande habilidade e fazendo brincadeiras com os marinheiros.[196] O príncipe estava mais arredio; visitaram Louis-Philippe no Château d'Eu; visitaram o rei Leopold em Bruxelas. Por acaso, uma mulher inglesa ainda mais extraordinária estava na capital da Bélgica, mas passou despercebida; e a Rainha Vitória passou sem saber pelo olhar fixo de uma das professoras do *pensionnat* de *M.* Héger. "Uma dama pequena, robusta e vivaz, vestida muito sobriamente - sem muita pretensão ou dignidade", foi o comentário de Charlotte Brontë ao ver o cortejo real passar por ela, que teve que esperar na calçada por um momento, interrompendo o fluxo de suas reflexões.[197] Vitória estava de excelente humor e até conseguiu despertar uma atmosfera de jovialidade na sombria corte de seu tio. De fato, o rei Leopold estava perfeitamente feliz. Suas maiores esperanças tinham se realizado; todas as suas ambições foram satisfeitas; e, pelo resto da vida, só lhe restava desfrutar, com imperturbável decoro, seu trono, sua respeitabilidade, a primazia e o cumprimento pontual de todos os seus simples deveres reais. Mas, lamentavelmente, a felicidade daqueles que o cercavam não era tão completa. Sua corte, comentava-se, era tão sombria quanto um convento, e o mais melancólico de todos os sofredores era a sua própria mulher. *"Pas de plaisanteries, madame!"*, ele tinha dito à infeliz sucessora da princesa Charlotte, quando, logo nos primeiros dias do casamento, ela havia ousado fazer uma delicada brincadeira. Então ela não

---

[195]Martin, I, 224.

[196]Lyttelton, 292; Bloomfield, I, 76-7.

[197]Gaskell,I, 313.

compreendia que a esposa de um soberano constitucional não podia ser frívola? Mas ela acabou entendendo, bem até demais; e quando as paredes dos aposentos reais estremeceram ao eco das tagarelices e risadas de Vitória, a pobre dama percebeu que quase tinha esquecido como se sorria.

No ano seguinte, visitaram a Alemanha, e Albert mostrou as belezas de seu lar. Quando Vitória atravessou a fronteira, estava bastante excitada – e assustada, também. "Ouvir o povo falar alemão", escreveu ela em seu diário, "e ver soldados alemães etc., me pareceu algo singular." Recuperada deste ligeiro choque, ela achou o país encantador. Em toda parte lhe faziam festas, multidões de representantes das realezas vizinhas vinham cumprimentá-la, e grupos adoráveis de crianças campesinas, vestidas com suas melhores roupas, lhe presenteavam buquês de flores. O principado de Coburg, com sua paisagem romântica e seus habitantes bem-educados, a encantou particularmente; e, quando Vitória acordou uma manhã na "amada Rosenau, o lugar de nascimento de meu querido Albert", foi como "um sonho maravilhoso". Ao regressar, ela expressou, numa carta ao rei Leopold sua satisfação com as alegrias da viagem, enfatizando especialmente a intensidade de seu afeto pela terra natal de Albert. "Nutro um sentimento indescritível", disse ela,

> pela nossa pequena e amada Alemanha. Em Rosenau este sentimento foi muito intenso. É algo que me comove, que chega direto ao meu coração e até me dá vontade de chorar. Nunca, em nenhum outro lugar, senti esse tipo de paz e de prazer melancólico. Quase tenho medo de gostar demais de lá.[198]

[198]Martin, I, 275-306.

V

O marido não estava tão feliz quanto a esposa. Apesar do grande progresso de sua situação, apesar de uma família que crescia e da adoração de Vitória, Albert ainda era um forasteiro numa terra estranha, e a serenidade da satisfação espiritual lhe era negada. Era notável, sem dúvida, ter dominado o ambiente imediato à sua volta; mas não era suficiente e, além disso, na própria concretização de seu sucesso, havia uma certa amargura. Vitória o idolatrava; mas era por compreensão que ele ansiava, e não por idolatria; e até que ponto Vitória realmente o compreendia, ainda que estivesse sempre a seu lado? Até que ponto o balde entende o poço? A verdade era que Albert se sentia solitário. Ele sentava-se ao órgão e improvisava cuidadosas modulações, até que os sons, crescendo e aquietando-se em cadências elaboradas, trouxessem algum alívio ao seu coração. Então, com a elasticidade típica da juventude, ele corria a brincar com os bebês, ou a projetar um novo chiqueiro, ou a ler em voz alta para Vitória a *História da Escócia*, ou a fazer piruetas para ela sobre a ponta dos dedos, como um bailarino, com um sorriso imóvel, para lhe mostrar como ela devia se comportar quando aparecesse em lugares públicos.[199] Assim ele se divertia; mas havia um passatempo que Albert não se permitia. Ele nunca flertava – não, nem mesmo com as mais belas damas da corte. Quando, durante o noivado, a rainha tinha comentado orgulhosa com lorde Melbourne que o príncipe não tinha olhos para nenhuma outra mulher, ele respondeu cinicamente: "Não, essas coisas vêm mais tarde"; Vitória o repreendeu severamente e correu até Stockmar, para lhe repetir o que lorde M. tinha dito. Mas o barão a tranquilizou; embora aquilo pudesse acontecer em outros casos, ele replicou, não acreditava ser este

[199]Lyttelton, 303, 354, 402.

o caso de Albert. E o barão estava certo. Ao longo daquela vida conjugal, nenhum encanto de uma rival feminina jamais provocou em Vitória sequer uma ponta de ciúme.[200]

O que o absorvia cada vez mais – trazendo um prazer curioso e todo próprio – era o seu trabalho. Com o surgimento de Peel, ele passou a intervir ativamente nos negócios de Estado. Em mais de um aspecto – na disposição do intelecto, na honestidade moral, até mesmo no formalismo exagerado de suas maneiras – os dois homens se pareciam; havia uma empatia natural entre eles; e, desta forma, Peel se dispôs a ouvir os conselhos de Stockmar, exortando o príncipe a participar mais da vida pública. Estava para ser formada uma Comissão Real para apurar se seria vantajoso reconstruir os prédios do Parlamento para estimular as belas-artes no Reino Unido; e Peel, com grande perspicácia, pediu ao príncipe que presidisse a comissão. Era o tipo de trabalho que convinha a Albert, pois satisfaria seu amor à arte, sua natureza metódica, seu gosto por estabelecer contato – íntimo, mas digno – com homens eminentes; e ele se lançou à tarefa *con amore*. Alguns membros da comissão ficaram um pouco assustados quando, em seu discurso inicial, ele apontou a necessidade de dividir as questões a serem consideradas em "categorias" – palavra que, no julgamento deles, aproximava-se perigosamente da metafísica alemã; mas logo recobraram a confiança quando observaram a extraordinária familiaridade técnica de Sua Alteza Real com os processos de pintura em afresco. Quando surgiu a questão de saber se a ornamentação das paredes dos novos prédios deveria, ou não, ter um propósito moral, o príncipe defendeu fortemente a ideia de que deveria. Embora, ele observou, muitas pessoas provavelmente mal olhassem para as pinturas, o artista não deveria esquecer que outras poderiam observá-las com

[200]Clarendon, I, 181-2; Girlhood, II, 299, 306.

olhos mais reflexivos. Este argumento convenceu a comissão, e foi estabelecido que os temas a serem retratados deveriam ser de natureza edificante. Os afrescos foram realizados segundo as instruções da comissão, mas infelizmente em pouco tempo eles se desbotaram a ponto de se tornar, mesmo aos olhares mais reflexivos, totalmente invisíveis. Parece que a familiaridade técnica de Sua Alteza com os processos de pintura em afresco era bastante incompleta.[201]

A tarefa seguinte a que se dedicou o príncipe foi mais árdua: ele decidiu reformar a organização interna da Casa Real. Essa reforma vinha sendo adiada fazia tempo. Durante anos, a confusão, o desconforto e as extravagâncias nas residências reais, e particularmente no Palácio de Buckingham, foram escandalosas; nenhuma reforma era viável sob o domínio da baronesa; mas as funções desta foram transferidas para o príncipe, e em 1844 ele atacou firmemente o problema. Três anos antes, Stockmar, após cuidadosa pesquisa, tinha escrito um memorando detalhado, descrevendo a impressionante situação das coisas. O controle da casa, aparentemente, estava dividido da maneira mais estranha entre diversas autoridades, cada qual independente das outras, cada qual dotada de poderes vagos e voláteis, sem responsabilidades claras e sem coordenação de espécie alguma. Destas autoridades, as mais proeminentes eram o lorde camarista e o lorde tesoureiro – nobres de alto prestígio e importância política, que se relacionavam com todas as administrações, mas que não residiam na corte nem tinham representantes efetivos ligados a ela. A distribuição de suas respectivas funções era incerta e peculiar. No Palácio de Buckingham, acreditava-se que o lorde tesoureiro era responsável por todos os aposentos, com exceção da cozinha, das copas e das despensas, que eram atribuição do lorde

[201]Martin, I, 119-25, 167; Stockmar, 660.

camarista. Ao mesmo tempo, a parte externa do palácio não estava sob o controle de nenhum dos dois funcionários, e sim da Secretaria de Bosques e Florestas; desta forma, enquanto a parte interior das vidraças era lavada pelo departamento do lorde tesoureiro – ou possivelmente, em alguns casos, do lorde camarista – a Secretaria de Bosques e Florestas cuidava da parte exterior. Quanto aos criados, as governantas, os mensageiros e faxineiras estavam sob a autoridade do lorde tesoureiro; o chefe da cozinha, os cozinheiros e os carregadores estavam sob a autoridade de lorde camarista; mas os lacaios, os condutores das librés e os submordomos recebiam ordens de um outro oficial – o Mestre dos Cavalos. Naturalmente, nessas circunstâncias, o serviço era extremamente ineficiente, e a falta de disciplina entre os criados era terrível. Eles desapareciam pelo tempo que desejassem, por qualquer capricho; "e se", como afirmou o barão, "o fumo, a bebida e outras irregularidades ocorrem nos dormitórios, onde dormem dez, doze lacaios em cada quarto, ninguém pode fazer nada". Quanto aos convidados de Sua Majestade, não havia ninguém para conduzi-los aos seus aposentos, e frequentemente eles eram deixados vagando sem destino durante horas, após se terem perdido em meio aos complicados corredores do palácio. As estranhas divisões de autoridade se aplicavam não somente às pessoas, mas também às coisas. A rainha observou que nunca acendiam a lareira na sala de jantar. Ela quis saber por quê. A resposta foi: "O lorde camarista deve cuidar da lenha, e o lorde tesoureiro deve acendê-la"; como os subordinados dos dois nobres não conseguiam chegar a um acordo, nada se podia fazer – e a rainha tinha que jantar no frio.[202]

Um incidente surpreendente abriu os olhos de todos para a confusão e a negligência que reinavam no palácio. Duas sema-

[202]Stockmar, 404-10; Martin, I, 156-60.

nas após o nascimento da princesa real, a babá ouviu um ruído suspeito no aposento contíguo ao quarto de dormir da rainha. Ela chamou um dos lacaios, que, olhando embaixo de um grande sofá, notou a presença de uma figura agachada "com a aparência mais repulsiva". Era "o garoto Jones". Este personagem enigmático, cujas escapadas dominaram os jornais por muitos meses, e cujos caráter e motivações permaneceram ambíguos até o fim, era um rapaz raquítico de 17 anos, filho de um alfaiate, que aparentemente tinha ganhado acesso ao palácio escalando o muro do jardim e entrando por uma janela aberta. Dois anos antes, ele tinha feito uma "visita" semelhante disfarçado de limpador de chaminés. Desta vez, ele declarou ter passado três dias no palácio, escondendo-se sob diversas camas, roubando sopa e outros alimentos da despensa; declarou também "ter se sentado no trono, ter visto a rainha e ter ouvido o choro da princesa real". Cada detalhe do estranho episódio foi debatido calorosamente. *The Times* publicou que "desde a infância, o garoto Jones gostava de ler", mas que sua fisionomia era "extremamente taciturna". E acrescentava: "O sofá sob o qual foi descoberto o garoto Jones, como apuramos, é um dos mais caros do palácio, uma refinada obra de carpintaria feita com materiais magníficos, expressamente destinada à acomodação dos ilustres visitantes reais que vinham prestar sua deferência a Sua Majestade." O réu foi condenado a passar três meses na Casa de Correção. Quando foi solto, imediatamente voltou ao Palácio de Buckingham. Foi descoberto, e enviado novamente por mais três meses à Casa de Correção, depois do que uma casa de espetáculos lhe ofereceu quatro libras por semana para aparecer no palco. Ele recusou a oferta e, pouco depois, foi encontrado pela polícia flanando nas imediações do Palácio de Buckingham. As autoridades decidiram agir com vigor e, sem qualquer julgamento ou processo, embarcaram Jones num navio. Um ano depois, quando a embarcação aportou em Portsmouth para reparos, ele desembarcou e caminhou até Londres. Ele foi mais uma vez preso antes de chegar ao palácio e mandado de volta ao seu navio, o *Warspite*. Nessa ocasião, foi observado que "sua aparência pessoal tinha melhorado muito, e que ele se tornara mais corpulento"; neste ponto, Jones desaparece da história, embora ainda exista mais um registro sobre ele: numa noite de 1844, Jones supostamente caiu no mar em algum ponto entre Túnis e Argel. Ele chegou a ser resgatado; mas foi conjecturado – como um dos oficiais do *Warspite* explicou numa carta ao *Times* – que a queda não tinha sido acidental, e que ele teria saltado deliberadamente no mar Mediterrâneo para "ver a luz da boia de salvamento pegando fogo". De um garoto com o seu passado, o que mais se poderia esperar?[203]

Mas desconforto e alarme não foram os únicos resultados da má administração do lar; o desperdício, a extravagância e o peculato também grassavam de forma imensurável. Havia artimanhas absurdas, e toda espécie de pequenos golpes. Por exemplo, era uma regra antiga e imutável que nunca se devia acender a mesma vela mais de uma vez; mas o que acontecia com as velas usadas ninguém sabia. Mais uma vez, o príncipe, examinando os dados, ficou intrigado com uma despesa semanal de 35 xelins para o "vinho da Sala Vermelha". Ele investigou o assunto e, após grande dificuldade, descobriu que, na época de George III, um aposento do castelo de Windsor, com tapeçarias vermelhas, tinha sido usado como sala de guarda, e os 5 xelins diários eram destinados a fornecer vinho para os oficiais. A guarda já não existia fazia muito tempo, mas o pagamento para o vinho da Sala Vermelha continuava, e o dinheiro era recebido por um oficial de baixo soldo que ocupava a sinecura de submordomo.[204]

---

[203]"The Times", dezembro de 1840; março, julho e dezembro de 1841; fevereiro e outubro de 1842; julho de 1844.

[204]"The Times Life", 45.

Depois de muitas e laboriosas investigações, e uma luta árdua contra uma série de interesses que tinham sido consolidados ao longo de anos de negligência, o príncipe conseguiu realizar uma reforma completa. As diversas autoridades em conflito foram induzidas a renunciar a seus poderes, que passaram a ser exercidos por um único oficial, o Mestre da Casa, que passou a ser responsável pela administração total dos palácios reais. Foi feita uma grande economia, e todos os abusos foram eliminados. Entre outros, ao desafortunado oficial de baixo soldo da Sala Vermelha foi dada a alternativa de escolher, para a sua surpresa, entre abrir mão de seus rendimentos semanais e passar a desempenhar efetivamente as funções de um submordomo. Mesmo as irregularidades entre os lacaios decresceram muito. Houve gritaria e reclamações; o príncipe era chamado de intrometido, injusto e sovina, por economizar tocos de velas; mas ele persistiu em seu caminho até atingir seu objetivo, e em pouco tempo a notável administração da Casa Real foi reconhecida como uma prova convincente de sua perseverança e capacidade.[205]

Ao mesmo tempo, sua atividade crescia em importância em outra esfera. Albert tinha sido nomeado Secretário Particular da rainha, seu conselheiro para assuntos confidenciais, seu segundo "eu". Agora ele estava sempre presente nas audiências da rainha com seus ministros.[206] Como a rainha, ele demonstrava um especial interesse em política externa, mas não havia questão pública em que sua influência não se fizesse sentir. Um duplo processo estava em curso; enquanto Vitória se rendia de forma cada vez mais absoluta a seu predomínio intelectual, ele, simultaneamente, entregava-se cada vez mais às engrenagens absorventes das altas esferas políticas – os incessantes e

[205]Stockmar, 409-10; Martin, I, 161.

[206]Greville, VII, 132.

multifacetados negócios de um grande Estado. Ninguém mais poderia chamá-lo de diletante; ele era um trabalhador, um personagem público, um homem de negócios. Stockmar percebeu a mudança com exaltação. "O príncipe", escreveu ele,

> evoluiu muito recentemente. É evidente que ele tem tino para a política. E também se tornou muito mais independente. Sua atividade mental cresce cada dia mais, e ele dedica a maior parte dela aos negócios, sem reclamar.

"As relações entre marido e mulher", acrescentou o barão, "são melhores do que se podia esperar."[207]

Muito antes de o ministério de Peel chegar ao fim, houve uma completa mudança na atitude de Vitória em relação a ele. O apreço do marido por Peel amaciou o seu coração; a sinceridade e a cordialidade de seu temperamento, que, em conversas privadas com aqueles a quem ele queria agradar, tinham o poder de dissipar gradualmente as suas maneiras desastradas, fizeram o resto.[208] Vitória chegou a nutrir por ele sentimentos intensos de respeito e lealdade. Ela falava de "nosso valioso Peel", por quem, dizia, sentia "uma *extrema* admiração" e que tinha revelado ser "um homem de *lealdade* e *coragem* ilimitadas, um patriota de *elevados princípios*, e eu diria que a sua conduta em relação a mim tem sido sempre cavalheiresca."[209] Ela receava que Peel fosse afastado do cargo de uma forma quase tão aflita quanto no passado receara por lorde M. Isso seria, ela dizia, uma *enorme calamidade*. O que Vitória teria dito se, seis anos antes, um profeta lhe afirmasse que chegaria o dia em que ela ficaria horrorizada com um triunfo dos Whigs? Mas

---

[207]Stockmar, 466-7.

[208]Disraeli, 311; Greville, VI, 367-8.

[209]"Letters", II, 64.

não havia como escapar disso; ela teria que enfrentar o retorno de seus velhos amigos. Nas crises ministeriais de 1845 e 1846, o príncipe exerceu um papel dominante. Todos reconheceram que foi ele o verdadeiro centro das negociações – o autêntico fiscal das forças e das funções da coroa. O processo pelo qual se chegou a este resultado foi gradual, a ponto de ser quase imperceptível; mas pode-se afirmar com certeza que, ao final da administração de Peel, Albert se tinha tornado, de fato, o rei da Inglaterra.[210]

VI

O crescimento final do príncipe coincidiu com o declínio final de lorde Melbourne. Um ano depois de perder seu cargo, ele foi vítima de um ataque apoplético que o deixou paralítico; aparentemente, ele se recuperou, mas a sua antiga elasticidade jamais voltaria. Rabugento, agitado e infeliz, ele vagava pela cidade como um fantasma, irrompendo em solilóquios em lugares públicos, ou fazendo perguntas estúpidas, repentinamente, *à propos de bottes*. "Serei enforcado se fizer isso pelo senhor, meu lorde", ouviu-se ele dizer no salão do Brooks, sozinho, e se dirigindo ao nada após muita reflexão. "Você não acha", ele perguntou abruptamente a um convidado de lady Holland, recostando-se na mesa de jantar numa pausa da conversação, "que foi um ato abominável de Henrique IV trocar de religião com o objetivo de conservar a coroa?" Melbourne ficava sentado em casa, cismando durante horas em miserável solidão. Ele virava e revirava seus livros – seus clássicos e seus Evangelhos –, mas estes não lhe traziam nenhum conforto. Ele sonhava com uma volta ao passado, sonhava com o impossível, com algo que ele não sabia explicar o que era, com suas antigas

[210]Greville, V, 329-30.

diabruras, com a trivialidade feliz de Windsor. Seus amigos o tinham abandonado – o que não era surpreendente, ele pensava com amargura; a chama tinha-se apagado. Secretamente esperando voltar ao poder, Melbourne examinava os jornais com atenção e, ocasionalmente, pronunciava um discurso na Câmara dos Lordes. Sua correspondência com a rainha continuava, e de tempos em tempos ele aparecia na corte; mas era um mero simulacro de si mesmo. "O sonho", escreveu Vitória, "pertence ao passado." Quanto às suas opiniões políticas, elas não mais seriam toleradas. O príncipe era um partidário fervoroso do livre-comércio, e portanto, é claro, também o era a rainha; e quando, jantando em Windsor na época da revogação das Leis do Trigo, lorde Melbourne subitamente exclamou: "Senhora, este é um ato maldito e desonesto!", todos ficaram extremamente constrangidos. Sua Majestade riu e tentou mudar de assunto, mas sem proveito; lorde Melbourne voltou à carga diversas vezes dizendo: "Estou dizendo, senhora, que é um ato desonesto." Até que a rainha disse: "Lorde Melbourne, devo lhe pedir que não pronuncie mais uma palavra sequer sobre este assunto agora"; e então ele segurou a língua. Vitória era gentil com ele, escrevia-lhe longas cartas e sempre se lembrava de seu aniversário; mas era uma gentileza à distância, e ele sabia disso. Ele tinha se tornado o "pobre lorde Melbourne". Uma inquietação profunda o devorava. Melbourne decidiu se concentrar na questão da agricultura e no movimento de Oxford. Escreveu longos memorandos, numa letra quase inteiramente incompreensível. Estava convencido de que tinha perdido todo o seu dinheiro, e que possivelmente não poderia arcar com as despesas decorrentes de ser um Cavaleiro da Ordem. Melbourne tinha passado por toda espécie de experiências, e, portanto, se Peel se afastasse, ele poderia ser indicado – por que não? Mas ele nunca foi indicado. O Partido Whig o ignora em suas consultas, e a liderança do partido foi entregue a lorde John Russell. Quando lorde John se tornou primeiro-ministro, todos foram muito polidos, mas ninguém convidou lorde

Melbourne a fazer parte do gabinete. Ele suportou o golpe com serenidade; mas compreendeu, finalmente, que aquele era o seu fim.[211]

Melbourne ainda se arrastou por mais dois anos, mergulhando lentamente na inconsciência e na imbecilidade. Às vezes, escorado em sua poltrona, ele era flagrado murmurando, com inesperada propriedade, as palavras de Sansão:

> "So much I feel my genial spirits droop,
> My hopes all flat, nature within me seems
> In all her functions weary of herself,
> My race of glory run, and race of shame,
> And I shall shortly be with them that rest."[212]

> "Como sinto meu espírito genial fenecer,
> Todas as minhas esperanças foram aniquiladas, e a natureza em meu íntimo
> Parece se sentir, em todas as suas funções, cansada de si mesma.
> Minha carreira de glória e de vergonha está extinta
> E em breve estarei ao lado dos que repousam."

Poucos dias antes de sua morte, Vitória, informada de que não havia esperança de recuperação, lembrou-se por um momento de quem um dia tinha sido lorde M. "Você ficará aflito ao saber", disse ela ao rei Leopold,

> que nosso velho amigo, o bom e querido lorde Melbourne está morrendo (...). Não podemos esquecer como ele foi generoso, bondoso e cordial, e agora me vêm à mente

---

[211] Torrens, 502, cap. XXXIII; "Letters", I, 451; II, 140; Greville, V, 359; VI, 125.
[212] Greville VI, 255.

> tantas lembranças, embora, Deus sabe disso!, eu não gostaria que aquele tempo voltasse novamente.[213]

Vitória não corria esse perigo. A maré dos acontecimentos estava agora fluindo rumo a uma conclusão muito diferente. A seriedade de Albert, as solicitações de seus filhos, suas próprias inclinações mais íntimas, unidas ao movimento do mundo à sua volta, conspiravam para obrigá-la a seguir o caminho estreito do dever público e doméstico. Sua família não parava de crescer. Dezoito meses depois do nascimento do príncipe de Gales, nasceu a princesa Alice, um ano depois, o príncipe Alfred, em seguida, a princesa Helena e, dois anos mais tarde, a princesa Louise; e havia sinais de que a bela fila de infantes reais ainda não estava completa. Os pais, cada vez mais envolvidos em cuidados com os filhos e com a felicidade da família, achavam a pompa de Windsor irritante e passaram a desejar um lar mais íntimo e afastado. A conselho de Peel, eles compraram a propriedade de Osborne, na Ilha de Wight. Seu temperamento e sua habilidade em questões financeiras fizeram com que eles economizassem uma enorme quantia de dinheiro; e eles podiam, com esta poupança, não somente sustentar a nova propriedade como também mandar construir uma nova casa para eles e mobiliá-la a um custo de 200 mil libras.[214] Em Osborne, perto da costa e em meio às árvores que Albert, tendo em mente lembranças de Rosenau, plantou cuidadosamente, a família real passava todo o tempo em que não fosse necessária a sua presença em Windsor ou Londres – horas deliciosas de intimidade profunda e trabalho sereno.[215] O povo aprovava tudo. Uns poucos aristocratas podiam torcer o nariz ou rir com

---

213 "Letters", II, 203.

214 Greville, VI, 68-9.

215 Martin, I, 247-9; Grey, 113.

deboche, mas perante a nação como um todo a rainha voltava a ser extremamente popular. As classes médias, em particular, estavam satisfeitas. Elas gostavam de ver um casal apaixonado, gostavam de um lar que combinasse as vantagens da realeza com a virtude, e no qual elas pareciam identificar, como que refletidas num espelho esplendoroso, as imagens ideais das vidas que gostariam de ter. As suas próprias existências – que eram menos excitantes, mas não deixavam de ser parecidas – ganhavam uma dose extra de excelência, que valorizava o seu cotidiano de horários rigorosos, de roupas simples, de jogos de salão, de rosbife e pudim de Yorkshire. De fato, aquela era uma corte modelo. Não apenas os seus protagonistas eram modelos de probidade; dali não surgia nenhuma sombra de escândalo, nenhuma sombra de falta de decoro.[216] Pois Vitória, com todo o zelo de uma convertida, defendia agora o estandarte da pureza moral com uma inflexibilidade que era ainda maior, se isto era possível, que a de Albert. Ela se ruborizava ao lembrar como tinha acreditado um dia – como tinha de fato *dito a ele* – que não se devia ser rigoroso ou exigente demais nestes assuntos, e que convinha ser indulgente com os pecados horríveis cometidos por pessoas do povo. Mas ela não era mais a pupila de lorde M.; ela era esposa de Albert. Ela era mais – era a encarnação, o ápice vivo de uma nova era da humanidade. O último vestígio do século XVIII tinha desaparecido; as sutilezas e o cinismo tinham sido reduzidos a pó; e o dever, o trabalho, a moralidade e a vida doméstica triunfaram sobre eles. Até mesmo as mesas e cadeiras ganharam, seguindo singularmente o espírito da época, formas de incontestável solidez e simplicidade. A Era Vitoriana estava em seu momento culminante.

[216]Stockmar, 363; Martin, I, 316.

VII

Só faltava uma coisa mais: os novos ideais e as novas forças deveriam ganhar expressão material, de forma que ficassem visivelmente expostos em sua glória aos olhos de um mundo atônito. Coube a Albert realizar esta tarefa. Ele refletiu, e a inspiração lhe veio: foi então que teve a ideia da Grande Exposição.

Sem consultar ninguém, ele elaborou os detalhes de seu plano minuciosamente. Já tinha havido exposições antes no mundo, mas esta deveria superar todas. Ela deveria conter amostras de tudo o que cada país tivesse a oferecer em termos de matérias-primas, em maquinaria e invenções mecânicas, em manufaturas, e nas artes plásticas e aplicadas. Não deveria ser apenas útil e ornamental; deveria ensinar uma elevada lição moral. Deveria ser um monumento internacional àquelas bênçãos supremas da civilização – paz, progresso e prosperidade. Por algum tempo, no passado, o príncipe devotara a maior parte de sua atenção aos problemas do comércio e da indústria. Ele tinha um gosto pelas maquinarias, de todas as espécies, e seu olhar agudo tinha identificado, mais de uma vez, com a precisão de um especialista, uma engrenagem defeituosa num complexo motor.[217] Uma visita a Liverpool, onde ele inaugurou o Estaleiro Albert, deixou-o profundamente impressionado, pela enormidade das modernas forças industriais, embora numa carta a Vitória em que descrevia as suas experiências, ele tenha sido cuidadoso, preservando suas costumeiras discrição e leveza. “Enquanto escrevo”, ele observou, bem-humorado,

> você deve estar fazendo sua toalete vespertina, e talvez não se apronte a tempo para o jantar. Eu posso me dedicar à mesma tarefa, mas não, espero, com o mesmo

[217]Martin, II, 87.

> resultado. (...) A lealdade e o entusiasmo dos habitantes são grandes; mas o calor é ainda maior. Se a população de Liverpool se tivesse pesado pela manhã e voltasse a se pesar agora, ela veria que está mais leve, e isto me deixa satisfeito. O porto é maravilhoso, e o volume de embarcações inacreditável.[218]

Desde a infância, Albert tinha manifestado um enorme interesse pela arte e pela ciência; a reforma da Casa Real tinha confirmado definitivamente o seu talento para a organização; e portanto o príncipe estava, em todos os aspectos, qualificado para a nova tarefa. Tendo amadurecido o seu projeto, ele convocou um pequeno comitê e fez um esboço de seu plano. O comitê aprovou tudo, e iniciou-se sem demora o grande empreendimento.[219]

Dois anos, porém, foram necessários para que ele se completasse. Durante dois anos o príncipe trabalhou com zelo extraordinário e incessante. No começo, tudo correu tranquilamente. Os principais fabricantes abraçaram prontamente a ideia; as colônias e a Companhia das Índias Orientais se mostraram simpáticas ao projeto; as grandes nações estrangeiras estavam ansiosas para enviar as suas contribuições; o apoio poderoso de Sir Robert Peel foi obtido, e a utilização de um terreno em Hyde Park, escolhido pelo príncipe, foi sancionada pelo governo. Entre os 234 projetos inscritos para a construção do prédio da exposição, o príncipe elegeu o de Joseph Paxton, famoso como arquiteto de conservatórios gigantescos; e o trabalho estava prestes a ser começado quando surgiu uma série de dificuldades inesperadas. A oposição ao projeto como um todo, latente havia algum tempo em várias partes, irrompeu

[218] Martin, I, 334.
[219] Ibid., II, 224-5.

subitamente. Houve um enorme clamor, liderado pelo *Times*, contra a utilização do parque para a exposição; por um momento pareceu que o prédio seria transferido para um subúrbio; mas, depois de um agitado debate na Câmara, os defensores da exposição no parque saíram vencedores. Então alegaram que o suporte financeiro para o projeto era insuficiente; mas este obstáculo também foi superado, e por fim 200 mil libras foram aprovadas como um fundo de garantia. O enorme edifício de vidro crescia cada vez mais, cobrindo uma extensa área e abrigando olmos altíssimos em seu interior: foi então que a fúria de seus inimigos atingiu o clímax. Os elegantes, os prudentes, os protecionistas, os devotos – todos se juntaram no grito de protesto. Foi afirmado que a exposição acabaria virando um ponto de encontro para todos os rufiões da Inglaterra, para todos os insatisfeitos da Europa; e que, no dia de sua inauguração, certamente haveria uma revolta e provavelmente uma revolução. Também declararam que o telhado de vidro era poroso, e que o peso dos excrementos de 50 mil pardais acabaria destruindo completamente todos os objetos debaixo dele. Inconformistas agitados disseram que a exposição era um empreendimento arrogante e perverso, que resultaria inevitavelmente no castigo de Deus sobre a nação. O coronel Sibthorpe, no debate sobre o local da obra, pediu a Deus que fizesse granizos e relâmpagos desabarem sobre aquele prédio amaldiçoado. O príncipe, com obstinada perseverança e paciência infinita, continuou perseguindo sua meta. Sua saúde estava seriamente afetada; ele sofria de constantes insônias, e suas forças estavam quase no fim. Mas ele se lembrava dos conselhos de Stockmar e nunca se entregava. O volume de seu trabalho se tornava a cada dia mais prodigioso; ele comandava comitês, presidia seminários públicos, fazia discursos e se mantinha em contato com todos os cantos do mundo civilizado – e seus esforços foram recompensados. No dia 1º de maio de 1851, a Grande Exposição foi aberta pela rainha diante de uma enorme multidão, em meio a cenas de brilho estonteante e entusiasmo triunfante.[220]

A própria Vitória se encontrava num estado tal de excitação que beirava o delírio. Ela desempenhava os seus deveres num êxtase de alegria, gratidão e perplexidade, e, quando tudo chegou ao fim, seus sentimentos jorraram em seu diário. O dia tinha sido nada menos que uma sucessão interminável de glórias – ou, antes, uma só e vasta glória, que irradiava de Albert. Tudo o que ela tinha visto, tudo o que ela tinha sentido ou ouvido, tinha sido tão belo e maravilhoso que até as habituais frases grifadas da rainha foram esquecidas sob o peso da ênfase, enquanto sua pena fluía cheia de reminiscências, desatenta, de esplendor a esplendor – "a enorme multidão, tão civilizada e leal; bandeiras de todos os países ao vento; o interior do prédio, tão imenso, com miríades de pessoas e o sol brilhando através do telhado; uma pequena saleta, onde deixávamos nossos agasalhos; palmeiras e maquinarias; o meu querido Albert; e o lugar era tão grande que mal conseguíamos ouvir o órgão; gratidão a Deus; uma curiosa reunião de políticos e homens eminentes; a marcha de *Athalie*; Deus abençoe meu amado Albert, Deus abençoe meu amado país!; uma fonte de vidro; o duque e lorde Anglesey andando de braços dados; uma linda Amazona, em bronze, de Kiss; o Sr. Paxton, que poderia muito bem sentir-se orgulhoso, ainda mais por ter começado sua carreira como um assistente de jardineiro; Sir George Grey chorando, e todos surpresos e encantados.[221]

Um incidente impressionante ocorreu quando, depois de uma breve prece do arcebispo de Canterbury, um coro de seiscentas vozes começou a cantar o coro de *Aleluia*. Nesse momento, um chinês, vestido com um traje típico de seu país,

---

[220]Martin, II, 225, 243-51, 289, 297-9, 358-9; "Dictionary of National Biography", Verbete "Joseph Paxton"; Bloomfield, II, 3-4.
[221]Martin, II, 364-8.

caminhou até o centro da nave central e, avançando lentamente rumo ao grupo real, fez uma mesura a Sua Majestade. A rainha, muito impressionada, não tinha dúvida de que se tratava de um eminente mandarim e, quando foi formada a procissão final, foram dadas ordens para que, como não havia nenhum representante do Império Celestial, aquele homem deveria ser incluído no cortejo diplomático. Desta forma, com a maior gravidade, ele seguiu imediatamente atrás dos embaixadores. Em seguida desapareceu, e correu o boato, entre as más línguas, de que, longe de ser um mandarim, o camarada era um simples impostor. Mas ninguém chegou a decifrar a natureza das reflexões que se escondiam por trás da total passividade daquele rosto amarelo.[222]

Poucos dias depois, Vitória abriu o coração com seu tio. O 1º de maio, disse ela, foi

> o dia *mais importante* da nossa história, graças ao mais *bonito*, *impressionante* e *comovente* espetáculo já visto, e representou o triunfo de meu amado Albert. (...) Foi o dia mais *feliz* e *orgulhoso* de minha vida, e não consigo pensar em mais nada. O querido nome de Albert está imortalizado em seu grande projeto, dele *próprio*, e o meu próprio e adorado país *comprovou* o seu valor. O triunfo é *imenso*.[223]

E era. O entusiasmo foi universal; até os mais amargos críticos mudaram de opinião, aderindo ao coro de elogios.[224] Congratulações oficiais não paravam de chegar; a prefeitura de Paris deu uma grande *fête* para o comitê da exposição; e a rainha e o príncipe percorreram o norte da Inglaterra numa

---

[222]Ibid., II, 367 e nota.

[223]"Letters", II 317-8.

[224]Greville, VI, 413.

viagem triunfal. Os resultados financeiros foram igualmente notáveis. O lucro total da exposição chegou à soma de 165 mil libras, que foram aplicadas na compra de um terreno para a construção de um Museu Nacional permanente em South Kensington. Durante os seis meses de sua existência em Hyde Park, a exposição atraiu mais de seis milhões de pessoas, e não ocorreu um só acidente. Mas todas as coisas têm um fim; e chegou a hora de se remover o palácio de Cristal para o retiro salubre de Sydenham. Vitória, triste mas conformada, fez sua visita final. "Tudo parecia tão bonito", disse ela.

> Eu não podia acreditar que era a última vez que via aquilo. Um órgão, acompanhado por um belo e potente instrumento de sopro chamado somerofone, estava sendo tocado, o que quase me fez passar mal. As lonas estão muito sujas, as cortinas vermelhas estão desbotadas, e há várias coisas estragadas, mas o efeito continua sendo novo e revigorante como sempre, e talvez até mais bonito. A fonte de vidro já tinha sido removida, (...) e os operários estavam carregando pacotes da mesma forma que fizeram quando montaram a exposição. Isso nos deixou muito melancólicos.

Mas pensamentos mais alegres se seguiram. Quando tudo tinha terminado, Vitória expressou sua satisfação ilimitada numa carta ditirâmbica ao primeiro-ministro. O nome de seu amado, disse ela, estava imortalizado para sempre, e que isso fosse universalmente reconhecido pelo país era para ela uma fonte de imensa alegria e gratidão. "A rainha se sente grata à Providência", concluiu Sua Majestade,

> por ter permitido que ela se unisse a um príncipe tão nobre, bondoso e superior, e este ano permanecerá para sempre em sua memória como o mais feliz e orgulhoso

de sua vida. O dia do encerramento da exposição (que a rainha lamentava não ter podido testemunhar) coincidiu com o décimo segundo aniversário de seu noivado com o príncipe, o que é uma coincidência curiosa.[225]

5
Lorde Palmerston

I

Em 1851, a boa fortuna do príncipe atingiu o seu ponto culminante. O sucesso da Grande Exposição aumentou enormemente a sua reputação e parecia lhe assegurar, dali em diante, um lugar de liderança na vida nacional. Mas, antes que o ano chegasse ao fim, ele obteve outro triunfo, numa esfera de ação muito diferente. O triunfo, grandioso e com consequências proféticas, foi ele próprio o resultado de circunstâncias complicadas que vinham se agravando havia vários anos.

A impopularidade de Albert na alta sociedade não diminuiu com o tempo. Membros da aristocracia continuavam a olhá-lo com desprezo; e ele, por sua vez, isolava-se cada vez mais, numa atitude de reserva e desdém. Houve um momento, na verdade, em que pareceu que a insatisfação das classes altas poderia transformar-se repentinamente em cordialidade; pois eles souberam, com surpresa, que o príncipe, durante uma visita ao campo, tinha caçado a cavalo com cães, saindo-se bastante bem. Eles sempre tinham pensado que o seu talento na equitação era de segunda categoria, típica dos estrangeiros, e

[225]Martin, II, 369-72, 386-92, 403-5.

então viram o príncipe saltando obstáculos com cinco traves e perseguindo a raposa com se tivesse nascido e sido criado em Leicestershire. Eles mal podiam acreditar; seria possível que tivessem cometido um erro, e que Albert fosse um bom sujeito, no fim das contas? Se ele quisesse que pensassem assim, certamente teria aproveitado a oportunidade, adquirindo vários cavalos e cães de caça e usando-os constantemente. Mas tal não era o seu desejo; caçadas o aborreciam e deixavam Vitória nervosa. Ele continuou a cavalgar, como antes; em suas próprias palavras, por exercício ou conveniência, não por diversão; e sabia-se que, embora o príncipe, sem dúvida, soubesse manter-se em sua sela bastante bem, ele não era um desportista.[226]

Este era um assunto sério. Não se tratava simplesmente de damas e cavalheiros refinados que riam de Albert; nem do fato de que Vitória, que antes do casamento frequentava ativamente a sociedade, sob a influência do marido, tinha abandonado quase completamente aquela vida. Desde Charles II, os soberanos da Inglaterra sempre foram, com uma única exce ção, deselegantes; e o fato de que esta exceção fosse George IV parecia acrescentar ainda mais significado àquele papel. O que era grave não era a falta de elegância, mas sim a ausência de outras qualidades mais importantes. A hostilidade das classes altas era sintomática de um antagonismo mais profundo, que não se limitava às boas maneiras ou a diferenças de gosto. O príncipe, numa palavra, era um não inglês. É difícil dizer o que a expressão queria dizer exatamente; mas era um fato evidente a todos. Lorde Palmerston, tampouco, era elegante; os mais importantes aristocratas Whigs o olhavam com desdém e o toleravam apenas como um mal necessário e desagradável que o destino lhes impusera. Mas lorde Palmerston era totalmente inglês; havia algo nele que expressava, com extraordinário

[226]Martin, I, 194-6; "Letters", I, 510-11.

vigor, as qualidades fundamentais da raça inglesa. E ele era a antítese perfeita do príncipe. Por um acaso curioso, aconteceu de este típico inglês travar contato com o estrangeiro do continente, mais do que qualquer um de seus conterrâneos. Por conta disso, diferenças que em circunstâncias mais felizes poderiam ter sido atenuadas e obliteradas, foram acentuadas no mais alto grau. Todas as forças misteriosas da alma de Albert se reuniram para a batalha com seu adversário, e, no longo e violento conflito que se travou, ele quase tinha a impressão de estar lutando contra a própria Inglaterra.

A vida inteira de Palmerston fora passada na administração pública. Aos 22 anos, ele foi ministro; aos 25, lhe ofereceram a Chancelaria do Tesouro – que, com aquela prudência que constituía uma parcela tão inesperada de seu caráter, ele se recusou a aceitar. Sua primeira temporada no governo durou 21 anos ininterruptos. Quando lorde Grey subiu ao poder, ele foi nomeado secretário do Exterior, um posto que ele ocuparia, com dois breves intervalos, por mais 21 anos. Ao longo desse período, sua reputação junto ao povo cresceu de forma vigorosa, e quando, em 1846, ele se tornou secretário do Exterior pela terceira vez, sua posição no país estava quase em pé de igualdade, ou chegava mesmo a ser comparável, com a do primeiro-ministro, lorde John Russell. Este era um homem alto e corpulento de 62 anos, com um ar vistoso, um rosto grande, suíças tingidas, e o lábio superior longo e sardônico. Sua vida privada estava longe de ser respeitável, mas ele tinha fortalecido bastante sua posição na sociedade ao se casar, tardiamente, com lady Cowper, irmã de lorde Melbourne e uma das mais influentes mulheres do Partido Whig. Poderoso, influente e extremamente autoconfiante, ele naturalmente dava muito pouca atenção a Albert. Por que deveria? O príncipe se interessava por questões internacionais? Pois muito bem; que o príncipe desse atenção a *ele* – a ele, que já era ministro quando Albert ainda estava no berço, ele que fora o líder escolhido por uma nação, e que nunca falhara em qualquer desafio que tivesse enfrentado ao longo de toda a sua vida. Não que ele quisesse chamar a atenção do príncipe – longe disso: até onde podia ver, Albert não passava de um jovem estrangeiro, que sofria de não ter vícios e cujo único mérito era ter se casado com a rainha da Inglaterra. Esta avaliação, ele descobriria de forma dolorosa, era equivocada. De forma alguma Albert era insignificante, e, por trás de Albert havia outra pessoa que tampouco era insignificante – havia Stockmar.

Mas Palmerston, ocupado com seus projetos, suas ambições e a administração de um grande ministério, deixou de lado todas essas considerações; este era o seu método de ação favorito. Ele vivia por instinto – com um olhar agudo e o pulso forte, administrava habilmente cada crise que surgia, com uma percepção semi-inconsciente dos elementos vitais da situação. Ele era muito corajoso; e nada lhe dava mais satisfação que governar o barco do governo, enfrentando fortes ventos, num mar bravio, fazendo uso de cada polegada de suas velas. Mas existe um ponto além do qual a coragem se torna temerária – um ponto perceptível apenas pela intuição, e não pela razão; e Palmerston nunca avançava além desse ponto. Quando ele percebia que o caso exigia isso, ele diminuía o passo – diminuía muito, na verdade; de fato, toda a sua carreira, tão cheia de aventuras vigorosas, foi contudo uma ilustração magistral do provérbio "*Tout vient à point à qui sait attendre*".* Mas quando ele decidia partir para o ataque, ninguém era mais rápido. Um dia, regressando de Osborne, ele achou que tinha perdido o trem para Londres; requisitou um trem especial, mas o gerente da estação lhe disse que pôr em funcionamento um trem especial àquela hora seria perigoso, portanto não poderia autorizá-lo. Palmerston insistiu, afirmando ter importantes negócios

*As coisas boas vêm para aqueles que esperam. (*N. do E.*)

a tratar em Londres, que não podiam esperar. O gerente, apoiado por todos os guardas, continuava a resistir; a companhia, disse ele, não poderia assumir a responsabilidade. "A responsabilidade será *minha*, então!", disse Palmerston, com seu jeito arrogante e peremptório; o gerente então autorizou a viagem, e o secretário do Exterior chegou a Londres a tempo para realizar seu trabalho, sem acidente algum.[227] A história é típica da alegre valentia com que ele conduzia tanto os seus negócios pessoais, quanto os negócios da nação. "A Inglaterra", ele costumava dizer, "é forte o bastante para enfrentar todos os obstáculos."[228] Aparentemente era mesmo, ao menos sob o comando de Palmerston. Enquanto os guardas protestavam e gesticulavam inquietos, ele os afastava com sua etérea frase "*Minha* responsabilidade!", e conduzia o país agilmente pelo caminho escolhido, a um destino triunfante – sem acidente algum. Sua imensa popularidade era em parte o resultado de seus sucessos diplomáticos, em parte de sua extraordinária afabilidade pessoal, mas principalmente da genuína autenticidade com que ele correspondia aos sentimentos e defendia os interesses de seus conterrâneos. O povo sabia ter em lorde Palmerston não apenas um representante de brio, mas também um servo devotado – pois ele era, em todos os sentidos da palavra, um homem público. Quando era primeiro-ministro, ele notou que grades de ferro tinham sido postas no Green Park para proteger a grama; imediatamente escreveu ao ministro responsável, ordenando, com a linguagem mais severa, que elas fossem removidas imediatamente, afirmando que eram "um aborrecimento intolerável", e que a grama "foi feita para se caminhar livremente e sem quaisquer restrições ao povo, sejam jovens ou idosos, pois é para o entretenimento deles que os parques se destinam."[229] Era com este espírito que, como se-

---

227 Bunsen, II, 152.

228 Dalling, I, 346.

229 Dalling, III, 413-5.

cretário do Exterior, ele cuidava dos interesses dos ingleses que estivessem fora do país. Nada podia ser mais agradável para os ingleses, mas os governos estrangeiros não gostavam tanto disso. Eles julgavam lorde Palmerston intrometido, exasperante e alarmista. Em Paris, falavam com ressentimento de *"ce terrible milord Palmerston"*, esse terrível senhor Palmerston; e na Alemanha fizeram uma pequena canção sobre ele.

"Hat der Teufel einen Sohn,
So ist er sicher Palmerston."[230]

"Se o Diabo tem um filho,
Com certeza ele é Palmerston."

Mas todas as queixas, ameaças e agitações foram em vão. Palmerston, com seu lábio superior crispado sardonicamente, enfrentou os obstáculos e prosseguiu em seu caminho.

A primeira crise diplomática que ocorreu após o seu retorno ao gabinete, embora envolvesse intimamente o príncipe e a rainha, foi resolvida sem nenhum desacordo sério entre a corte e o ministro. Fazia já alguns anos, um problema curioso vinha deixando perplexas as chancelarias da Europa. A Espanha, que desde o tempo de Napoleão era palco de convulsões sociais, tinha sossegado por um breve período, mantendo-se num estado de relativa tranquilidade sob o comando de Cristina, a rainha-mãe, e sua filha Isabella, a jovem rainha. Em 1846, a questão do casamento de Isabella, que vinha sendo objeto de especulações diplomáticas havia muito tempo, tornou-se subitamente aguda. Foram propostos vários candidatos à sua mão – entre eles, dois primos dela própria, outro príncipe espanhol, e o príncipe Leopold de Saxe-Coburg, primo carnal de Vitória e Albert; por diferentes motivos, contudo, nenhum

[230] Ashley, II, 213.

desses jovens parecia totalmente satisfatório. Isabella ainda não completara 16 anos; e podia-se supor que era possível adiar por mais alguns anos o seu casamento; mas isso parecia estar fora de cogitação. "*Vous ne savez pas*", disse uma alta autoridade, "*ce que c'est que ces princesses espagnoles; elles ont le diable au corps, et on a toujours dit que si nous ne nous hâtions pas, l'héritier viendrait avant le mari.*"[231]* Também se podia supor que o casamento da jovem rainha era um assunto a ser resolvido por ela, sua mãe e o governo espanhol, mas, novamente, esse estava longe de ser o caso. Tornara-se – por uma daquelas periódicas reversões de rumos do século XVIII que, comenta-se, ainda não são estranhas à diplomacia – uma questão de suma importância para as políticas externas da França e da Inglaterra. Por muitos anos, Louis-Philippe e seu primeiro-ministro Guizot amadureceram em segredo um plano muito sutil. O objetivo do rei francês era repetir o glorioso *coup* de Luís XIV e abolir os Pirineus ao colocar um de seus netos no trono da Espanha. Para que isso acontecesse, ele não chegou a sugerir que seu filho mais novo, o duque de Montpensier, se casasse com Isabella; este seria um lance muito óbvio, que poderia ter provocado uma oposição imediata e intransponível. Ele então propôs que Isabella se casasse com seu primo, o duque de Cadiz, enquanto Montpensier se casaria com a irmã mais nova de Isabella, a infanta Fernanda; e, por Deus, por que haveria qualquer objeção a isso? O astuto e velho rei sussurrou nas orelhas castas de Guizot a chave do segredo; ele tinha bons motivos para crer que o duque de Cadiz não podia ter filhos, e portanto a descendência de Fernanda herdaria a coroa espanhola. Guizot esfregou as mãos e começou imediatamente a

---

[231]Greville, VI, 33.

*"Vocês não sabem o que são essas princesas espanholas; elas têm o diabo no corpo, e sempre dizemos que se não nos apressarmos [em casar a princesa], o herdeiro virá antes do marido." (*N. do E.*)

pôr o plano em prática; mas, é claro, o esquema todo foi logo descoberto e divulgado. O governo inglês considerou a questão muito seriamente; a balança do poder estava claramente em jogo, e a intriga francesa precisava ser combatida a todo custo. Seguiu-se um conflito diplomático de grande intensidade; e houve momentos em que parecia que uma segunda Guerra da Sucessão espanhola estava prestes a eclodir. Isto foi evitado, mas as consequências deste estranho *imbroglio* foram de longo alcance, e muito diferentes do que tinham previsto todas as partes envolvidas.

No curso das longas e intricadas negociações, havia um ponto ao qual Louis-Philippe se dedicou com especial vigor – a candidatura do príncipe Leopold de Saxe-Coburg. A perspectiva de um casamento entre um príncipe de Coburg e a rainha da Espanha era, ele afirmou, pelo menos tão ameaçadora ao equilíbrio do poder na Europa quanto a perspectiva de um casamento entre o duque de Montpensier e a infanta; e, de fato, havia muito a ser dito sobre essa contenda. A ruína que se abatera sobre a Casa de Coburg durante as guerras napoleônicas aparentemente só tinha servido para aumentar sua vitalidade, já que a família principesca tinha se expandido, naquele momento, por toda a Europa, de uma maneira extraordinária. O rei Leopold estava firmemente estabelecido na Bélgica; sua sobrinha era a rainha da Inglaterra; um de seus sobrinhos era o marido da rainha da Inglaterra, e outro era o marido da rainha de Portugal; ainda havia outro, que era o duque de Würtemberg. Onde isso iria parar? Parecia existir um monopólio dos Coburg, pronto a enviar um de seus membros para preencher qualquer lugar vago nas famílias que dominavam a Europa. E mesmo além da Europa havia sinais de que a infecção se espalhava. Um americano que chegou em Bruxelas assegurou ao rei Leopold que existia um forte sentimento nos Estados Unidos a favor da monarquia, que poria um fim às desordens das plebes, e sugeriu, para o encanto de Sua

Majestade, que algum ramo da família dos Coburg poderia estar disponível para o posto.[232] Talvez esse perigo fosse remoto, mas o perigo espanhol estava ao alcance das mãos; e se o príncipe Leopold se casasse com a rainha Isabella, a França estaria numa posição humilhante, ou mesmo de extremo perigo. Tais eram os argumentos de Louis-Philippe. O governo inglês não desejava apoiar o príncipe Leopold, e, embora Albert e Vitória se tivessem demonstrado favoráveis ao casamento, a sabedoria de Stockmar os convenceu a mudar de ideia. O caminho, portanto, parecia aberto para um acordo: a Inglaterra seria razoável em relação a Leopold, se a França fosse razoável em relação a Montpensier. O acordo foi feito no Château d'Eu, numa série de conversas entre o rei e Guizot, de um lado, e a rainha, o príncipe e lorde Aberdeen, do outro. Como secretário do Exterior, Aberdeen declarou que a Inglaterra jamais reconheceria nem apoiaria a candidatura do príncipe Leopold à mão da rainha da Espanha; e Louis-Philippe prometeu solenemente, a Aberdeen e a Vitória, que o duque de Montpensier não se casaria com a infanta Fernanda antes que a rainha se casasse e procriasse. Tudo correu bem, e a crise parecia resolvida, quando toda a discussão foi subitamente reaberta por Palmerston, que tinha sucedido Aberdeen na Secretaria do Exterior. Num despacho ao ministro inglês em Madri, ele mencionou, numa lista de possíveis candidatos à mão da rainha Isabella, o príncipe Leopold de Coburg; e ao mesmo tempo aproveitou para atacar, numa linguagem violenta, a tirania e a incompetência do governo espanhol. Este despacho, no mínimo indiscreto, tornou-se ainda mais inconveniente ao chegar ao conhecimento de Guizot. Louis-Philippe enxergou ali uma oportunidade e saltou sobre ela. Embora não houvesse nada na linguagem de Palmerston que mostrasse que ele reconhecia ou

---

[232]"Letters", I, 511.

apoiava o príncipe Leopold, o rei concluiu imediatamente que os ingleses tinham rompido o acordo, e que portanto ele estava livre para agir da mesma maneira. Ele então enviou o despacho à rainha-mãe, afirmando que os ingleses estavam conspirando por um casamento Coburg, e chamando a sua atenção para a animosidade de Palmerston em relação ao governo espanhol; por fim, ele solicitava à rainha-mãe que resolvesse todos os seus problemas e assegurasse a amizade da França casando Isabella com o duque de Cadiz, e Fernanda com Montpensier. A rainha-mãe, alarmada e furiosa, foi facilmente convencida. Só havia uma dificuldade: Isabella detestava a simples presença de seu primo. Mas isto foi logo resolvido; foi organizado um banquete monumental e quase orgíaco no palácio, ao longo do qual a jovem foi persuadida a concordar com qualquer pedido que lhe fizessem. Pouco mais tarde, no mesmo dia, os dois casamentos foram realizados.

A notícia explodiu como uma bomba no governo inglês, que julgou com raiva e mortificação que tinha sido completamente enganado pelo manhoso rei. Vitória, em particular, se sentia ultrajada. Não apenas ela tinha sido a receptora pessoal do pedido de Louis-Philippe, como ele tinha conquistado o seu afeto ao presentear o príncipe de Gales com uma caixa de soldadinhos de chumbo, e a princesa real com uma bela boneca parisiense, que abria e fechava os olhos. E agora o insulto se somava ao dano. A rainha da França lhe escreveu uma carta formal, anunciando tranquilamente, como se fosse um evento familiar, que ela estava certa de interessar a Vitória, o casamento de seu filho, Montpensier – *"qui ajoutera à notre bonheur intérieur, le seul vrai dans ce monde, et que vous, madame, savez si bien apprécier."*[233]* Mas a rainha da Inglaterra não

[233]"Letters", II, 100-1.

*[O casamento] que trará a nossa felicidade interior, a única verdadeira neste mundo, que você, madame, sabem bem apreciar. (*N. do E.*)

precisou esperar muito para se vingar. Dezoito meses depois, a monarquia de Louis-Philippe, desacreditada, impopular e mortalmente enfraquecida pela retirada do apoio inglês, foi jogada ao limbo, enquanto ele próprio e sua família se tornaram refugiados suplicantes aos pés de Vitória.[234]

II

Neste caso, tanto a rainha quanto o príncipe ficaram tão ocupados com os delitos de Louis-Philippe que não lhes sobrava raiva para cuidar dos delitos de Palmerston; e, de fato, em linhas gerais, a atitude de Palmerston e a deles próprios estavam em total acordo. Mas a situação era peculiar. Em todas as outras complicações externas – e foram muitas, e sérias – nos anos seguintes, as diferenças entre o casal real e o secretário do Exterior foram constantes e profundas. Houve uma disputa aguda sobre Portugal, onde partidos violentamente hostis estavam se estraçalhando. A simpatia real naturalmente se voltava para a rainha e seu marido Coburg, enquanto Palmerston dava seu apoio aos elementos progressistas do país. Mas foi somente em 1848 que a tensão ficou realmente séria. Naquele ano de revoluções, quando, em todas as direções e com frequência alarmante, coroas caíam de cabeças reais, Albert e Vitória ficaram horrorizados ao perceber que a política da Inglaterra era persistentemente favorável às forças insurgentes – na Alemanha, na Suíça, na Áustria, na Itália, na Sicília. Na verdade, a situação era uma daquelas bem à feição do espírito de Palmerston. Em toda parte havia perigo e aventura, a necessidade de tomar decisões rápidas, oportunidades para a ação vigorosa. Sendo um discípulo de Canning, trazendo o desdém de um cavalheiro inglês e o desprezo profundo por potentados

---

[234]Dalling, III, cap. vii e viii; Stockmar, cap. xxl.

estrangeiros em seu coração, era natural que o espetáculo das insurreições populares, e dos opressores sendo ignominiosamente arrastados para fora dos palácios, em desgraça, lhe desse um prazer sem limites, e Palmerston estava certo de que não deveria haver dúvidas, em todo o continente, sobre de que lado estava a grande e poderosa Inglaterra. Não que Palmerston tivesse a menor tintura de radicalismo filosófico; até porque ele não tinha tintura filosófica de espécie alguma; ele até parecia gostar de ser incoerente – de ser um conservador em casa e um liberal no exterior. Havia muitos bons motivos para manter os irlandeses em seu lugar; mas o que isso tinha a ver com a questão? O importante era: quando qualquer homem decente lia um relato sobre as prisões políticas em Nápoles, o seu sangue subia e a sua garganta rugia. Ele não queria a guerra, mas sabia que, mesmo sem ela, o uso habilidoso e determinado do poder da Inglaterra poderia fazer muito pela causa dos liberais na Europa. Era um jogo difícil e arriscado, mas ele se pôs a jogar com entusiasmo. E, então, para seu grande aborrecimento, justamente quando precisava de toda a sua coragem e de total liberdade de ação, Palmerston percebeu que era o tempo todo atrapalhado e distraído por... aquela gente em Osborne. Ele entendeu tudo; a oposição era sistemática e bem informada, e a rainha, sozinha, teria sido incapaz disso; o príncipe estava por trás de tudo. Era algo extremamente desconcertante; mas Palmerston tinha pressa e não podia esperar. Se o príncipe teimasse em interferir, teria que ser removido.

Albert estava muito irritado. Ele desaprovava totalmente a política e os métodos de ação de Palmerston. Ele se opunha ao absolutismo; mas, em sua opinião, os procedimentos de Palmerston eram calculados para simplesmente substituir o absolutismo, em toda a Europa, por algo que não era melhor e, possivelmente, era até pior: a anarquia violenta das facções e quadrilhas. Os perigos desse fermento revolucionário eram graves. Mesmo na Inglaterra estava crescendo o *chartism*, um movimento sinistro que a qualquer momento poderia rasgar a Constituição e abolir a monarquia. Certamente, com tais perigos em casa, aquele era um momento muito ruim para se encorajar a ilegalidade no exterior. Naturalmente, Albert se preocupava em especial com a Alemanha. Seus instintos, seus afetos e suas simpatias eram radicalmente alemães; Stockmar estava profundamente envolvido com a política alemã; e ele tinha muitos parentes entre as famílias alemãs no poder, que, em meio ao rebuliço da revolução, lhe escreviam todas as semanas cartas longas e apreensivas. Tendo considerado de todos os pontos de vista a questão do futuro da Alemanha, Albert chegou à conclusão, sob a orientação de Stockmar, de que o maior desejo de qualquer amante da Alemanha deveria ser a sua unificação sob a soberania da Prússia. A situação era de extrema complexidade, e as possibilidades boas e más que a cada hora podiam trazer eram incalculáveis; mesmo assim ele percebeu, horrorizado, que Palmerston não compreendia nem se esforçava para compreender as sutilezas daquele importante problema; ele avançava cegamente, desferindo golpes à esquerda e à direita, sem nenhum sistema – até onde se podia ver – e mesmo sem nenhum motivo – exceto, talvez, uma desconfiança totalmente irracional do Estado prussiano.

Mas esse desacordo com os detalhes da política de Palmerston era na realidade apenas um sintoma das diferenças fundamentais entre as personalidades dos dois homens. Aos olhos de Albert, Palmerston era um grosseirão, um egoísta afoito, cujas arrogância e ignorância combinadas deveriam inevitavelmente terminar em loucura e desastre. Nada lhe poderia ser mais antipático que uma mente a que faltavam tão estranhamente paciência, reflexão, princípios e o hábito do raciocínio. Pois ele achava intolerável pensar com pressa, tomar decisões precipitadas, agir com base em instintos que não podiam ser explicados. Tudo devia ser feito em ordem, com cautelosa premeditação; inicialmente, era preciso estabelecer claramente as premissas da situação; e ele precisava chegar à conclusão correta por meio de uma série regular de passos racionais. Em questões complicadas – e que questões, olhadas bem de perto, não eram complicadas? – expressar suas reflexões no papel era um caminho sábio, e era o que Albert invariavelmente adotava, por laborioso que fosse. Igualmente recomendável era redigir um relatório completo após cada caso, bem como antes; desta forma, qualquer coisa que acontecia podia ser encontrada num memorando do príncipe. Numa ocasião ele reduziu a seis páginas de papel almaço o conteúdo de uma conversa confidencial com Sir Robert Peel e, tendo lido tudo em voz alta para ele, pediu que acrescentasse a sua assinatura; Sir Robert, que nunca gostava de se comprometer, sentiu um enorme desconforto; foi quando o príncipe, sentindo que devia tranquilizar as suscetibilidades singulares do inglês, atirou ao fogo o memorando em questão, com grande polidez. Quanto a Palmerston, este nunca lhe deu sequer a oportunidade de ler um memorando; ele parecia decididamente avesso à discussão; e antes que se tivesse noção da situação, sem aviso de espécie alguma, ele já estava engajado num projeto estouvado e violento, que bastante provavelmente envolveria uma guerra europeia. Intimamente ligado à racionalidade esmerada e cautelosa de Albert era o seu desejo de analisar completamente cada questão, de todos os pontos de vista, de descer até as suas raízes e agir em estrito acordo com algum princípio bem definido. Sob a tutela de Stockmar, ele estava constantemente preocupado em alargar suas perspectivas, empenhando-se para enfrentar problemas vitais tanto teórica quanto praticamente – nos dois casos, com precisão e profundidade. Para alguém cuja mente vivia tão ocupada, as atividades empíricas de Palmerston, que nem sequer tinha noção do que significava um princípio, lembravam vagamente os caprichos incoerentes de uma criança chata. O que Palmerston entendia de economia, de ciência, de história? Que atenção ele dava à moralidade e à educação? Quanta consideração ele dedicara, ao longo de toda a sua vida, à melhoria das condições de vida das classes trabalhadoras e ao aprimoramento geral da espécie humana? As respostas a estas perguntas eram todas evidentes demais; e mesmo assim é fácil imaginar qual teria sido o comentário irônico de Palmerston: "Ah! Sua Majestade Real está ocupado com planos sofisticados e cálculos beneficentes – exatamente! Bem, quanto a mim, devo dizer que me sinto satisfeito com meu trabalho matinal – já fiz removerem as grades de ferro de Green Park!"

Aquele homem exasperante, contudo, preferiu não fazer comentário algum, prosseguindo com um sorriso silencioso em seu caminho indesculpável. O processo de "varrer" os obstáculos logo entrou em operação. Importantes despachos da Secretaria do Exterior eram submetidos à rainha tão tarde que já não havia tempo para corrigi-los, ou então nem sequer eram mostrados a ela; ou ainda, quando eram submetidos e a rainha fazia objeção a algum tópico e pedia para alterá-lo, os despachos eram enviados em sua forma original. A rainha se queixou; o príncipe se queixou; ambos se queixaram juntos; foi tudo em vão. Palmerston pedia muitas desculpas – ele não podia entender como aquilo tinha acontecido; ele repreenderia pessoalmente os funcionários; certamente os desejos de Sua Majestade deviam ser atendidos; nunca mais voltaria a acontecer algo semelhante. Mas, é claro, voltava a acontecer pouco tempo depois, e os protestos da rainha redobravam. Vitória, provocada em seus brios, acrescentou aos seus protestos uma veemência pessoal que faltava aos de Albert. Teria lorde Palmerston esquecido que ela era a rainha da Inglaterra? Como ela poderia tolerar um estado de coisas em que despachos escritos em seu nome eram enviados ao exterior sem a sua aprovação ou mesmo sem o seu conhecimento? O que poderia ser mais depreciativo para a sua posição do que ser obrigada a receber cartas indignadas das cabeças coroadas às quais os despachos eram endereçados – cartas que ela não sabia como responder, já que concordava inteiramente com elas? Ela procurou pessoalmente o primeiro-ministro. "Nenhuma queixa surtiu qualquer efeito com lorde Palmerston", disse ela.[235] "Lorde Palmerston", contou-lhe em outra ocasião, "fingiu, como de costume, não ter tido tempo suficiente para submeter o documento à aprovação da rainha antes de enviá-lo."[236] Ela convocou lorde John à sua presença, manifestou sua indignação e, em seguida, a conselho de Albert, anotou o que tinha acontecido num memorando:

> Eu disse que pensava que lorde Palmerston frequentemente colocava em perigo a honra da Inglaterra ao adotar opiniões preconceituosas e limitadas sobre as questões que lhe eram propostas; que seus textos eram sempre amargos como fel e que causavam grandes danos, com o que lorde John concordou inteiramente; e que frequentemente ele me deixava doente de ansiedade.[237]

Então Vitória procurou seu tio. "A situação da Alemanha", escreveu ela após um balanço abrangente e desesperador da situação europeia,

> é terrível, e hoje nos sentimos envergonhados diante deste que foi realmente um país tão pacífico e feliz. Estou certa de que lá ainda existem boas pessoas, mas elas se deixam manipular de uma forma temerária e vergonhosa. Na França, a crise parece estar prestes a estourar. *Que* papel triste nós estamos desempenhando

---

[235]"Letters", II, 181.

[236]Ibid., II, 194.

[237]Ibid., II, 195.

> nesta mediação! Realmente, é bastante imoral forçar a Áustria a abrir mão de suas possessões legais, com a Irlanda se agitando em nossos tornozelos e pronta a romper com sua lealdade a qualquer momento.[238] O que nós diremos se o Canadá, Malta etc. começarem a nos perturbar? Isso me dói terrivelmente".[239]

Mas lorde Palmerston não se importava.

A posição de lorde John era cada vez mais desconfortável. Ele não aprovava o tratamento que seu colega dava à rainha. Quando lhe pediu que fosse mais cuidadoso, deparou-se com a resposta de que 28 mil despachos passavam pelo Ministério do Exterior num único ano e que, se cada um destes despachos tivesse que ser submetido à crítica real, os atrasos seriam ainda mais graves do que já eram; Palmerston disse ainda que a perda de tempo e os desgastes envolvidos com documentos submetidos ao exame meticuloso do príncipe Albert eram quase excessivos para um ministro sobrecarregado, e que, a bem da verdade, o adiamento de importantes decisões devido a isso já tinha produzido consequências diplomáticas muito desagradáveis.[240] Estas desculpas teriam impressionado lorde John de forma mais favorável se ele próprio não sofresse as consequências daquela negligência. Pois frequentemente Palmerston deixava de comunicar até mesmo a ele os despachos mais importantes. O secretário do Exterior estava se tornando quase um poder independente, agindo por sua própria iniciativa, e pondo sob sua responsabilidade o comando da política inglesa. Numa ocasião, em 1847, ele esteve de fato a ponto de romper relações com a França sem consultar o gabinete do primeiro-ministro.[241] E

[238]Venice e Lombardy.

[239]"Letters", II, 199.

[240]"Letters", II, 221; Ashley, II, 195-6.

[241]Greville, VI, 63-4.

incidentes assim eram constantemente recorrentes. Quando essa notícia chegou ao príncipe, ele percebeu que tinha chegado a sua oportunidade. Se ele conseguisse acirrar ao máximo as diferenças entre os dois estadistas, se ele pudesse assegurar uma aliança com lorde John, então a eliminação ou a remoção de lorde Palmerston estaria quase certa. Albert se dedicou ao assunto com a obstinação que lhe era característica. Tanto ele quanto a rainha passaram a pressionar o primeiro-ministro tanto quanto possível. Eles escreviam, pronunciavam discursos e em seguida mergulhavam num inquietante silêncio. Ocorreu-lhes que lorde Clarendon, um importante membro do gabinete, seria um canal apropriado para as suas queixas. Eles o convidaram a jantar no palácio e, mal terminaram a refeição, "a rainha", como ele descreveu mais tarde, "perdeu a paciência e atacou com grande veemência e amargura a conduta de Palmerston e os efeitos que ela estava produzindo em toda parte do mundo, manifestando os seus próprios sentimentos sobre a questão." Quando ela terminou, passou a palavra ao príncipe, que continuou a falar com igual rigor, embora de forma menos agitada. Lorde Clarendon se viu numa situação desagradável; ele não gostava da política de Palmerston, mas era seu colega e desaprovava a atitude de seus anfitriões reais. Na sua opinião, eles estavam "equivocados ao pensar que os membros da corte, e não os ministros, deviam conduzir os negócios do Estado"; e achava que eles "agiam com base no curioso erro de pensar que a Secretaria do Exterior era assunto deles, e que portanto eles tinham o direito de controlar, ou mesmo dirigir, a política externa da Inglaterra." Clarendon, portanto, com extrema polidez, deu a entender que não se comprometeria de forma alguma.[242] Mas lorde John, na realidade, não precisava de mais pressão. Atacado por sua soberana, ignorado por seu secretário

[242]Greville, VI, 324-6; Clarendon, I, 341.

do Exterior, sua vida estava péssima.[243] Com o advento da terrível questão Schleswig-Holstein – a mais complexa de toda a história diplomática da Europa – a sua posição, esmagada por forças superiores e inferiores, se tornou insustentável. Sua prioridade passou a ser tirar Palmerston da Secretaria do Exterior. Mas e se Palmerston se recusasse a sair?

Num memorando escrito pelo príncipe, por volta deste período, sobre uma reunião entre ele, a rainha e o primeiro-ministro, percebe-se um instantâneo curioso dos estados de espírito desses três altos personagens – a ansiedade e a irritação de lorde John, a acrimônia veemente de Vitória e a animosidade racional de Albert – reunidos, como estavam, sob a sombra de uma presença invisível, a causa de todo aquele perigo celestial – o alegre e portentoso Palmerston. Num determinado momento da conversa, lorde John declarou acreditar que o secretário do Exterior consentiria em trocar de pasta; lorde Palmerston, disse ele, percebera que tinha perdido a confiança da rainha – ainda que apenas em termos públicos e não pessoais. Mas, neste ponto, o príncipe observa

> a rainha interrompeu lorde John para afirmar que ela já desconfiava de Palmerston também em termos *pessoais;* mas eu também comentei que lorde Palmerston, pelo menos até ali, tinha se tornado desagradável para a rainha não por conta de sua conduta pessoal, mas por seus atos políticos – com os quais a rainha concordou.

Então o príncipe sugeriu que existia o perigo de uma crise do gabinete, após o que lorde Palmerston poderia voltar como primeiro-ministro. Mas, neste ponto, lorde Jonh se mostrou seguro: ele "achava lorde Palmerston velho demais para fazer algo no futuro (tendo passado dos 65 anos)". Finalmente foi de-

---

[243]Clarendon, I, 337, 342.

cidido que por ora nada podia ser feito, mas que eles deveriam conservar *segredo absoluto*; e assim terminou o conclave.[244]

Finalmente, em 1850, a libertação parecia estar próxima. Havia sinais de que as pessoas estavam cada vez mais irritadas com as incursões equivocadas da diplomacia de Palmerston; e quando as negociações sobre o seu apoio a Don Pacifico, um súdito britânico em conflito com o governo grego, parecia prestes a envolver a Inglaterra numa guerra não apenas contra a Grécia, mas também contra a França e possivelmente contra a Rússia, uma pesada nuvem de desconfiança e desagrado pareceu cobrir sua cabeça, prestes a rebentar numa tempestade. Uma moção dirigida contra ele na Câmara dos Lordes foi aprovada por uma maioria substancial. O assunto estava prestes a ser discutido na Câmara dos Comuns, onde outro voto negativo não era improvável, o que selaria o destino do ministro. Palmerston recebeu o ataque com total indiferença, e, então, no último minuto, ele reagiu. Num discurso de mais de quatro horas, no qual exposição, invectivas, argumentos, declamação, franqueza e eloquência se misturaram com uma felicidade e uma arte extraordinárias, ele aniquilou completamente os seus inimigos. A moção hostil foi derrotada, e mais uma vez Palmerston se tornava o herói do momento. Simultaneamente, o próprio acaso parecia conspirar a seu favor. Sir Robert Peel sofreu uma queda de seu cavalo e morreu. Neste trágico episódio, Palmerston viu seu único rival forte o suficiente para ameaçá-lo fora de seu caminho. Ele julgou – e julgou corretamente – que era o homem mais popular na Inglaterra, e quando lorde John mencionou o projeto de ele trocar a Secretaria do Exterior por algum outro posto no gabinete, ele recusou-se peremptoriamente.[245]

---

[244] "Letters", II, 235-7.

[245] Ibid., II, 261-4.

Grande foi a frustração de Albert; grande foi a indignação de Vitória. "A Câmara dos Comuns", escreveu ela, "está se tornando problemática, difícil de manejar e fértil em aborrecimentos."[246] O príncipe, percebendo que Palmerston estava mais firme do que nunca, decidiu que alguma coisa drástica precisava ser feita. Cinco meses antes, o precavido barão redigira um memorando para um caso de emergência, que tinha sido assinado e cuidadosamente guardado num escaninho para o momento necessário. A emergência tinha surgido, e o memorando precisava ser usado. A rainha copiou as palavras de Stockmar e as enviou ao primeiro-ministro, solicitando que mostrasse sua carta a Palmerston. "A rainha julga correto," escreveu ela,

> para prevenir qualquer equívoco futuro, explicar brevemente o que espera de seu secretário do Exterior. Ela exige: (1) Que ele relate detalhadamente o que propõe em cada caso, para que a rainha possa saber, também detalhadamente, a *que* ela está dando sanção real; (2) Uma vez que tenha sancionado uma medida, que ela não seja arbitrariamente alterada ou modificada pelo ministro; ela considerará um ato assim uma falta de lealdade em relação à coroa, que deverá ser punida pelo exercício de seu direito constitucional de dispensar o ministro.[247]

Lorde John Russell atendeu à rainha, entregando a carta a lorde Palmerston. Esta transação, que foi de grave significado constitucional, permaneceu inteiramente ignorada pelo mundo exterior.

---

[246]Ibid., II, 253.

[247]"Letters", II, 238 e 264.

Se Palmerston fosse um homem sensível, provavelmente teria se demitido ao receber a missiva da rainha. Mas ele estava longe de ser sensível; ele amava o poder, e o seu poder era maior do que nunca; um instinto certeiro lhe dizia que aquela não era a hora de sair. Todavia, Palmerston ficou seriamente perturbado. Ele finalmente entendeu que estava lutando contra um adversário formidável, cuja habilidade e força, a menos que fossem apaziguadas, poderiam causar danos irreparáveis à sua carreira. Ele então escreveu a lorde John, concordando brevemente com as solicitações da rainha – "Tirei uma cópia deste memorando da rainha e não deixarei de cumprir as determinações que ele contém" e, ao mesmo tempo, pediu uma audiência com o príncipe. Albert imediatamente o convocou ao palácio e ficou perplexo ao notar, como escreveu num memorando, que quando Palmerston entrou na sala "ele estava muito agitado, nervoso e com lágrimas nos olhos, a ponto de quase me comover, já que nunca tinha visto, fossem quais fossem as circunstâncias, nada além de um sorriso afável em seu rosto." O velho estadista foi pródigo em pedidos de desculpas; o jovem príncipe foi polido e frio. Finalmente, depois de uma conversa longa e inconclusiva, o príncipe, levantando-se, declarou que, "para dar a Palmerston um exemplo do que a rainha queria", lhe "faria uma pergunta sem rodeios". Lorde Palmerston guardou um silêncio respeitoso, enquanto o príncipe prosseguiu:

> Você está ciente de que a rainha fez objeções ao protocolo sobre Schleswig, e das bases destas objeções. A opinião dela foi ignorada, pois o protocolo que afirma o desejo das grandes potências de ver a monarquia dinamarquesa preservada foi assinado, após o que o rei da Dinamarca invadiu Schleswig, onde a guerra é acirrada. Se Holstein também for atacada, o que é provável, não será possível impedir os alemães de correrem

> para salvá-la, e a Rússia já ameaçou uma intervenção armada se os Schleswigers tiverem êxito. O que você fará, se esta emergência ocorrer (provocando, muito provavelmente, uma guerra européia), e é provável que ela ocorra quando estivermos em Balmoral, e lorde John em alguma parte da Escócia? A rainha espera que você tenha previsto e contemplado essa possibilidade, e solicita uma resposta categórica em relação ao que você faria na hipótese sugerida.

Bastante estranhamente, o secretário do Exterior não foi capaz de responder a esta pergunta franca. A questão, disse ele, era extremamente complicada, e as contingências mencionadas por Sua Alteza Real eram muito improváveis de acontecer. O príncipe insistiu; mas foi inútil; durante uma hora inteira ele lutou para extrair uma resposta categórica, até que, finalmente, Palmerston fez uma mesura e saiu da sala. Albert levantou as mãos, perplexo: o que se podia fazer com um homem assim?[248]

O que, de fato? Pois, apesar de todos os seus pedidos de desculpa e promessas, poucas semanas depois o incorrigível ministro voltava às suas artimanhas. O general austríaco Haynau, notório por ter reprimido com rigor a rebelião na Hungria e na Itália e, na intimidade, por espancar mulheres, veio à Inglaterra determinado a visitar a cervejaria dos Srs. Barclay e Perkins. Os traços do "general Hiena", como ele era chamado em toda parte – por causa de seu rosto duro e fino, e de seu enorme bigode grisalho – tinham ganho uma celebridade terrível; e, por acaso, entre os empregados da cervejaria havia um refugiado de Viena, que já tinha feito aos seus colegas um relatório de primeira mão sobre as características do general. O embaixador austríaco, pressentindo o perigo, pediu

[248]Martin, II, 307-10.

ao amigo que não aparecesse em público ou, se o fizesse, que antes raspasse o bigode. Mas o general não seguiu o conselho. Ele foi à cervejaria, foi imediatamente reconhecido, cercado por uma multidão furiosa de carregadores, empurrado, insultado, esmurrado nas costelas e puxado pelo bigode até que, atirado na sarjeta com uma turba em seus calcanhares, empunhando vassouras e gritando "Hiena!", ele conseguiu se refugiar num café, do qual só saiu sob a proteção de diversos policiais. O governo austríaco ficou irado e exigiu explicações. Palmerston, que, naturalmente, tinha-se deliciado com o incidente, respondeu lamentando o que tinha acontecido, mas acrescentando que, em sua opinião, o general tinha "demonstrado uma falta de tato vindo à Inglaterra no presente momento"; e ele entregou esta nota ao embaixador sem tê-la submetido previamente à rainha ou ao primeiro-ministro. Naturalmente, quando isso foi descoberto, houve uma verdadeira tempestade. O príncipe estava especialmente indignado; ele considerou o comportamento dos carregadores, com desgosto e alarme, uma "ligeira amostra do que uma massa descontrolada de pessoas iletradas é capaz"; e Palmerston recebeu de lorde John a ordem de retratar-se, substituindo a primeira nota por outra, que omitia toda e qualquer censura ao general. Aqui o secretário do Exterior ameaçou pedir demissão, mas o primeiro-ministro foi firme. Por um momento, as esperanças reais se fortaleceram, apenas para ser novamente frustradas pela cruel aquiescência do inimigo. Palmerston, subitamente manso, concordou com tudo; a nota foi retirada e alterada, e a paz foi preservada mais uma vez.[249]

Isso durou um ano, e, então, em outubro de 1856, a chegada de Kossuth à Inglaterra provocou outra crise. O desejo de Palmerston de hospedar o patriota húngaro em sua casa em Londres foi vetado por lorde John; mais uma vez houve um

[249]"Letters", II, 267-70; Martin, II, 324-7; Ashley, II, 169-70.

combate agudo; mais uma vez Palmerston, depois de ameaçar se demitir, acabou cedendo. Mas, mesmo assim, aquele homem insubordinado não conseguia ficar quieto. Poucas semanas depois, uma delegação de radicais de Finsbury e Islington esperou por ele na sede do ministério e lhe entregou um documento no qual os imperadores da Áustria e da Rússia eram estigmatizados como "assassinos odiosos e detestáveis" e "tiranos e déspotas impiedosos". Em sua resposta, o secretário do Exterior, embora desaprovando levemente estas expressões, deixou seus sentimentos verdadeiros transparecerem com uma *unsouciance* nada diplomática. Houve um escândalo imediato, e a corte se agitou com ódio e vituperações. "Acredito", disse o barão, "que o homem perdeu o equilíbrio." Vitória, numa carta inquieta, exigiu que lorde John fizesse valer a sua autoridade. Mas lorde John percebeu que, naquele assunto, o secretário do Exterior tinha o apoio da opinião pública, e ele julgou mais prudente esperar a hora certa para agir.[250]

Albert não precisou esperar muito. A culminância da longa série de conflitos, ameaças e exacerbações chegou antes do final do ano. No dia 2 de dezembro, aconteceu em Paris o *coup d'état*, golpe de estado, de Luís Napoleão; e no dia seguinte Palmerston, sem consultar ninguém, expressou numa audiência com o embaixador francês o seu apoio ao ato de Napoleão. Dois dias depois, ele foi informado pelo primeiro-ministro, de acordo com uma carta da rainha, de que a política do governo inglês era manter uma atitude de estrita neutralidade em relação aos acontecimentos na França. Contudo, num despacho oficial ao embaixador britânico em Paris, ele repetiu sua aprovação ao *coup d'état*, que já tinha manifestado verbalmente ao embaixador francês em Londres. Este despacho não foi submetido nem à rainha nem ao primeiro-ministro. A paciência de

[250] "Letters", II, 324-31; Martin, II, 406-11; Spencer Walpole, II, 133-7; Stockmar, 642; Greville, VI, 421-4.

lorde John, como ele próprio disse, "fora sugada até a última gota." Ele então demitiu lorde Palmerston.[251]

Vitória estava em êxtase; e Albert sabia que o mérito do triunfo era mais dele que de lorde John. Era seu desejo que lorde Granville, um jovem que ele julgava ser dócil à sua influência, fosse o sucessor de Palmerston; e lorde Granville foi indicado. Dali em diante, parecia que o príncipe tomaria o controle dos assuntos exteriores. Após anos de conflitos e mortificações, o sucesso lhe caía nas mãos. Em sua família, ele era o senhor adorado; no país, a Grande Exposição lhe tinha trazido respeito e glória; e agora, nos bastidores do poder, ele tinha conquistado uma nova supremacia. Ele tinha lutado com o terrível lorde Palmerston, a encarnação daquilo que havia de mais hostil contra ele no espírito da Inglaterra, e tinha derrotado seu poderoso oponente.[252] A própria Inglaterra estava a seus pés! Parecia ser assim, e no entanto... Costuma-se dizer que os filhos da Inglaterra têm uma característica fatigante; eles nunca sabem quando são derrotados. Era estranho, mas Palmerston ainda se mostrava arrogante. Como seria possível? Poderia ele acreditar, em sua presunção cega, que até a sua ignominiosa demissão do gabinete era algo que poderia ser posto de lado?

III

O triunfo do príncipe teve vida curta. Poucas semanas depois, devido à influência de Palmerston, o governo foi derrotado na Câmara, e lorde John renunciou. Então, após um breve intervalo, uma coalizão entre os Whigs e os seguidores de Peel subiu ao poder, sob a liderança de lorde Aberdeen. Mais uma vez, Palmerston voltava ao gabinete. É verdade que ele não voltou como secretário do Exterior; isso já era um aspecto positivo; no

[251]"Letters", II, 334-43; Martin, II, 411-18; Ashley, II, 200-12; Walpole, II, 138-42; Clarendon, I, 338.
[252]Ernest, III, 14.

Ministério da Habitação, podia-se esperar que as suas atividades seriam menos perigosas e desagradáveis. Mas o secretário do Exterior não era mais o complacente Granville; e o príncipe sabia que lorde Clarendon era um ministro com quem teria que negociar, pois, ainda que fosse discreto e polido, era um homem de opiniões próprias.

Essas mudanças, porém, eram apenas as preliminares de um movimento muito mais sério. Em todas as partes, os acontecimentos caminhavam para uma catástrofe. Subitamente, a nação se via sobre a sombra terrível da guerra iminente. Durante muitos meses, em meio aos mistérios cambiantes da diplomacia e às agitações perplexas da política, a questão se tornou ainda mais sombria e incerta, enquanto a paciência nacional estava prestes a chegar ao fim. No ápice da crise das longas e ameaçadoras negociações, foi anunciada a renúncia de lorde Palmerston. Então, a fúria reprimida do povo irrompeu. Eles sentiam que, na terrível complexidade dos acontecimentos, estavam sendo guiados por conselhos fracos e incertos; e eles achavam consolo em saber que no centro do poder estava um homem com força, coragem e determinação, em quem podiam depositar sua confiança. Eles agora eram informados que aquele homem não estava mais entre seus líderes. Por quê? Na sua raiva, ansiedade e esgotamento nervoso, eles buscaram desesperadamente alguma explicação secreta e terrível para o que tinha acontecido. Suspeitavam de conspirações, sentiam o cheiro de traição no ar. Era fácil adivinhar para onde seria canalizado aquele frenesi. Não era um estrangeiro que estava ocupando o mais elevado dos postos, um estrangeiro cuja hostilidade ao seu adorado defensor era implacável e evidente? No momento em que foi divulgada a renúncia de Palmerston, houve um clamor universal; e uma extraordinária tempestade de raiva e ódio irrompeu, com uma violência sem paralelos, sobre a cabeça do príncipe.

Em toda parte se afirmava e se acreditava que o marido da rainha era um traidor do país, que ele era um joguete nas mãos da corte russa, que em obediência às influências russas ele tinha forçado Palmerston a sair do governo, e que ele estava dirigindo a política externa da Inglaterra atendendo aos interesses dos inimigos do país. Durante várias semanas essas acusações encheram os jornais; elas eram repetidas em comícios, aprimoradas em conversas privadas, atravessavam as fronteiras do país, cresciam a cada momento de maneira inesperada. Enquanto jornais respeitáveis bradavam invectivas ameaçadoras, uma torrente de injúrias era apregoada nas ruas de Londres através de panfletos, que refletiam, com agressiva vulgaridade, os mesmos sentimentos e as mesmas suspeitas.[253] Por fim, rumores mais violentos começaram a se espalhar.

---

253 "Perto e distante, a guerra da Turquia
Foi para tudo e para todos uma praga
E de Albertzinho, o camarada real
Dizem que virou russo;
O Velho Aberdeen, como se pode ver,
Tem a face pálida e amarela
E até John Bull tem a barriga cheia
Da suja gordura da Rússia.
Coro

Nós o mandaremos para casa e o faremos gemer
Oh, Al! Você já passou dos limites
O rapaz alemão agiu tristemente
E nos virou as costas com os russos

Na segunda-feira passada, que horror,
Al caiu da cama
O jovem alemão gritava enlouquecido
E como ele resmungava e chorava!
Ele gritou para Vic:
Já peguei minha bengala,
Para a Rússia vou levá-la.
E então dizem que Vic saltou da cama
e bateu nele sem demora com sua touca de dormir"

De "Lovely Albert!" ["Adorável Albert!"], um panfleto preservado no British Museum; Martin, II, 539-41; Greville, VII, 127-9.

Em janeiro de 1854, comentava-se que o príncipe tinha sido preso e condenado por alta traição, e que ele estava encarcerado na Torre. A própria rainha, declaravam alguns, tinha sido detida, e enormes massas chegaram a se aglomerar em volta da Torre para assistir ao encarceramento dos soberanos infiéis.[254]

Essas fantásticas alucinações eram o resultado da atmosfera febril de uma guerra iminente. O motivo da renúncia de Palmerston, na verdade, permanece obscuro, e é possível que ela tenha decorrido simplesmente da contínua hostilidade da corte.[255] Mas a suposição de que a influência de Albert tinha sido posta a serviço dos interesses da Rússia era desprovida de qualquer fundamento real. Como acontece com frequência em casos assim, o governo avançava e retrocedia, oscilando entre duas políticas incompatíveis – a da não interferência e a das ameaças baseadas na força. Cada uma delas, se fosse adotada de forma coerente, poderia ter sido bem-sucedida em alcançar a paz, mas, misturadas, só poderiam levar à guerra. Albert, com seus escrúpulos característicos, tentou abrir caminho em meio ao complicado labirinto da diplomacia europeia, até finalmente se perder. Mas todo o gabinete estava igualmente perdido; e, quando veio a guerra, os seus sentimentos antirrussos eram tão veementes quanto aqueles dos mais belicosos ingleses.

---

[254]Martin, II, 540, 562.

> "Turcos alegres, agora vão trabalhar
> E mostrem ao Urso o deu poderio
> Corre o boato, na ilha Britânica,
> De que A... está na Torre;
> Os carteiros suspeitaram
> E abriram duas cartas,
> "Foi pena que o rapaz alemão
> não se tenha saído melhor"
> "Lovely Albert!"

[255]Kinglake, II, 27-32.

Mas, se as acusações mais graves levantadas contra o príncipe certamente não tinham fundamento, havia elementos secundários na situação que explicavam, ou mesmo justificavam, o estado de espírito do povo. Era verdade que o marido da rainha era um estrangeiro, que tinha sido criado numa corte estrangeira, que tinha sido impregnado de ideias estrangeiras e que se relacionava intimamente com diversos príncipes estrangeiros. Este era claramente um estado de coisas indesejável, embora talvez fosse inevitável; mas as objeções a isso não eram puramente teóricas; na verdade, elas produziram consequências sérias e desagradáveis. As inclinações germânicas do príncipe foram perpetuamente criticadas pelos ministros ingleses; lorde Palmerston, lorde Clarendon, lorde Aberdeen,[256] todos tinham o mesmo discurso; e era constantemente necessário, em graves questões da política nacional, combater as tendências de uma corte na qual as opiniões e os sentimentos alemães ocupavam um espaço desproporcional. Quanto a Palmerston, ele nunca refreou a sua linguagem ao tratar deste assunto. No auge da contrariedade em relação à sua demissão, ele declarou em toda parte, para quem quisesse ouvir, que tinha sido vítima de uma intriga estrangeira.[257] Mais tarde Palmerston suavizou o tom da acusação; mas o simples fato de que uma sugestão assim pudesse ser feita gratuitamente mostrou a que ponto chegavam as consequências infelizes do local de nascimento e criação de Albert.

Mas isso não era tudo. Uma questão constitucional da mais profunda importância foi suscitada pela posição do príncipe

[256]Aberdeen falava muito da rainha e do príncipe, naturalmente com grandes elogios. Afirmava que as opiniões do príncipe eram geralmente sólidas e sensatas, com uma única exceção: o que se referia ao seu violento e incorrigível unionismo alemão. Ele se atira com ansiedade para o lado da Prússia." - Greville, VI, 305.

[257]Ashley, II, 218.

na Inglaterra. Sua presença dava uma nova proeminência a um velho problema – a definição precisa das funções e dos poderes da coroa. Na verdade, ele tinha assumido esses poderes e funções; mas que tipo de uso estava fazendo deles? Suas opiniões quanto ao papel da coroa na Constituição são facilmente verificáveis; pois eram as mesmas de Stockmar; e nós dispomos de um balanço detalhado das opiniões de Stockmar sobre o assunto numa longa carta, endereçada por ele ao príncipe na época dessa mesma crise, pouco antes da eclosão da Guerra da Crimeia. A Monarquia Constitucional, de acordo com o barão, tinha sofrido um eclipse desde a aprovação do ato da Reforma. Ela estava agora "constantemente em perigo de se tornar um puro governo ministerial". A velha casta dos Tóris, que "tinham um interesse direto em preservar as prerrogativas da coroa", tinha morrido; e os Whigs "eram republicanos, em parte conscientemente, em parte inconscientemente, que mantinham com o trono a mesma relação que o lobo tem com a ovelha." Havia uma regra de que era inconstitucional introduzir "o nome e a pessoa do Soberano irresponsável" nos debates parlamentares sobre questões constitucionais; isso era "uma ficção constitucional, que, embora sem dúvida de longa duração, era carregada de perigo"; e o barão avisou ao príncipe que

> se a coroa inglesa permitir que um ministro Whig coloque esta regra em prática, sem exceção, você não deve se surpreender se em pouco tempo a maior parte da população passar a pensar que o rei, aos olhos da lei, não passa de uma figura de mandarim, que só deve balançar sua cabeça, em sinal de assentimento ou reprovação, segundo os desejos dos ministros.

Para evitar que isso acontecesse era de extrema importância, disse o barão, "não desperdiçar nenhuma oportunidade de defender a posição legítima da coroa. E isso não é difícil", acrescentou ele, "pois nenhum ministro ficaria constrangido por respeitar personagens tão leais e honestos quanto a rainha e o príncipe." Na sua opinião, a mais básica afirmação das prerrogativas reais deveria incluir "o direito, por parte do rei, de ser o presidente permanente do Conselho Ministerial". O soberano deveria estar na situação de "*premier* permanente, hierarquicamente acima do líder temporário do gabinete, e em questões disciplinares ele deve exercer suprema autoridade." O soberano

> deve mesmo participar da iniciação e da maturação das medidas do governo; pois seria irracional esperar que um rei, ele próprio tão hábil, empenhado e patriota quanto o melhor de seus ministros, fosse impedido de fazer uso dessas qualidades nas deliberações do seu conselho.

"O exercício judicioso deste direito", concluía o barão,

> que certamente requer um caráter elevado, seria não somente a melhor garantia da monarquia constitucional, como também promoveria um aumento de seu poder, estabilidade e organização, a um ponto nunca antes atingido.[258]

Pode-se dizer que esta é uma leitura possível da Constituição, mas na verdade é difícil entender como ela pode ser compatível com a doutrina fundamental da responsabilidade ministerial. William III comandou o seu conselho, e ele foi um monarca constitucional; e parece que Stockmar tinha em mente uma concepção da coroa na qual esta teria um papel na

[258]Martin, II, 545-57.

Constituição análogo àquele da época de William III. Mas é claro que essa teoria, que investiria a coroa de um poder maior do que o que ela possuía sob o reinado de George III, ia de encontro a todo o desenvolvimento da vida pública inglesa desde a Revolução; e o fato de que ela fosse proposta por Stockmar, e instilada por ele em Albert, era de suma importância. Pois havia bons motivos para crer que Albert não estava defendendo essas teorias apenas de um ponto de vista teórico; ele estava fazendo uma tentativa forte e deliberada de dar a elas validade prática. A história da disputa entre a coroa e Palmerston deu provas alarmantes de que este era o caso. A disputa atingiu seu auge quando, num memorando de Stockmar, de 1850, a rainha afirmava o seu "direito constitucional" de demitir o secretário do Exterior se ele alterasse um despacho que tivesse sido sancionado por ela. O memorando, de fato, era uma firme declaração de que a coroa pretendia agir independentemente do primeiro-ministro. Lorde John Russell, muito ansioso para se fortalecer contra Palmerston, aceitou o memorando e portanto apoiou implicitamente a reivindicação da coroa. Mais que isso; depois da demissão de Palmerston, entre os motivos que lorde John usou para justificar aquela demissão na Câmara dos Comuns, o memorando de 1850 ocupava um lugar proeminente. Ficou evidente que o desagrado da soberana deveria ser razão suficiente para a remoção de um ministro poderoso e popular. De fato, parecia que, sob a orientação de Stockmar e Albert, a "monarquia constitucional" iria verdadeiramente alcançar "um novo patamar de poder, estabilidade e organização, a um ponto nunca visto".

Mas este novo desenvolvimento na posição da coroa, já bastante grave, se tornava ainda mais inquietante pelas circunstâncias peculiares que o cercaram. Pois as funções da coroa agora eram, com efeito, exercidas por uma pessoa desconhecida pela Constituição e que exercia sobre a soberana uma influência ambígua e ilimitada. O fato desta pessoa ser o marido da soberana explicava a sua influência e até a tornava inevitável, de forma alguma diminuía a sua grave significação. Uma figura ambígua e prepotente tinha vindo perturbar o equilíbrio da Constituição inglesa, que era antigo, sutil e ciosamente preservado. Este tinha sido o resultado inesperado da tímida e hesitante iniciação de Albert na vida política. E ele próprio não fazia nenhuma tentativa para minimizar a multiplicidade ou a importância das funções que desempenhava. Albert considerava seu dever, disse ele ao duque de Wellington em 1850,

> integrar *sua própria existência individual* àquela de sua esposa (...) – assumindo as mesmas responsabilidades diante do público, colocando a sua posição a serviço da dela – preencher todos os espaços que ela, como mulher, naturalmente deixava vagos no exercício de suas régias funções – cuidar ansiosa e continuamente de cada detalhe dos negócios públicos, para ser capaz de dar conselhos e assisti-la a qualquer momento, sobre qualquer das multifacetadas e difíceis questões ou tarefas apresentadas a ela, às vezes internacionais, às vezes políticas, ou sociais, ou pessoais. Como líder natural da família, superintendente de seu lar, administrador de seus assuntos privados, único conselheiro *confidencial* em política e único assistente em seus contatos com os funcionários do governo, ele era, ainda por cima, marido da rainha, tutor das crianças reais, secretário privado da soberana e seu ministro permanente.[259]

O pupilo de Stockmar certamente tinha aprendido muito e tinha ido longe. O pupilo de Stockmar! – precisamente; doloro-

[259]Martin, II, 259-60.

samente ciente da predominância de Albert, o público também descobrira, de forma desagradável, que o senhor de Vitória tinha o seu próprio senhor. Do meio das sombras apareceu o barão. Outro estrangeiro! Decididamente, havia elementos na situação mais do que suficientes para justificar o pânico popular. Um barão estrangeiro controlava um príncipe estrangeiro, e o príncipe estrangeiro controlava a coroa da Inglaterra. E a própria coroa agia de forma furtiva e ameaçadora; e quando, saindo das sombras, o barão e o príncipe franziram o cenho, um grande ministro, amado pelo povo, tinha caído. Onde tudo isso iria terminar?

Poucas semanas depois, Palmerston voltou atrás em seu pedido de renúncia, e o frenesi público cedeu tão rapidamente quanto tinha começado. Quando o Parlamento se reuniu, os líderes dos dois partidos, nas duas Câmaras, fizeram discursos favoráveis ao príncipe, exaltando a sua incontestável lealdade ao país e defendendo o seu direito de aconselhar a soberana em todas as questões de Estado. Vitória ficou encantada. "A situação de meu amado lorde e senhor", disse ela ao barão, "foi definida *de uma vez por todas*, e os seus méritos foram devidamente reconhecidos de todos os lados. Havia uma imensa quantidade de gente reunida quando fomos à Câmara dos Lordes, e o povo era muito acolhedor."[260] Imediatamente depois, o país finalmente entrou na Guerra da Crimeia. No conflito que se seguiu, o patriotismo de Albert foi afirmado acima de qualquer dúvida, e animosidades do passado foram esquecidas. Mas a guerra teve outra consequência, menos agradável para o casal real: ela coroou a ambição de lorde Palmerston. Em 1855, o homem que cinco anos antes tinha sido chamado por lorde John Russell de "velho demais para fazer qualquer

[260]Martin, II, 563-4.

coisa no futuro" se tornou novamente primeiro-ministro da Inglaterra, e, com um único e breve intervalo, permaneceu neste cargo por mais dez anos.

6
Últimos anos do príncipe consorte

I

O jovem pusilânime que não se interessava por política e nunca lia um jornal tinha se transformado num homem determinado e inflexível, cujas energias incansáveis se concentravam incessantemente nos laboriosos assuntos do governo e nas altas questões de Estado. Albert ficava ocupado da manhã até a noite. No inverno, antes de o dia clarear, ele costumava ser visto, sentado a sua escrivaninha, trabalhando à luz verde da lâmpada de leitura que trouxera da Alemanha, e cujo funcionamento ele tinha aperfeiçoado de forma engenhosa. Vitória também acordava cedo, mas não tão cedo quanto Albert; e quando, na fria escuridão, ela se sentava à sua própria escrivaninha, ao lado da dele, ela invariavelmente encontrava sobre a mesa uma pilha ordenada de documentos que aguardavam a sua inspeção e a sua assinatura.[261] Começando assim, o dia continuava num ritmo de trabalho infatigável. No café da manhã, os jornais – que no passado ele odiara tanto – eram trazidos, e o príncipe, absorvido em sua leitura cuidadosa, não atendia ninguém, ou, se um artigo o impressionava, ele o lia em voz alta. Depois disso, havia audiências com ministros

[261] Martin, II, 161.

e secretários; uma vasta correspondência precisava ser posta em dia; e diversos memorandos deviam ser redigidos. Vitória, entesourando cada palavra, guardando cada carta, era toda atenção incansável e obediência servil. Às vezes, Albert pedia o seu conselho. Ele a consultava sobre o seu inglês: *"Lese recht aufmerksam, und sage wenn irgend ein Fehler ist"*,[262] dizia ele; ou, quando entregava a ela um documento para ser assinado, observava: *"Ich Hab' Dir hier ein Draft gemacht, lese es mal! Ich dächte es wäre recht so."*[263] Assim passavam as horas, de forma diligente, escrupulosa e absorvente. Os momentos de recreação e exercício eram cada vez menos frequentes. As exigências da sociedade foram reduzidas ao limite mais estreito, e mesmo assim só eram atendidas de má vontade. Já não era mais por prazer, e sim por firme necessidade, que eles se deitavam tão cedo quanto possível, para começarem a trabalhar bem cedo na manhã seguinte.[264]

Os importantes e exigentes negócios do governo, que se tornaram por fim a preocupação principal da mente de Albert, não chegavam a comprometer seus antigos gostos e interesses; ele continuou se dedicando à arte, à ciência e à filosofia; e diversas atividades paralelas mostravam como as exigências faziam crescer suas energias. Pois sempre que o dever chamava, o príncipe estava totalmente alerta. Com perseverança incansável, ele inaugurava museus, lançava pedras fundamentais de hospitais, fazia discursos na Academia Real de Agricultura e frequentava reuniões da Associação Britânica.[265] Albert se interessava particularmente pela Galeria Nacional; ele elaborou regras detalhadas para a ordenação dos quadros de acordo com as escolas; e tentou – embora este esforço tenha sido em vão –

---

[262]"Leia isso com cuidado, e me diga se há algum erro."

[263]"Eis aqui um esboço que fiz para você. Leia-o. Acho que ficou bom assim."

[264]Martin, , V, 273-5.

[265]Ibid., II, 379.

transportar toda a coleção para South Kensington.[266] Feodora, agora princesa Hohenlohe, depois de uma visita à Inglaterra, expressou, numa carta a Vitória, a sua admiração por Albert, tanto por sua figura pública quanto por seu caráter. E ela não se baseava apenas na própria opinião. "Devo lembrar", disse ela,

> algo que o Sr. Klumpp me escreveu há algum tempo, e que é bastante verdadeiro – "O príncipe Albert é um dos poucos personagens reais capazes de sacrificar por um princípio (desde que este seja um princípio bom e nobre) todos aqueles conceitos (ou sentimentos) que as outras pessoas, devido à própria estreiteza de espírito ou aos preconceitos de sua classe social, se mostram sempre inclinadas a se apegar."

"Há algo de verdadeiramente religioso nisso", a princesa acrescentou, "e também de humano e justo, que representa um consolo para os meus sentimentos, tão frequentemente agredidos por aquilo que vejo e ouço."[267]

Vitória, do fundo de seu coração, concordou com todos os panegíricos de Feodora e do Dr. Klumpp. Ela apenas achava que eles eram insuficientes. Quando fitava seu amado Albert, depois de lidar com documentos de Estado e funções públicas, dedicar cada momento de seu tempo restante aos afazeres domésticos, à apreciação artística e ao aprimoramento intelectual; quando ouvia seus ditos espirituosos à mesa do almoço, ou tocando Mendelssohn no órgão, ou apontando os méritos das pinturas de Sir Edward Landseer; quando o acompanhava enquanto ele dava instruções sobre a reprodução do gado, ou decidia que os Gainsborough deviam ocu-

---

[266]Ibid., IV, 14-15, 60.

[267]Martin, II, 479.

par um lugar mais alto nas paredes do palácio, para que os Winterhalter pudessem ser vistos adequadamente – Vitória ficava perfeitamente segura de que nenhuma outra esposa jamais tivera marido igual. Sua mente, aparentemente, era capaz de qualquer coisa, e ela mal chegou a ficar surpresa quando soube que Albert tinha feito uma importante descoberta sobre o melhor aproveitamento do adubo na agricultura, utilizando águas servidas. A filtragem feita de baixo para cima, utilizando o método adequado, retendo as partículas sólidas e liberando a água para a irrigação, era o princípio do sistema. "Todos os planos anteriores", disse Albert, "teriam custado milhões; o meu não custa praticamente nada." Infelizmente, devido a um pequeno erro de cálculo, o invento mostrou ser inviável; mas a inteligência de Albert era inquestionável, e ele passou ao projeto seguinte, com seu ardor costumeiro: um estudo aprofundado dos rudimentos da litografia.[268]

Mas era sobre seus filhos que se concentravam as atenções de Albert e Vitória. Os quartos das crianças reais não davam sinais de que iriam ficar vazios. Ao nascimento do príncipe Arthur, em 1850, seguiu-se, três anos depois, o do príncipe Leopold, e, em 1857, o da princesa Beatrice. Uma família de nove deve ser, sempre, uma grande responsabilidade; e o príncipe sabia perfeitamente como os elevados destinos de sua descendência exigiam especiais cuidados dos pais. Naturalmente, Albert tinha uma crença profunda na importância da educação; ele próprio tinha sido um produto disso; Stockmar tinha feito dele o que ele era; cabia a ele, agora, ser um Stockmar – ser ainda mais que um Stockmar – para as pequenas criaturas que ele tinha trazido ao mundo. Vitória ia ajudá-lo; para ela era difícil, sem dúvida, ser um Stockmar; mas ela seria perpetuamente vigilante, combinando afeição e rigor, e sempre

---

[268]Ibid., II, 251-2; Bloomfield, II, 110.

lhes daria um bom exemplo. É claro que todas essas considerações se aplicaram inicialmente à educação do príncipe de Gales. Como era importante o significado de cada partícula de influência que pudesse contribuir para a formação do futuro rei da Inglaterra! Albert se pôs a trabalhar com vontade. Mas cuidando, com Vitória, de cada detalhe da educação moral, intelectual e física de seus filhos, ele logo descobriu, perturbado, que havia algo de insatisfatório no desenvolvimento de seu filho mais velho. O príncipe real era uma criança extremamente inteligente; mas, embora Bertie fosse bem-humorado e gentil, ele parecia demonstrar grande repugnância a qualquer tipo de exercício intelectual. Isso era lamentável, mas o remédio era óbvio: os esforços paternos deveriam ser redobrados; a instrução devia ser intensificada; a pressão educacional sobre ele não deveria ser relaxada um só instante. Portanto, mais tutores foram selecionados, o currículo foi revisto, a agenda de estudos foi refeita, memorandos detalhados sobre qualquer contingência possível foram redigidos. O mais importante de tudo era eliminar a preguiça: "Trabalho", dizia o príncipe, "deve ser trabalho." E assim foi. O garoto cresceu em meio a uma roda incessante de paradigmas, exercícios sintáticos, datas, quadros genealógicos e mapas de acidentes geográficos. Bilhetes transitavam frequentemente entre o príncipe, a rainha e os tutores, com perguntas, relatórios e recomendações detalhadas; e todos esses bilhetes foram cuidadosamente preservados para referências futuras. Além disso, era vital que o herdeiro do trono fosse protegido de todas as formas de contaminação do mundo exterior. O príncipe de Gales não era como os outros meninos; ocasionalmente, ele podia convidar alguns filhos da nobreza, garotos de boa índole, para brincar com ele nos jardins do Palácio de Buckingham. Mas seu pai comandava, com rigor alarmante, suas atividades esportivas. Em resumo, todas as precauções possíveis foram tomadas, todo esforço concebível foi feito. Mesmo assim, curiosamente, o objeto de toda essa vigilância e solicitude continuava demonstrando resultados insatisfatórios - na verdade, ele parecia ter piorado ainda mais. Certamente, isso era muito estranho: quanto mais deveres tinha para fazer, menos Bertie os fazia; e quanto mais cuidadosamente ele era afastado de excitações e frivolidades, mais ele se mostrava ansioso por puro entretenimento. Albert estava profundamente magoado, e Vitória às vezes se mostrava irritada. Mas a mágoa e a irritação não produziam outros efeitos além de mais supervisão e novas agendas de estudo. O príncipe de Gales, apesar de tudo, tornou-se um homem sem demonstrar os mais leves sinais de "perseverança ou adesão a um plano de vida ou de estudos" - como afirma um dos memorandos reais - "que tivesse sido traçado com extraordinário empenho por seu pai".[269]

II

Para escapar das preocupações insidiosas da política, do tédio das atividades sociais e da publicidade pomposa das cerimônias de Estado, Osborne proporcionava um refúgio bem-vindo; mas logo ficou claro que mesmo Osborne não estava suficientemente afastado do mundo. No fim das contas, o Solent constituía uma barreira frágil. Oh, como era desejável um santuário distante e quase inacessível onde pudessem, numa verdadeira paz doméstica, tirar férias felizes, como se fossem pessoas comuns - ou, pelo menos, quase comuns! Desde que tinha, ao lado de Albert, visitado a Escócia nos primeiros anos do casamento, Vitória sentia que seu coração estava nas montanhas. Ela voltara lá alguns anos depois, e sua paixão crescera. Como as Terras Altas eram românticas! E como Albert as apreciava, também! Ele ficava maravilhosamente feliz tão

---

[269]D.N.B., Segundo Suplemento, verbete "Edward VII"; "Quarterly Review", CCXIII, 4-7, 16.

logo se encontrava em meio às coníferas e aos montes. "É uma felicidade vê-lo", escreveu Vitória. "Oh! O que pode se igualar às belezas da natureza!", exclamou ela em seu diário, durante uma de suas visitas. "Que prazer encontro nelas! Albert também gosta muito; aqui, ele fica em êxtase!" "Albert disse", anotou no dia seguinte, "que a maior beleza da paisagem das montanhas consiste nas suas mudanças constantes. Nós voltamos para casa às 18 horas." Então, eles fizeram uma expedição mais longa – diretamente ao topo de um alto morro.

> Foi muito romântico. Ali estávamos, sem ninguém além do montanhês que conduzia nossos pôneis (nós saímos duas vezes para passear e explorar as redondezas). (...) Voltamos para casa às 11h30 – foi o passeio mais agradável e romântico que já fiz na vida. Nunca estive antes numa montanha tão alta, e o dia estava muito bonito.

Os montanheses, por sua vez, eram um povo surpreendente. "Eles nunca criam problemas", observou Vitória. "São cordiais, felizes e divertidos, e estão sempre prontos a caminhar, a correr, a fazer qualquer coisa." Quanto a Albert, ele apreciava muitíssimo "suas boas maneiras, sua simplicidade e sua inteligência, que fazem da interação com eles algo tão agradável e até mesmo instrutivo". "Nós sempre tivemos o hábito", escreveu Sua Majestade, "de conversar com os montanheses – com quem é tão fácil travar contato nas Terras Altas." Ela adorava tudo o que dissesse respeito a eles – seus costumes, suas roupas, suas danças, até mesmo seus instrumentos musicais. "Havia 12 tocadores de gaita no castelo", escreveu ela depois de uma estada com lorde Breadalbane;

> às vezes somente um tocava, às vezes três. Eles sempre tocavam mais ou menos na hora do café da manhã, voltavam a tocar ainda pela manhã, na hora do almoço

e sempre que saíamos ou entrávamos; novamente antes do jantar, e durante a maior parte do jantar. Nós nos tornamos grandes admiradores das gaitas de fole.[270]

Era praticamente impossível não desejar voltar a esses prazeres outras vezes; e em 1848 a Rainha ocupou uma propriedade arrendada, Balmoral House, uma pequena residência perto de Braemar, na floresta de Aberdeenshire. Quatro anos mais tarde, ela comprou o lugar, pagando à vista. Agora Vitória podia se sentir verdadeiramente feliz, a cada verão; agora podia ficar à vontade e ser simples; agora, todas as tardes, se dedicaria romanticamente a Albert, sem uma única distração. A maquete da casa já era por si só um encanto. Nada era mais divertido que viver numa casa com duas ou três pequenas salas de estar, com as crianças reunidas no andar de cima, e com apenas um pequeno quarto para trabalhar e conceder audiências aos ministros. E ser livre para entrar e sair dos aposentos quando lhe desse vontade: desenhar, caminhar, observar um cervo se aproximar bastante dela, fazer visitas aos moradores dos chalés! E, ocasionalmente, viver algumas aventuras – por exemplo, passar uma noite ou duas em Bothie, em Altnagiuthasach – nada mais que um par de cabanas, "com uma varanda de madeira" – e apenas 11 pessoas nas imediações! E havia montanhas a serem escaladas e marcos de pedra a serem construídos num ritual solene.

Por fim, quando o marco, que teria, acredito, uns 2 metros, estava quase pronto, Albert subiu ao topo dele para fixar a pedra final; após o que, gritaram três vivas. Era uma visão alegre, bela e comovente; e eu quase tive vontade de chorar. A vista das montanhas também era tão linda; o dia tão claro, tudo tão *gemütlich*, aconchegante".[271]

---

[270]Leaves, 18, 33, 34, 36, 127-8, 132.

[271]Leaves, 73-4, 95-6; Greville, VI, 303-4.

E, ao anoitecer, havia danças com espadas e lutas de esgrima. Mas Albert tinha decidido derrubar aquela casa velha e pequena, para erguer em seu lugar um castelo que ele próprio projetara. Com grande cerimônia, de acordo com um memorando redigido pelo príncipe para a ocasião, a pedra fundamental do novo edifício foi lançada, e por volta de 1855 o lugar já era habitável.[272] Espaçoso, construído com granito no estilo escocês, com uma torre de 30 metros e diversas torrinhas e frontões, o castelo foi cuidadosamente projetado para dar vista para as mais belas paisagens das montanhas circundantes e do Rio Dee, próximo dali. Quanto à decoração do interior, Albert e Vitória dedicaram toda a atenção. As paredes e pisos eram de pinheiro. Em todos os aposentos se via *tartan*, o tecido xadrez típico do Balmoral, em vermelho e cinza, desenhado pelo príncipe; e outro, com uma listra branca, eram vistos em toda parte: desenhado pela rainha: nas cortinas, nas capas das poltronas, até mesmo nos linóleos. Aqui e ali se via o *tartan* real Stuart, já que Sua Majestade fazia questão de mostrar que era uma ardente jacobina. Aquarelas de Vitória estavam penduradas nas paredes, ao lado de diversos chifres de veados e da cabeça de um javali, que tinha sido caçado por Albert na Alemanha. Numa alcova do salão ficava uma estátua em tamanho real de Albert num costume montanhês.[273]

Vitória considerava aquilo a perfeição. "A cada ano", escreveu ela,

> o meu coração fica mais unido a este paraíso adorado, ainda mais agora, que *tudo* se tornou uma criação, um trabalho e um projeto de meu querido Albert; seu bom gosto e a marca de sua adorável mão estão impressos em toda parte.[274]

---

[272]Leaves, 99-100.

[273]"Private life", 209-11; "Quarterly Review", CXCIII, 335.

[274]Leaves, 103, 111.

Foi ali, de fato, que Vitória passou seus dias mais felizes. Anos depois, quando ela olhava para o passado, parecia irradiar uma glória celestial e sagrada daquelas horas douradas. Cada momento abençoado ganhava um significado claro, belo e eterno. Pois, naquele período, cada experiência vivida ali, séria, trivial, ou sentimental, ficou marcada nela com peculiar nitidez, como um lampejo de luzes maravilhosas. As caçadas de Albert; um passeio vespertino, quando ela costumava errar o caminho; Vicky* sentando-se sobre um ninho de vespas; a luz bruxuleante de uma tocha; essas coisas, e 10 mil outras como elas, que se imprimiam de forma intensa no seu espírito ansioso! E Vitória se apressava a anotar em seu diário estas impressões! A notícia da morte do duque! Que momento! – quando, ao se sentar para desenhar depois de um piquenique, perto de um mar e diante de um morro silencioso, a carta de lorde Derby lhe foi entregue, e ela soube que "aquele motivo de orgulho da *Inglaterra*, ou melhor, da *Grã-Bretanha*, aquele herói glorioso, o maior homem que a nação jamais produzira, já não respirava!" Pois tais foram as suas reflexões sobre o "velho rebelde" de tempos idos. Mas aquele passado tinha sido totalmente apagado – nem a mais leve lembrança dele sobreviveu. Durante anos ela tinha visto o duque como uma figura quase sobre-humana. Ele não tinha apoiado o bondoso Sir Robert? Ele não tinha pedido a Albert para sucedê-lo como comandante em chefe? E que momento de orgulho tinha sido aquele em que ele concedera uma bolsa a seu filho Arthur, que tinha nascido no dia em que ele completava 81 anos! Assim, ela encheu toda uma página de seu diário com lamentações e elogios.

---

*Victoria, princesa do Reino Unido, filha mais velha da Rainha Vitória. (*N. do E.*)

Sua posição foi a mais elevada que um homem já alcançou; acima dos partidos, ele consultava a todos e era reverenciado por toda a nação. Foi um verdadeiro amigo da soberana (...) A coroa nunca teve – e receio que *nunca terá* – um defensor tão *dedicado*, leal, sincero e confiável! Para *nós*, a sua perda é *irreparável* (...) A Albert ele sempre demonstrou um carinho e uma confiança extremos... Nem um só olho ficará sem lágrimas em todo o país.[275]

Estes eram pensamentos curiosos; mas logo eles foram sucedidos por outros, igualmente comoventes – motivados por acontecimentos também difíceis de esquecer – pelo sermão do Sr. Macleod sobre Nicodemus; as saias de flanela vermelha presenteadas à Sra. Farquharson e à velha Kitty Kear.[276]

Mas, certamente, os mais memoráveis e agradáveis de todos os eventos foram as expedições – as raras e excitantes expedições a altas montanhas, atravessando largos rios, percorrendo estranhas campinas, que duravam vários dias. Com apenas dois guias – Grant e Brown – como criados, e ocultando-se sob nomes falsos... Aquilo parecia mais uma história do que a vida real.

Nós decidimos nos chamar lorde *e* lady *Churchill e amigos* – lady Churchill passando-se por *Srta. Spencer* e o general Grey por *Dr. Grey!* Uma vez Brown se esqueceu disso e me chamou de "Sua Majestade" quando eu estava entrando na carruagem, e Grant por sua vez chamou Albert de "Sua Alteza Real", o que nos fez rir muitíssimo, mas ninguém reparou.

---

[275]Leaves, 92-4.

[276]Ibid., 102, 113-114.

Fortes, vigorosos, entusiasmados e, aparentemente, trazendo consigo boa sorte, os montanheses declararam que Vitória tinha um "pé quente". E ela apreciava tudo: as escaladas, as paisagens, os contratempos, as rudes estalagens de tarifas baratas, Brown e Grant esperando à mesa. Vitória poderia continuar assim para sempre, absolutamente feliz com Albert a seu lado e Brown à frente de seu pônei. Mas chegou a hora de voltar para casa; chegou a hora de regressar à Inglaterra. Ela mal podia suportar a ideia; sentou-se desconsolada em seu quarto e ficou olhando a neve cair. O último dia! Oh! Se apenas ela pudesse permanecer naqueles lençóis brancos![277]

III

A Guerra da Crimeia trouxe novas experiências, e muitas delas foram agradáveis. Era agradável, por exemplo, sentir-se patriota e disposta à luta, escolher as preces apropriadas a serem lidas nas igrejas, ter notícias de novas vitórias, e saber-se, com mais orgulho do que nunca, a representante da Inglaterra. Com aquela espontaneidade de sentimentos que lhe era tão peculiar, Vitória expressou suas emoções, sua admiração, sua piedade e seu amor por seus "queridos soldados". Quando ela os condecorava com medalhas, sua exaltação não conhecia limites. "Nobres camaradas!", escreveu ela ao rei da Bélgica,

> Sinto como se estes fossem *meus próprios filhos*; meu coração bate por eles como pelos meus entes *mais próximos e adorados*. E eles ficaram tão comovidos, gostaram tanto daquilo; muitos, eu percebi, chegaram a chorar – e eles não querem nem ouvir falar em abrir mão de suas medalhas para ter seus nomes gravados, com medo de

---

[277]Leaves, 72, 117, 137.

> não receberem de volta a *mesma medalha* que foi entregue *em suas mãos por mim*, o que é muito comovente. Muitos soldados que compareceram estavam tristemente mutilados.[278]

Vitória e os soldados eram um só. Eles sentiam que ela lhes estava prestando uma grande honra, e ela, de forma perfeitamente genuína, compartilhava este sentimento. A atitude de Albert em relação a essas coisas era bastante diferente; havia nele uma austeridade que praticamente o proibia de manifestar suas emoções. Quando o general Williams regressou da defesa heroica de Kars e se apresentou à corte, a rápida, fria e distante mesura com que o príncipe o recebeu caiu como uma pedra de gelo sobre as pessoas à sua volta.[279] No fim das contas, Albert ainda era um estrangeiro.

Mas Albert tinha outros assuntos com que se ocupar, certamente mais importantes do que as impressões pessoais de oficiais militares e dos súditos que frequentavam a corte. Ele estava trabalhando – sempre trabalhando – na tremenda tarefa de conduzir a guerra a uma conclusão feliz. Papéis de Estado, despachos, memorandos saíam de sua mesa num ritmo extraordinário. Entre 1853 e 1857, cinquenta volumes foram preenchidos com os comentários feitos por sua pena sobre a questão oriental.[280] Nada o faria parar. Ministros exaustos ficavam atordoados diante do volume dos seus pedidos; mas os pedidos continuavam, abarrotando suas mesas de trabalho, e desaguando sobre eles, e cada qual era mais importante que o outro. Nenhum pedido podia ser ignorado. O talento administrativo com que Albert tinha reorganizado os palácios reais e planejado a Grande Exposição não se revelou menos firme em meio às confusas complexidades da guerra. Diversas vezes, os

[278]"Letters", III, 127.

[279]Informação privada.

[280]Martin, III, 5.

pedidos do príncipe, inicialmente rejeitados ou ignorados, acabavam sendo acatados sob a pressão das circunstâncias, e no fim das contas mostravam seu enorme valor. O alistamento de uma legião estrangeira, o estabelecimento de um depósito para as tropas em Malta, a instituição de relatórios periódicos e tabelas de controle sobre as condições do exército em Sebastopol – tais eram as maquinações e as conquistas de um cérebro incansável. Albert foi além: num exaustivo memorando, ele traçou as linhas gerais de uma reforma radical no conjunto da administração do exército. Isso foi prematuro, mas a sua proposta de que uma "base avançada" deveria ser criada, na qual as tropas pudessem se concentrar e se exercitar, mostrou ser o germe de Aldershot.[281]

Enquanto isso, Vitória tinha feito um novo amigo: ela tinha sido repentinamente cativada por Napoleão III. Inicialmente, ele a tinha desagradado muito. Vitória achava que ele era um aventureiro indecoroso que tinha usurpado o trono do pobre e velho Louis-Philippe; e, como se isso não bastasse, ele era amigo íntimo de lorde Palmerston. Durante muito tempo, embora ele fosse seu aliado, ela não tinha vontade de encontrá-lo; mas, finalmente, foi agendada uma visita do imperador e da imperatriz a Windsor. Mal ele chegou a Windsor, o coração da rainha começou a ceder. Ela julgou encantadoras as suas maneiras, seu tom de voz baixo e suave, e a simplicidade calma de sua conversa. A boa vontade da Inglaterra era essencial para a posição do imperador na Europa, e ele estava determinado a fascinar a rainha. E foi bem-sucedido. Havia algo profundo dentro dela que respondia imediata e veementemente a uma natureza que contrastava vivamente com a dela própria. A sua adoração por lorde Melbourne estava intimamente entrelaçada com a sua apreciação semi-inconsciente da excitante diferença entre ela e aquele velho homem sofisticado, sutil e aristocrático.

[281] Ibid., III, 146-7, 168-9, 177-9, 190.

Muito diferente era a natureza de sua relação com Napoleão; mas as diferenças eram igualmente numerosas. Por trás da enorme solidez de sua respeitabilidade, seu convencionalismo, sua felicidade consumada, ela extraía um prazer estranho e delicioso daquele estrangeiro pouco familiar, de um brilho sombrio, que se movimentava tão meteoricamente diante dela, uma criatura ambígua e cheia de obstinação, que lhe fora enviada pelo destino. E, para a sua surpresa, onde ela receara antagonismos, encontrou apenas simpatia. Ele era, disse ela,

> tão calmo, tão simples, algumas vezes até mesmo *naïf*, e gostava tanto de ser informado sobre coisas que não conhecia (...). Era tão gentil e cheio de tato, dignidade e modéstia, tão atencioso conosco, incapaz de dizer uma palavra ou fazer um gesto que me deixasse de fora (...). Existe algo nele de fascinante, melancólico e cativante, que atrai as pessoas irresistivelmente, independentemente de qualquer *prévention* que se possa ter contra ele; certamente isso não se deve à sua aparência exterior, embora o seu rosto me agrade.

Vitória notou que ele cavalgava "extremamente bem, e faz boa figura montado na sela". E dançava "com grande dignidade e espírito". Acima de tudo, ele ouvia Albert; ouvia com a mais respeitosa atenção; mostrou, de fato, como estava satisfeito "de ser informado sobre coisas que não conhecia"; e mais tarde o ouviram dizer que ele nunca conhecera alguém à altura do príncipe. Numa ocasião, na verdade – mas apenas uma – ele deu a impressão de estar ligeiramente impaciente. Numa conversa diplomática, "eu me estendi demais sobre a questão Holstein", escreveu o príncipe num memorando, e isso pareceu entediar o imperador por ser *très compliquée*."[282]

---

[282]Martin, III, 242, 245, 351; IV, 3.

Vitória também ficou muito ligada à imperatriz, cuja beleza e graça ela admirava sem a menor sombra de inveja. De fato, Eugénie, na plenitude de sua beleza, belamente vestida em maravilhosos tecidos parisienses, que ressaltavam a sua silhueta alta e esbelta, poderia perfeitamente ter causado algum desconforto no coração de sua anfitriã, que, muito baixa, robusta, sem graça e usando roupas vulgares de classe média, dificilmente poderia sentir-se à vontade em tal companhia. Mas Vitória não tinha receios. Para ela não fazia a menor diferença ficar com o rosto vermelho no verão, ou usar um chapéu lilás e fora de moda, do ano anterior, enquanto Eugénie, fresca e elegante, flutuava numa infinidade de babados, a seu lado. Ela era a rainha da Inglaterra, isso não era suficiente? Certamente parecia que sim; a verdadeira majestade era a dela, e ela sabia disso. Em mais de uma ocasião, quando as duas apareciam em público, era a mulher tão pouco aquinhoada pela natureza e pela arte que, pela simples força de uma grandeza interior, ofuscava completamente a sua bela e enfeitada companhia.[283]

Houve lágrimas no momento da partida, e Vitória sentiu-se "bastante *wehmüthig*, triste" quando seus hóspedes deixaram Windsor. Mas, pouco tempo depois, ela e Albert foram à França retribuir a visita, e ali tudo se passou de maneira agradável; Vitória percorreu incógnita as ruas de Paris usando um "toucado comum", assistiu a uma peça de teatro em St. Cloud e, uma tarde, numa esplêndida festa que lhe foi oferecida pelo imperador no palácio de Versalhes, conversou um pouco com um cavalheiro prussiano de aparência distinta, que se chamava Bismarck. Os aposentos onde a rainha ficou hospedada foram mobiliados tão ao seu gosto que ela afirmou ter a impressão de estar em casa, e que só faltava a presença de seu

[283]"Quarterly Review", CXCIII, 313-4; "Spinster Lady", 7.

cãozinho para que a impressão fosse completa. Ninguém disse nada; mas, três dias depois, entrando em seu quarto, Vitória ouviu o alegre latido que lhe era tão familiar. O próprio imperador, sem poupar trabalho nem despesas, providenciou aquela surpresa encantadora.[284] Tais eram as atenções que ele lhe dispensava. Ela retornou à Inglaterra mais encantada que nunca. "Como são estranhos", exclamou ela, "os atos e desígnios da Providência!"[285]

A aliança prosperou, e a guerra se aproximava de uma conclusão. Tanto a rainha quanto o príncipe, é verdade, estavam preocupados em evitar uma paz prematura. Quando lorde Aberdeen se manifestou disposto a abrir negociações, Albert o criticou numa carta *geharnischten*, contundente enquanto Vitória andava a cavalo e passava as tropas em revista. Finalmente Sebastopol foi tomada. A notícia chegou tarde da noite a Balmoral, e "em poucos minutos Albert e todos os cavalheiros, vestindo toda espécie de roupas, saíram de casa cercados pela criadagem e, pouco a pouco, por toda a população da cidade. Atrás deles, guardas, guias e operários subiram ao topo do marco". "Uma fogueira foi acesa, as gaitas foram tocadas e tiros foram disparados. Cerca de 45 minutos depois, Albert desceu e descreveu a cena como a mais selvagem e excitante que já tinha visto. O povo estava bebendo para comemorar e se encontrava em estado de grande êxtase."[286] O "grande êxtase" daria lugar, talvez, a outros sentimentos na manhã seguinte, mas de qualquer maneira a guerra tinha terminado – ainda que, certamente, o seu fim fosse tão difícil de explicar quanto o seu início. Os atos e desígnios da Providência continuavam sendo extraordinários.

---

[284]Crawford, 311-2.

[285]Martin, III, 350.

[286]Leaves, 105-6.

IV

Uma consequência inesperada da guerra foi uma mudança completa nas relações entre o casal real e Palmerston. O príncipe e o ministro se uniram em sua hostilidade contra a Rússia, e foi assim que, quando chegou o momento em que Vitória julgou necessário convocar o antigo inimigo para formar um novo governo, ela o fez sem relutância. O cargo de primeiro-ministro, por outro lado, teve um efeito calmante sobre Palmerston; ele se tornou menos impaciente e ditatorial; considerava com atenção as sugestões da coroa; e estava, além disso, genuinamente impressionado com a habilidade e o conhecimento do príncipe.[287] Naturalmente, ainda existia algum atrito, já que a rainha e o príncipe continuavam a se envolver com a política externa tanto quanto antes, e as suas opiniões, depois que a guerra terminou, voltaram a se contrapor diametralmente àquelas do primeiro-ministro. Este era particularmente o caso da Itália. Albert, teoricamente amigo do governo constitucional, não confiava em Cavour, tinha horror a Garibaldi e estava apreensivo quanto ao risco de a Inglaterra ser arrastada a uma guerra contra a Áustria. Por outro lado, Palmerston desejava a independência italiana; mas ele já não ocupava a Secretaria do Exterior, e o impacto do desagrado real caía agora sobre a cabeça de lorde John Russell. Em poucos anos, a situação estava curiosamente alterada. Agora era lorde John quem ocupava o cargo subordinado e ingrato; mas o secretário do Exterior, em sua disputa com a coroa, era apoiado, e não contestado, pelo primeiro-ministro. De qualquer forma, a luta era feroz, e a política através da qual a poderosa simpatia da Inglaterra se tornou um dos fatores decisivos na conquista

---

[287]Martin, II, 429.

final da unificação italiana só foi levada a cabo enfrentando a oposição violenta da corte.[288]

Quanto ao outro centro tempestuoso da Europa, a atitude do príncipe também continuava a ser muito diferente da de Palmerston. O grande sonho de Albert era uma Alemanha unificada, sob a liderança de uma Prússia constitucional e virtuosa; Palmerston não tinha muito a dizer sobre este projeto, mas demonstrava um interesse especial pela política alemã, e estava disposto a concordar com uma proposta que tinha o apoio entusiasmado do príncipe e da rainha – que as Casas Reais da Inglaterra e da Prússia fossem unidas pelo casamento da princesa real com o príncipe herdeiro da coroa prussiana. Foi assim que, antes de a princesa completar 15 anos, o príncipe, um jovem de 24 anos, fez uma visita a Balmoral, onde se realizou o contrato matrimonial.[289] Dois anos depois, em 1858, celebrou-se o casamento. No último momento, porém, parecia haver um impedimento. Na Prússia, lembrou-se o costume de se casarem em Berlim todos os príncipes de sangue real, e foi sugerido que não havia razão para se tratar o presente caso como uma exceção. Quando isso chegou aos ouvidos de Vitória, a sua indignação a deixou sem palavras. Numa nota, enfática até mesmo para Sua Majestade, ela instruiu o secretário do Exterior a dizer ao embaixador da Prússia para

> não *cogitar* sequer a *possibilidade* de isso acontecer (...) A rainha *jamais* admitiria isso, tanto por razões públicas quanto privadas, sendo que a suposição de ser *demais* para um príncipe da Prússia sair de sua pátria para vir se casar com a *princesa real da Grã-Bretanha, na Inglaterra*, era simplesmente *absurda*, para dizer o

---

[288] "Letters", III, especialmente julho-dezembro de 1859; Martin, IV, 488-91; V, 189.

[289] Leaves, 107.

> mínimo (...) Seja qual for o costume dos príncipes prussianos, não é todos os dias que um deles se casa com a filha mais velha da rainha da Inglaterra. A questão, portanto, deveria ser considerada resolvida e liquidada.[290]

De fato, ela estava resolvida, e o casamento foi celebrado na capela de St. James. Houve grandes festividades – fogos, concertos, multidões imensas, regozijo geral. Em Windsor, foi oferecido aos noivos um magnífico banquete, no salão Waterloo, durante o qual, segundo Vitória anotou em seu diário,

> todos se mostraram muito amáveis e bondosos com Vicky, e o entusiasmo era geral; um dos mais agradáveis exemplos disso foi a conduta do duque de Buccleuch, que se misturou alegremente com a massa das mais humildes classes sociais.

Nos dias seguintes, a rainha sentiu crescer dentro de si um sentimento de melancolia que a ia dominando, e quando chegou a hora da partida do jovem casal, ela quase teve um colapso - mas se controlou a tempo. "Pobre e querida filha!", ela escreveu mais tarde.

> Apertei-a em meus braços e a abençoei, sem saber o que dizer. Beijei o bondoso Fritz e apertei sua mão muitas vezes. Ele também não conseguia falar, e tinha lágrimas nos olhos. Voltei a abraçá-los à porta da carruagem que os aguardava; Albert subiu na carruagem, que era aberta, com os dois e Bertie (...). A banda de música começou a tocar. Então me despedi. O general Schreckenstein estava muito comovido. Apertei a sua mão, bem como a do bondoso deão, e subi as escadas rapidamente.[291]

---

[290] "Letters", III, 253.

[291] Martin, IV, 160-9.

Tal como o general Schreckenstein, Albert estava muito comovido. Ele estava perdendo a sua filha predileta, cuja inteligência já começava a manifestar uma notável semelhança com a sua – perdia uma pupila adorável, que, dentro de poucos anos, poderia ter-se tornado uma companheira quase à altura de seu intelecto. Um destino irônico tinha determinado que a filha que lhe era tirada fosse simpática, esperta e interessada nas artes e nas ciências, além de ser dotada de um forte pendor para escrever memorandos, ao passo que nenhuma dessas qualidades podia ser encontrada no filho que permanecia a seu lado. Pois era certo que o príncipe de Gales não puxara ao pai. As preces de Vitória não foram atendidas, e a cada ano que passava ficava mais claro que Bertie era um verdadeiro rebento da Casa dos Brunswick. As evidências dessas características íntimas, porém, só serviam para redobrar os esforços de seus pais; talvez ainda não fosse tarde demais para inclinar o ramo jovem, pressionando-o incessantemente, amarrando-o com cuidado, para que ele crescesse na direção correta. Tudo foi tentado. Enviaram o rapaz numa excursão pelo continente, acompanhado por diversos tutores, mas os resultados foram insatisfatórios. A pedido de seu pai, ele manteve um diário, que, após seu regresso, foi inspecionado pelo príncipe. Infelizmente, o texto era de uma aridez perturbadora: que mundo de reflexões interessantes poderia suceder o cabeçalho: "O primeiro príncipe de Gales visitando o papa!" Mas não havia uma sequer. "*Le jeune Prince plaisait à tout le monde*", o velho Metternich relatou a Guizot, "*mais avait l'air embarrassé et très triste.*"* Quando o príncipe de Gales completou 17 anos, a rainha e o príncipe escreveram um memorando para informar ao filho mais velho que ele entrava em sua vida adulta e

---

*O jovem príncipe gostava de todo mundo, mas parecia envergonhado e muito triste. (*N. do E.*)

para incitá-lo a cumprir os deveres de um cavalheiro cristão "A vida é composta de deveres", dizia o memorando,

> e é através do cumprimento correto, pontual e alegre desses deveres que se reconhece o verdadeiro cristão, o verdadeiro soldado e o verdadeiro cavalheiro (...) Uma nova esfera da vida se abrirá para você, e nela você terá que aprender o que deve e o que não deve fazer, assunto que requer um estudo mais importante do que qualquer outro que você já tenha abordado até aqui.

Ao receber o memorando, Bertie irrompeu em lágrimas. Ao mesmo tempo, foi redigido outro memorando, que tinha por título: "Confidencial: para a orientação dos cavalheiros indicados para servir ao príncipe de Gales." Este documento, longo e elaborado, estabelecia "certos princípios" que deveriam regular "a conduta e as maneiras" desses cavalheiros e tinha sido concebido "para o benefício do príncipe de Gales". "As qualidades que distinguem um cavalheiro na sociedade", prosseguia o notável documento, são:

(1) Sua aparência, sua conduta e suas roupas.
(2) A natureza de suas relações com os outros, e o tratamento a eles dispensado,
(3) O desejo e a capacidade de desobrigar honrosamente nas conversas ou em qualquer outra atividade social a que se entregue.

Seguia uma análise detalhada e minuciosa desses subtítulos, que ocupava várias páginas, e o memorando terminava com uma exortação final aos cavalheiros tutores:

> Se apreciarem devidamente a responsabilidade de suas posições e considerarem essenciais os itens acima enunciados, se empregarem o próprio bom senso para agir

em todas as ocasiões de acordo com esses princípios, sem julgarem nenhum detalhe minucioso demais para não merecer importância, mantendo assim uma linha de conduta sempre coerente, poderão prestar um grande serviço ao jovem príncipe, justificando, ao mesmo tempo, a lisonjeira seleção feita pelos pais reais.

Um ano mais tarde, o jovem príncipe foi enviado a Oxford, onde se tomou o máximo cuidado para que ele não se misturasse com os universitários. Sim, tudo tinha sido tentado – tudo (...) com uma única exceção. Nunca fizeram a experiência de deixar Bertie se divertir à vontade. Mas por que deveriam agir assim? "A vida é composta de deveres." Como poderia haver espaço para entretenimento na existência de um príncipe de Gales?[292]

O mesmo ano que privou Albert da companhia da princesa Real lhe trouxe uma perda ainda mais séria. O barão visitara a Inglaterra pela última vez. Durante vinte anos, como ele próprio dissera numa carta ao rei da Bélgica, ele tinha desempenhado o "ofício laborioso e exaustivo de amigo paternal e conselheiro de confiança" do príncipe e da rainha. Tinha 70 anos; estava cansado, física e mentalmente; era hora de partir. Ele voltou à sua casa em Coburg, trocando, de uma vez por todas, os importantes segredos da diplomacia europeia pelas trivialidades de uma cidade provinciana e pelas pequenas intrigas da vida familiar. Sentado numa poltrona, ao pé da lareira, ele baixava e meneava a cabeça, enquanto ouvia velhas histórias – que não falavam de generais e imperadores, mas de vizinhos e parentes, e de aventuras domésticas de muito tempo atrás – o incêndio da biblioteca de seu pai, ou a cabra que

---

[292]D.N.B., Segundo Suplemento, 551; "Quarterly Review", CCXCIII, 9-20, 24; Greville, VIII, 217.

subiu pela escada até o quarto de sua irmã, deu duas voltas ao redor da mesa e desceu novamente. A dispepsia e a depressão ainda o atacavam, mas, fazendo uma retrospectiva de seu passado, ele não estava insatisfeito. Sua consciência estava limpa. "Trabalhei enquanto tive forças para trabalhar", disse ele, "e com objetivos que ninguém poderia criticar. A consciência disso é a minha recompensa – a única que desejei ganhar."[293]

Aparentemente, de fato, seus "objetivos" tinham sido alcançados. Graças à sua sabedoria, ao seu trabalho e ao seu exemplo, ele conseguira operar a metamorfose milagrosa com que sonhara todo o tempo. O príncipe era uma criação sua. Trabalhador incansável, que presidia com os fins mais elevados uma grande nação -- esta era a sua conquista; ele avaliava o seu trabalho e o julgava bem-feito. Mas não estaria o barão se iludindo? Ele nunca imaginou que teria conseguido demais, ou muito pouco? Como são perigosas e sutis as armadilhas que o destino traz ao mais cauteloso dos homens! Sem dúvida, Albert parecia ser tudo o que Stockmar poderia desejar – virtuoso, trabalhador, perseverante, inteligente. Entretanto – por que seria? – nem tudo estava bem com ele. Seu coração sofria.

Pois, apesar de tudo, Albert nunca alcançara a felicidade. O trabalho, pelo qual, nos últimos tempos, ansiara com um apetite quase mórbido, apenas lhe trazia um alívio momentâneo, e não a cura; o dragão de sua insatisfação devorara com sombria satisfação o tributo sempre crescente daqueles dias e daquelas noites laboriosas; mas ainda estava faminto. As causas de sua melancolia eram secretas, misteriosas, talvez incompreensíveis – por estarem demasiadamente arraigadas nos recessos mais íntimos de seu temperamento, que os olhos da razão não podiam alcançar. Em sua natureza, havia contradições que o tornavam um enigma inexplicável mesmo para

---

[293]Stockmar, IV, 44.

aqueles que o conheciam melhor; ele era ao mesmo tempo severo e gentil; ele era modesto e desdenhoso; ele buscava afeto, mas era frio.[294] Era um solitário, não apenas com a solidão do exílio, mas também com a solidão da consciência de uma superioridade não reconhecida pelos demais. Possuía o orgulho ao mesmo tempo arrogante e resignado de um doutrinário. Mas classificá-lo como um simples doutrinário seria fazer uma descrição falsa; pois o verdadeiro doutrinário sempre goza de uma felicidade interior, e Albert estava longe disso. Havia algo que ele desejava e que jamais conseguiria. O que era? Alguma simpatia, absoluta e inefável? Algum sucesso sublime e extraordinário? Possivelmente uma mistura dos dois. Dominar e ser compreendido! Conquistar, com a mesma influência triunfante, a submissão e a admiração dos homens – isso de fato valeria a pena! Mas, diante desses devaneios, ele percebia com demasiada clareza como eram débeis as respostas de seu meio. Quem ali o admirava, sincera e verdadeiramente? Quem *poderia* apreciá-lo na Inglaterra? E, se a virtude suave de uma superioridade interior lhe valera tão pouco, poderia ele esperar melhores resultados dos caminhos mais amargos da astúcia e da força? A terra ingrata de seu exílio surgia diante dele como um bloco duro e impenetrável. Sem dúvida, Albert causara alguma impressão: certamente ele tinha conquistado o respeito de seus colegas de trabalho, e sua probidade, seu empenho e sua exatidão tinham sido reconhecidos; ele era um homem altamente influente e extremamente importante. Mas como tudo isso estava longe, muito longe de suas ambições! Como pareciam frágeis e fúteis os seus esforços, comparados à estupidez, à loucura, à preguiça, à ignorância e à confusão com que se defrontava a todo momento! Ele podia ter a força e a capacidade de fazer alguma modificação aqui e ali – consertar algum

[294]Ernest, I, 140-1.

detalhe, reparar algum equívoco, insistir na realização de uma reforma necessária e inadiável; mas o coração daquele organismo apático permanecia intocado. A Inglaterra continuava a se arrastar, inacessível e satisfeita, em seu velho e intolerável curso. Ele atravessara o caminho do monstro com uma rígida determinação e dentes cerrados, mas foi posto de lado. Sim! Nem mesmo Palmerston ele tinha sobrepujado – ele continuava ali, a afligi-lo com sua arrogância, sua teimosia confusa, sua absoluta falta de princípios. Isso era demais. Nem a natureza, nem o barão conseguiram lhe inculcar um espírito sanguíneo; as sementes do pessimismo, que no passado se alojavam nele, voltavam a florescer num solo propício. Albert

> questionava as coisas, mas não encontrava uma que lhe respondesse e lhe acalmasse o espírito; e o mundo todo parecia irracional.

Albert julgava ter fracassado e começava a se desesperar.

Mas Stockmar lhe tinha dito para "nunca relaxar", e ele jamais o faria. Seguiria em frente, dando o máximo de si pelos mais elevados objetivos, até o amargo fim. Sua dedicação ao trabalho tornou-se quase obsessiva. A luz verde da lâmpada de leitura em sua escrivaninha brilhava cada vez mais cedo; sua correspondência era cada vez maior; cada vez mais demoradas a leitura e a análise dos jornais; cada vez mais meticulosos, analíticos e precisos seus intermináveis memorandos. Até mesmo seus passatempos se transformaram em deveres. Divertia-se à mesa, saía para caçar veados com uma pontualidade inflexível, fazia jogos de palavras durante o almoço – era a coisa certa a fazer. O mecanismo trabalhava com uma eficiência impressionante, mas nunca repousava, nem era lubrificado. Com seca exatidão, as inumeráveis rodas dentadas das engrenagens se revolviam perpetuamente. Não, o que quer que acontecesse, o príncipe não relaxaria; ele tinha assimilado até demais as doutrinas de Stockmar. Ele sabia que estava certo e seguiria em frente a qualquer custo, sempre agindo segundo seus princípios. Isso estava resolvido. Mas, por Deus, o que são as certezas nesta vida? "Não se pode ser demasiado zeloso em coisa alguma", disse um antigo grego.

> A medida exata para todos os trabalhos do homem constitui sempre a melhor norma de vida. Mas, frequentemente, aquele que, excessivamente zeloso, procura obter alguma forma de superioridade, apesar de se dedicar à conquista de um bem, na verdade está sendo desviado, pela força de um poder oculto, para um caminho totalmente diferente, e as coisas que lhe são benéficas passam a lhe parecer nocivas.[295]

Seguramente, tanto o barão quanto o príncipe poderiam ter aprendido alguma coisa com a fria sabedoria dos gregos.

Vitória percebia que o seu marido às vezes parecia deprimido e sobrecarregado. Ela tentava animá-lo. Compreendendo, com desconforto, que ele ainda era visto como um estrangeiro, ela esperava que, ao lhe conferir o título de príncipe consorte (em 1857), ela melhoraria a posição do marido diante da nação. "A rainha tem o direito de requerer que o seu marido seja um cidadão inglês", escreveu ela.[296] Mas infelizmente, apesar das Cartas Patentes Reais, Albert continuava tão estrangeiro quanto antes; e, à medida que os anos passavam, a sua melancolia aumentava. Vitória trabalhava a seu lado, velava por ele, fazia-lhe companhia nos passeios pelos bosques de Osborne, ouvindo-o assoviar para os rouxinóis, como fizera no passado em Rosenau, fazia já tantos anos.[297] Quando se aproximava

[295]Theognis, 401ff.

[296]"Letters", III, 194.

[297]Grey, 195.

o aniversário do marido, ela esforçava-se ao máximo para escolher presentes que realmente lhe agradassem. Em 1858, quando ele fez 39 anos, ela lhe deu

> um retrato de Beatrice, em tamanho natural, feito a óleo por Hosley, uma coleção completa de fotografias com paisagens de Gotha e arredores, que mandei Bedford tirar, e um peso de papéis em granito de Balmoral e dentes de gamo, desenhado por Vicky.[298]

Naturalmente, Albert ficou encantado, e a felicidade que demonstrou na reunião da família foi maior que a de costume: mesmo assim... O que haveria de errado?

Sem dúvida era a sua saúde. Albert vinha esgotando suas forças a serviço do país; e, certamente, sua constituição física, como Stockmar previra desde o início, não se adaptava bem a grandes esforços. Ele se preocupava facilmente; constantemente se deixava abater por pequenos problemas. Sua aparência bastava para sugerir a debilidade de sua força física. O belo rapaz de vinte anos antes, de olhar cintilante e pele macia, transformara-se num homem pálido e de aspecto cansado, cujo corpo curvado e flácido refletia a vida de trabalho sedentário, e com uma pronunciada calvície na parte superior da cabeça. Críticos maldosos, que no passado o tinham comparado a um tenor de ópera, poderiam ter observado que havia qualquer coisa de um mordomo em sua aparência atual. Ao lado de Vitória, ele apresentava um contraste doloroso. Ela também estava robusta, mas sua gordura era a de uma matrona vigorosa; todo o seu ser irradiava vitalidade – o porte enérgico, os olhares inquiridores que lançava à sua volta, as mãos pequenas e gorduchas, hábeis e imperiosas. Se ao menos fosse

[298]Martin, IV, 298.

possível, por algum passe de mágica, transportar para aquela figura flácida e balofa a seu lado, para aquele cérebro cansado e exaurido, um pouco da energia e da autoconfiança que eram tão acentuadas nela!

Mas repentinamente ela foi lembrada de que havia outros perigos com que se preocupar, além da saúde. Durante uma visita a Coburg, em 1860, o príncipe quase morreu quando sua carruagem se envolveu num acidente. Escapou com ferimentos leves; mas o pânico de Vitória foi extremo, apesar de ela ocultá-lo. Mas tarde Vitória escreveu, referindo-se ao fato:

> É justamente quando a tainha tem os sentimentos mais intensos que ela se mostra mais calma, e ela não poderia nem ousaria falar sobre o que poderia ter acontecido, ou mesmo admitir para si mesma (e mesmo agora ela não se atreve a fazê-lo) toda a extensão do perigo, pois está certa de que ficaria maluca!

Na verdade, sua agitação só foi superada pela sua gratidão a Deus. Vitória dizia que não podia ficar tranquila "enquanto não fizesse algo que marcasse de forma permanente os seus sentimentos"; decidiu, assim, fazer uma doação a uma obra de caridade em Coburg. "Na opinião da rainha não seria nada demais doar mil ou mesmo 2 mil libras, de uma vez ou em parcelas." Por fim, tendo ficado estabelecido o primeiro valor, ele foi aplicado numa conta sob o nome de "Vitória-Stift", administrada pelo burgomestre e pelo clérigo-chefe de Coburg, que receberam instruções para distribuir os juros anuais entre um certo número de homens e mulheres jovens que demonstrassem ter um caráter exemplar e que pertencessem às classes sociais mais humildes.[299]

[299]Martin, V, 202-4, 217-9.

Pouco tempo depois, a rainha sofreu, pela primeira vez na vida, a experiência de perder um parente próximo. No começo de 1861, a duquesa de Kent ficou gravemente doente, e em março ela morreu. O acontecimento abalou Vitória fortemente. Com uma intensidade mórbida, ela encheu páginas e páginas de seu diário com relatos minuciosos das últimas horas de vida de sua mãe, descrevendo a sua agonia e o seu cadáver, tudo intercalado por apóstrofes veementes e agitadas reflexões emocionais. Na dor do presente, todas as desavenças do passado foram completamente esquecidas. Era o horror e o mistério da morte – a morte presente e real – que se apossava da imaginação da rainha. Todo o seu ser, cheio de um instinto vital, retrocedia com aflição diante daquele espetáculo horrível, que lhe mostrava o triunfo daquele poder assustador. Sua própria mãe, com quem ela tinha vivido tão intimamente por tanto tempo, a ponto de ela se tornar quase uma parte de sua própria existência, reduzira-se a nada bem na frente de seus olhos! Ela tentou esquecer aquilo, mas não podia. Suas lamentações continuaram estranhamente frequentes, estranhamente persistentes. Era quase como se, por alguma premonição misteriosa e inconsciente, ela percebesse que, de uma forma toda especial, aquela Majestade horrível reservava um dardo ainda mais doloroso para ela.

De fato, antes que terminasse o ano, ela sofreu um golpe ainda mais duro. Albert, que vinha sofrendo de insônia havia bastante tempo, saiu de casa num dia frio e úmido do fim de novembro, para inspecionar a construção da nova Academia Militar, em Sandhurst. Em seu regresso, percebia-se claramente que a fadiga e a exposição à umidade tinham afetado seriamente seu estado de saúde. Ele teve uma crise de reumatismo, a insônia continuou, e ele se queixava constantemente de não se sentir bem. Três dias mais tarde, um penoso dever o obrigou a visitar Cambridge. O príncipe de Gales, que ingressara na universidade um ano antes, estava se comportando tão mal que se faziam necessárias uma visita e uma repreensão paternas. O pai desapontado, sofrendo física e mentalmente, cumpriu sua tarefa; mas, na viagem de volta a Windsor, ele pegou um resfriado que seria fatal.[300] Na semana seguinte, seu estado piorou de forma deplorável. Mesmo assim, apesar da fraqueza e da depressão, ele continuou a trabalhar. Justamente naquela ocasião eclodira uma grave crise diplomática. A Guerra Civil irrompera nos Estados Unidos, e parecia que a Inglaterra, devido a uma violenta querela com o país americano, seria arrastada ao conflito. Um despacho severo de lorde Russell foi submetido à aprovação da rainha, e o príncipe se deu conta de que, se fosse enviado sem alterações, a guerra seria uma consequência quase inevitável. Às 7 horas da manhã do dia 1º de dezembro, Albert levantou-se da cama e, com a mão vacilante, escreveu uma série de sugestões para que se alterasse o teor do documento, suavizando os termos de sua redação e mantendo aberto o caminho para uma solução pacífica da questão. As sugestões foram aceitas pelo governo, e assim a guerra foi evitada. Foi o último memorando do príncipe.[301]

Albert sempre declarara que via a perspectiva da morte com serenidade. "Não sinto apego à vida", disse ele uma vez a Vitória. "Você sim; eu, porém, não dou muito valor a ela." E acrescentou: "Estou certo de que, se tivesse uma doença grave, eu me entregaria imediatamente e não lutaria pela vida. Não tenho tenacidade neste ponto."[302] Seu julgamento era correto. Poucos dias depois de adoecer, disse ele a um amigo estar convencido de que não se recuperaria.[303] E de fato ele piorava a cada dia. No entanto, se o seu caso tivesse sido diagnosticado a tempo e tratado da forma adequada, é bem possível que ele

[300]D.N.B., Segundo Suplemento, 557.

[301]Martin, V, 416-27.

[302]Ibid., V, 415.

[303]Bloomfield, II, 155.

tivesse se salvado; mas os médicos não souberam diagnosticar os seus sintomas; e é digno de nota o fato de seu principal médico ter sido Sir James Clark. Quando se sugeriu uma segunda opinião, Sir James tratou a ideia com desdém; "não havia motivos para falso alarme", disse ele. Mas a estranha doença se agravou. Por fim, depois de uma carta com enérgicos protestos de Palmerston, mandaram vir o Dr. Watson; e o Dr. Watson percebeu imediatamente que tinha vindo tarde demais. O príncipe estava com febre tifoide. "Creio que, até aqui, tudo correu de maneira satisfatória", dizia Sir James Clark.[304]

A inquietação e o agudo sofrimento dos primeiros dias deram lugar a um abatimento e um torpor cada vez maiores. Um dia, o paciente pediu para ouvir música – "um lindo coral à distância"; colocaram um piano no aposento ao lado, e a princesa Alice tocou alguns hinos luteranos, após o que o príncipe repetiu: "The Rock of Ages". Às vezes, ele delirava; às vezes, o passado distante parecia estar diante dele; ouvia os pássaros cantando na aurora e se imaginava novamente menino em Rosenau. Vitória lia para ele *Peveril of the Peak*, e ele conseguia acompanhar a história; então ela se curvava sobre ele, que murmurava "*liebes Frauchen*", cara senhora, e "*gutes Weibchen*", bondosa mulher acariciando-lhe a face. A tristeza e a agitação da rainha eram grandes, mas ela não estava seriamente assustada. Acostumada com suas próprias e abundantes energias, para ela era inconcebível que Albert não possuísse uma resistência semelhante. Ela se recusou a ver o Dr. Watson. Para quê? Sir James Clark não lhe assegurara que tudo terminaria bem? Apenas dois dias antes do fim, agora já considerado quase ine-

---

[304]Martin, V, 427-35; Clarendon, II, 253-4: "Não se pode afirmar com certeza, mas é horrível pensar que uma vida como aquela possa ter sido sacrificada ao ciúme egoísta que tinham de Sir J. Clarke todos os membros de sua profissão." Do conde de Clarendon à duquesa de Manchester, 17 de dezembro de 1861.

vitável por todos que a cercavam, ela escreveu ao rei da Bélgica, cheia de aparente confiança: "Eu não passo as noites à cabeceira dele", dizia ela, "porque isso não teria nenhuma utilidade; e não há razão para causar alarme."[305] A princesa Alice tentou lhe contar a verdade, mas Vitória não se deu por vencida em sua esperança. Na manhã de 14 de dezembro, Albert parecia melhor, como Vitória esperava; talvez a crise tivesse passado. Mas ao longo do dia houve uma séria recaída. Então, finalmente, a rainha reconheceu que se encontrava à beira de um tenebroso abismo. Toda a família foi convocada, e, um por um, os filhos deram um silencioso adeus ao pai. "Foi um momento terrível", escreveu Vitória em seu diário, "mas, graças a Deus, consegui dominar-me e permanecer perfeitamente calma, e continuei sentada a seu lado." Albert murmurou algo, mas ela não conseguiu ouvir; acreditou que ele estivesse falando em francês. Em seguida, de forma inesperada, Albert começou a ajeitar o cabelo, "exatamente como fazia quando estava bem e se vestindo". "*Es ist kleines Frauchen*", aqui é sua querida esposa, sussurrou ela para ele; e ele pareceu entender. Ao anoitecer, Vitória foi por um momento ao aposento ao lado, mas em seguida voltaram a chamá-la: ao entrar no quarto, ela percebeu, ao primeiro olhar, que se operara uma modificação terrível na fisionomia do doente. Ajoelhou-se a seu lado, e ele respirou profundamente, depois respirou suavemente e por fim parou de respirar. Seus traços ficaram totalmente rígidos. Ela deu um grito – um único grito, selvagem e agudo, que ecoou através do castelo, emudecido de terror – e compreendeu que tinha perdido Albert para sempre.[306]

---

[305]"Letters", III, 472-3.

[306]Martin, V, 435-42; Hare, II, 286-8; "Spinster Lady", 176-7.

7
Viuvez

I

A morte do príncipe consorte foi o momento de mutação decisivo na história da Rainha Vitória. Ela própria sentia que a sua verdadeira existência tinha terminado junto à do marido, e que uma luz crepuscular envolveria o restante de seus dias sobre a Terra – um simples epílogo de um drama já encenado. Esta impressão não pode escapar a um biógrafo. Para este, também existe uma sombra que oculta a última metade daquela longa carreira. Os primeiros 42 anos da vida da rainha são iluminados por uma enorme e variada quantidade de informação autêntica. Após a morte de Albert, fica a impressão de que um véu cai sobre ela. Apenas ocasionalmente, com intervalos aleatórios, uma ponta do véu levanta-se por alguns momentos, e então chamam a nossa atenção alguns detalhes notáveis, e se podem esboçar algumas notas valiosas; todo o resto não passa de conjecturas e ambiguidade. É por isso que, apesar de a rainha ter sobrevivido à sua grande dor por quase tantos anos quantos já tinha vivido antes dela, a crônica dos últimos anos não pode se comparar, em proporções, à história da primeira fase de sua vida. Em nossa ignorância, devemos, portanto, ficar satisfeitos com um relato breve e sumário.

O desaparecimento súbito do príncipe não representou somente um abalo e uma mágoa extraordinários para Vitória; foi um acontecimento de importância nacional e até mesmo europeia. Ele só tinha 42 anos, e no curso natural das coisas poderia ter vivido pelo menos mais trinta anos. Se isso tivesse acontecido, não se pode duvidar que todo o desenvolvimento da política inglesa teria sido diferente. Na época de sua morte, Albert ocupava uma posição única na vida pública da Inglaterra; nos círculos mais íntimos da política, ele já era aceito como um componente útil e necessário do mecanismo do Estado. Lorde Clarendon, por exemplo, classificou sua morte como "uma calamidade nacional de importância muito maior do que o público imagina", e lamentou a perda de sua "sagacidade e antevisão", que, ele afirmava, "seriam mais valiosos do que nunca na eventualidade de uma guerra americana."[307] E, à medida que o tempo passasse, a influência do príncipe deveria ter crescido enormemente. Pois, além de suas qualidades morais e intelectuais, ele desfrutava, graças à sua posição, de um privilégio que não era acessível a nenhum outro ocupante de cargos elevados no governo: a sua posição era permanente. Os políticos vinham e partiam, mas o príncipe estava perpetuamente instalado no centro das questões do Estado. Quem poderia, portanto, duvidar que, lá pelo final do século, um homem como ele, encanecido a serviço da nação, virtuoso, inteligente e tendo, além disso, a experiência sem precedentes de uma vida inteira no governo, não teria atingido um prestígio extraordinário? Se, na juventude, Albert fora capaz de impor a coroa contra o poderoso Palmerston e sair da disputa em igualdade de condições, de que ele não teria sido capaz em idade avançada? Que ministro, por mais hábil e popular que fosse, poderia competir com a sabedoria, a probidade, a vasta autoridade do venerado príncipe? É fácil imaginar como, sob tal liderança, poderia ter sido feita uma tentativa de transformar a Inglaterra num Estado tão altamente organizado, tão elaboradamente preparado, tão eficientemente equipado e tão autocriticamente controlado quanto a própria Prússia. Então, talvez, finalmente, sob o comando de um poderoso líder – um Gladstone ou um Brigh – as forças democráticas

[307]Clarendon, II, 251.

do país poderiam se juntar e iniciar uma luta que abalaria os próprios alicerces da monarquia. Ou, por outro lado, talvez se realizasse a hipotética profecia de Disraeli. "Com o príncipe Albert", dissera ele,

> nós enterramos a nossa soberana. Este príncipe alemão governou a Inglaterra durante 21 anos, com uma sabedoria e uma energia jamais mostradas por nenhum de nossos reis (...). Se o príncipe tivesse sobrevivido a algumas de nossas eminências, ele nos teria concedido as bênçãos de um governo único.[308]

A Constituição inglesa – esta entidade indescritível – é algo vivo, que cresce com o crescimento dos homens e assume formas sempre cambiantes, de acordo com as leis complexas e sutis do caráter humano. Ela é uma filha da sabedoria e do acaso. Os homens sábios de 1688 a moldaram na forma que nós a conhecemos; mas o acaso de que George I não falasse inglês lhe conferiu uma de suas peculiaridades essenciais – o sistema de um gabinete independente da coroa e subordinado ao primeiro-ministro. A sabedoria de lorde Grey a salvou da destruição e a colocou no caminho da democracia. Foi então que o acaso mais uma vez interveio; uma soberana mulher se casou com um homem hábil e sagaz; e parecia provável que um elemento que permanecera inativo durante tantos anos – o elemento do poder administrativo irresponsável – estivesse prestes a se tornar a sua característica dominante, mudando completamente os rumos de seu crescimento. Mas o que o acaso trouxe, o acaso levou embora. O consorte morreu em sua plenitude; e a Constituição inglesa, deitando por terra o ramo sem vida sem mal esboçar um tremor, continuou sua vida misteriosa como se ele jamais tivesse existido.

---

[308] Vitzthum, II, 161.

Um único ser humano, apenas um, sentiu toda a força do que tinha acontecido. O barão, sentado junto à lareira em Coburg, viu subitamente a sua tremenda criação ser irremediavelmente aniquilada, de um só golpe. Albert partira, e ele tinha vivido em vão. Nem a sua mais negra hipocondria fora capaz de prever tão horrível catástrofe. Vitória lhe escreveu, foi visitá-lo, tentou consolá-lo afirmando, cheia de convicção apaixonada, que ela própria daria continuidade ao trabalho do marido. Ele sorriu com tristeza e olhou para o fogo. Então murmurou que estava partindo para ficar com Albert – o que de fato não demoraria muito.[309] O barão se fechou dentro de si mesmo. Os filhos o rodeavam e faziam de tudo para animá-lo, mas era inútil: o coração do barão estava partido. Ele ainda vegetou por mais 18 meses, e, então, acompanhando o seu pupilo, passou a explorar a sombra e o pó.

II

Com rapidez assombrosa, Vitória trocou a serena irradiação da felicidade pelas trevas profundas do infortúnio. Nos primeiros e terríveis momentos, aqueles que a cercavam temeram que ela perdesse a razão, mas o temperamento de aço dentro dela aguentou firme, e nos intervalos entre os intensos paroxismos da dor, a rainha parecia calma. Foi lembrado que Albert sempre desaprovara manifestações exageradas de sentimentos, e o único desejo que restava a Vitória era fazer apenas o que Albert teria desejado. Mas havia momentos em que ela não conseguia conter a sua angústia real. Um dia ela mandou chamar a duquesa de Sutherland e, conduzindo-a ao quarto do príncipe, caiu, prostrada, diante de suas roupas, irrompendo em copiosas lágrimas, ao mesmo tempo em que pedia à duquesa que lhe dissesse se a beleza do caráter de Albert fora um dia suplanta-

[309]Stockmar, 49; Ernest, IV, 71.

da.[310] Outras vezes, ela se deixava dominar por um sentimento próximo da indignação. Escrevendo ao rei da Bélgica, disse ela:

> Aquela pobre criança de 8 meses, órfã de pai, é agora uma viúva tristíssima de 42 anos, com o coração totalmente destruído pela dor! A parte *feliz* da minha vida *terminou*! O mundo acabou *para mim*!... Oh! Ser arrebatado na força da juventude – ver nossa vida doméstica pura, feliz e calma, que era a *única* coisa que me dava forças para suportar a minha tão desagradável posição, *interrompida* aos 42 anos! – isso quando eu *acreditava*, com uma certeza instintiva, que Deus *jamais* nos separaria, e que nos deixaria envelhecer juntos (embora ele sempre falasse da brevidade da vida) – é *horrível* demais, cruel demais![311]

O tom de uma Majestade ultrajada parece evidente. Teria ela imaginado, no fundo do coração, que a Divindade ousaria fazer tal coisa?

No entanto, todas as outras emoções deram lugar à firme determinação de dar continuidade, sem nenhuma modificação, e até o final de sua existência na Terra, à reverência, à obediência e à idolatria a Albert. "Estou ansiosa para repetir *uma* coisa", disse ela ao tio,

> isto é, a *minha firme* resolução, a minha *decisão irrevogável* sobre o seguinte projeto: os desejos de Albert – os *seus* planos – a respeito de tudo, as *suas* opiniões sobre *todos* os assuntos, de agora em diante serão a *minha lei*! E *nenhum poder humano* me fará desviar daquilo que *ele* decidiu e desejou.

---

[310]Clarendon, II, 251, 253.

[311]"Letters", III, 474-5.

Vitória se tornava selvagem e furiosa diante do mero pensamento de uma hipotética intrusão entre ela e o seu desejo. Seu tio estava vindo visitá-la, e lhe ocorreu que ele poderia tentar interferir e procurar, como no passado, "orientar a sua existência". Vitória lhe daria um sinal. "*Também* estou *determinada*", escreveu,

> a não permitir que *pessoa alguma* - mesmo que seja o mais leal e devotado de meus súditos - venha dirigir, guiar ou ditar os meus atos. Eu sei o quanto *ele* desaprovaria isso (...). Apesar de terrivelmente abatido e transtornado, o meu espírito treme de indignação quando penso que *qualquer* dos desejos ou projetos de Albert venha a ser modificado, ou que eu venha a ser *persuadida a agir* de modo diferente do que deve ser.

Então ela concluiu a carta com manifestações de tristeza e afeto. Ela era, afirmou, a sua "sempre aflita porém dedicada filha, Vitória R." Neste momento, Vitória observou a data: era o dia 24 de dezembro. Uma dor aguda a assaltou, e ela rapidamente escreveu um *post-scriptum* - "Que Natal! Não quero nem pensar neste assunto!"[312]

Inicialmente, no tumulto de suas aflições, Vitória declarou que não podia ver seus ministros, e a princesa Alice, assistida por Sir Charles Phipps, o tesoureiro da Bolsa Privada, desempenhou, dando o melhor de si, as funções de um intermediário. Poucas semanas depois, porém, o gabinete, por intermédio de lorde John Russell, decidiu prevenir a rainha de que aquilo não poderia continuar assim.[313] Ela percebeu que eles estavam certos: Albert teria concordado com eles; e então mandou

---

[312]"Letters", III, 476.

[313]Lee, 322-3; Crawford, 368.

chamar o primeiro-ministro. Mas quando lorde Palmerston chegou a Osborne, gozando de esplêndida saúde, ágil, com as suíças recém-tingidas e usando um sobretudo marrom, calças cinza-claro, luvas verdes e abotoaduras azuis, ele não causou muito boa impressão.[314]

Todavia, Vitória acabara ligando-se ao seu antigo inimigo, e o pensamento de uma mudança política a enchia de apreensão e agitação. Ela sabia que o governo poderia cair a qualquer momento; ela sentia que não seria capaz de enfrentar mais esta eventualidade; portanto, seis meses após a morte do príncipe, ela tomou a medida, sem precedentes, de enviar uma mensagem confidencial a lorde Derby, líder da oposição, informando-lhe que não se encontrava num estado de espírito nem com saúde suficiente para suportar a ansiedade de uma troca de governo, e que, se ele forçasse a saída dos atuais ministros, estaria pondo em risco a vida da rainha – ou a sua razão. Lorde Derby ficou bastante surpreso ao receber esta mensagem. "Meu Deus!", foi seu comentário cínico. "Eu não sabia que ela gostava *tanto* deles!"[315]

Apesar de a violência de suas perturbações ceder gradualmente, a alegria de Vitória nunca mais voltou. Durante meses, durante anos, ela continuou dominada por uma tristeza infinita. Sua vida passou a ser de um isolamento quase absoluto. Vestindo sempre pesados crepes, ela ia desconsoladamente de Windsor a Osborne, e daí a Balmoral. Raramente visitava a capital e se recusava a participar de cerimônias públicas furtando-se ao menor contato com a sociedade, Vitória se tornou quase uma desconhecida para os seus súditos, como um daqueles potentados do Oriente. Eles sussurravam à vontade, mas não compreendiam. O que ela tinha a ver com espetáculos

---

[314]Clarendon, II, 257

[315]Clarendon, II, 261-2.

e diversões fúteis? Não! Ela estava absorta em preocupações muito diferentes. Ela era a guardiã devotada de uma verdade sagrada. O seu lugar era o santuário mais íntimo da casa enlutada – onde só ela tinha o direito de entrar, onde só ela podia sentir os eflúvios de uma presença misteriosa, e interpretar, ainda que vaga e debilmente, as inspirações ditadas por uma alma que ainda vivia. Este, e apenas este, era o seu dever, glorioso e terrível. Porque de fato era terrível. À medida que passavam os anos, sua depressão parecia se tornar mais profunda, e mais intensa a sua solidão. "Sinto-me como se estivesse sobre um triste pináculo de grandeza solitária", disse ela.[316] Diversas vezes, Vitória sentiu que não poderia mais suportar aquela situação – que ela cederia ao peso da dor. Mas, então, aquela voz imediatamente se fazia ouvir: e ela reunia novamente suas forças para desempenhar, com a máxima consciência, a sua tarefa cruel e sagrada.

Acima de tudo, o que Vitória tinha a fazer era tornar seu o impulso dominante da vida de Albert – ela devia trabalhar, como ele trabalhou, a serviço do país. De agora em diante, cabia a ela suportar a enorme carga de responsabilidades que ele tomara sobre os ombros. Ela assumiu o fardo imenso; e, naturalmente, cambaleou sob seu peso. Quando Albert vivia, ela trabalhava com regularidade e aplicação; mas era um trabalho que o cuidado, os conselhos e a infalibilidade do marido tornavam fácil e agradável. Bastava ouvir o som de sua voz pedindo que assinasse um papel para ela ficar comovida; na sua companhia, sentia-se capaz de trabalhar incessantemente Agora, porém, a situação era terrivelmente diferente. Ela já não encontrava, como no passado, listas e pilhas de documentos organizados sob a lâmpada de leitura; agora não havia mais explicações simples; agora não havia mais ninguém para lhe di-

[316]Martin, "Queen Victoria", 155.

zer o que era certo e o que era errado. Ela tinha seus secretários, sem dúvida: havia Sir Charles Phipps, e o general Grey, e Sir Thomas Biddulph; e certamente eles davam o melhor de si. Mas eram meros subordinados: todo o peso da iniciativa e das responsabilidades caía sobre ela, exclusivamente. Porque assim devia ser. "Eu estou determinada" – não fora esta a sua declaração? – "a não permitir que *pessoa alguma* venha dirigir, guiar ou ditar meus atos"; qualquer coisa diferente seria uma traição da confiança da rainha. Ela seguiria o príncipe em tudo. Ele se recusava a delegar autoridade; ele examinava cada detalhe com seus próprios olhos; ele tinha por regra jamais assinar um documento sem antes não apenas o ter lido com atenção, mas também sem ter tomado notas sobre ele. Ela faria exatamente o mesmo. Ficaria sentada da manhã até a noite, lendo e escrevendo em sua escrivaninha – em sua escrivaninha, que agora, infelizmente, era a única no aposento.[317]

Dois anos após a morte de Albert, uma perturbação violenta na política externa pôs à prova a fidelidade de Vitória. A assustadora questão Schleswig-Holstein, que vinha se arrastando fazia mais de uma década, dava sinais de que agora iria irromper sob a forma de uma conflagração. A complexidade do caso era indescritível. "Somente três pessoas", afirmou Palmerston, "chegaram a compreender realmente a questão Schleswig-Holstein: o príncipe consorte, que está morto, um professor alemão, que enlouqueceu, e eu, que já esqueci tudo a respeito dela."[318] Mas, apesar de o príncipe ter morrido, não tinha deixado atrás de si um vice-gerente? Vitória atirou-se à solução daquele fervilhante *imbroglio*, com todo o seu vigor e inspiração. Dedicava várias horas por dia a estudar todos os detalhes da questão, com uma única pista para sair do labirinto: em

[317]Clarendon, II, 261; Lee, 327; Martin, "Queen Victoria", 30.
[318]Robertson, 12, 156.

todas as ocasiões em que o assunto fora discutido – ela se lembrava perfeitamente disso – Albert sempre tomara o partido da Prússia. Ela tornou-se, portanto, uma defensora veemente dos interesses da Prússia. Era um legado do príncipe, ela dizia.[319] Não entendia que a Prússia da época do príncipe estava morta, e que uma nova Prússia, a Prússia de Bismarck, tinha nascido. Talvez Palmerston, com sua estranha antevisão, apreendesse instintivamente o novo perigo; de qualquer forma, ele e lorde John estavam de acordo quanto a apoiar a Dinamarca contra as reivindicações da Prússia. Mas as opiniões estavam agudamente divididas, não somente no país como também no gabinete. A controvérsia continuou por mais 18 meses; e a rainha, com veemente persistência, se opunha ao primeiro-ministro e ao secretário do Exterior. Quando finalmente veio a crise final – quando parecia possível que a Inglaterra juntasse suas forças às da Dinamarca contra a Prússia – a agitação de Vitória adquiriu uma intensidade febril. Para os seus parentes alemães, ela preservava uma discreta aparência de imparcialidade; mas ela despejava sobre seus ministros uma torrente de apelos, protestos e recriminações. Invocava, nessas ocasiões, a causa sagrada da paz: "A única maneira de se conservar a paz na Europa", escreveu ela,

> é não apoiar a Dinamarca, pois foi ela, exclusivamente, que iniciou tudo isso (...). A Rainha está sofrendo muito, e seus nervos estão cada vez mais abalados (...). No entanto, embora toda esta ansiedade a esteja exaurindo, não conseguirá abalar a sua firme resolução de resistir a qualquer tentativa de envolver o país num conflito louco e inútil.

---

[319]Morley, II, 102; Ernest, IV, 113: "Eu sei que o nosso querido anjo Albert sempre desejou uma Prússia forte, o que ele considerava uma necessidade, e portanto trata-se de um dever sagrado para mim trabalhar para isso." Da Rainha Vitória ao duque de Saxe-Coburg-Gotha, 29 de agosto de 1863.

Ela estava, declarou, "preparada para enfrentar as consequências", mesmo que aquilo implicasse o pedido de demissão do secretário do Exterior.[320] "A rainha", disse ela a lorde Granville, "está completamente exaurida pela ansiedade e pela expectativa e sente de uma maneira horrível a falta de seu querido marido, de seus conselhos, de sua ajuda, de seu apoio e de sua afeição." Os esforços para manter a paz a deixaram tão exaurida que ela "mal conseguia levantar a cabeça ou até mesmo segurar a pena."[321] A Inglaterra não entrou em guerra, e a Dinamarca foi entregue à sua própria sorte; mas em que medida a atitude da rainha contribuiu para este resultado é impossível dizer, com o nosso conhecimento presente. De maneira geral, parece provável que o fator determinante na situação tenha sido a poderosa bancada pacifista do gabinete, muito mais do que a patética e imperiosa pressão de Vitória.

De qualquer maneira, o certo é que o entusiasmo da rainha pela causa sagrada da paz durou pouco. Dentro de alguns meses, suas opiniões eram completamente diferentes. Seus olhos agora estavam abertos em relação à verdadeira natureza da política da Prússia, cujos planos contra a Áustria estavam prestes a desembocar na Guerra das Sete Semanas. Passando precipitadamente de um extremo a outro, Vitória agora incitava os ministros a interferir pela força das armas na defesa da Áustria. Mas seus apelos foram em vão.[322]

Sua atividade política, bem como o seu isolamento social não eram aprovados pelo público. À medida que os anos passavam e o luto real permanecia tão fechado como sempre, a animosidade tornava-se mais intensa e severa. Foi observado que a solidão prolongada da rainha não apenas projetava uma sombra sobre a alta sociedade, privando a população de sua

---

[320]Fitzmaurice, I, 459, 460.

[321]Fitzmaurice, I, 472-3.

[322]Clarendon, II, 310-11.

pompa, como também exercia um efeito altamente deletério sobre as confecções de vestidos, chapéus e meias. Estas últimas considerações acabaram tendo um grande peso. Finalmente, no início de 1864, correu o boato de que Sua Majestade se preparava para deixar o luto, e houve muito regozijo nos jornais; mas infelizmente ficou demonstrado que o boato não tinha fundamento. Vitória escreveu de próprio punho uma carta ao *Times* para dizer isso. "Esta ideia", declarou ela, "nunca poderá ser suficientemente desmentida." "A rainha", prosseguia a carta,

> aprecia de coração o desejo que os seus súditos manifestam de verem-na, e ela *fará* tudo o que *puder* para atender a este desejo leal e afetuoso (...). Existem, porém, *outros* deveres, mais *elevados* que o da representação, que a rainha deve cumprir agora, sozinha e sem ajuda; deveres que ela não poderá negligenciar sem comprometer o serviço público, e que lhe pesam incessantemente sobre os ombros, sobrecarregando-a de trabalho e ansiedade.[323]

A justificativa poderia ser considerada mais premente se não fosse do conhecimento geral que aqueles "outros e mais elevados deveres" que ela grifava consistiam sobretudo no empenho em interferir na política externa de Palmerston e lorde John Russell. Uma grande parcela da nação – talvez a maioria – era composta de partidários violentos da Dinamarca na querela Schleswig-Holstein; e o apoio de Vitória à Prússia foi amplamente divulgado. Estava começando uma onda de impopularidade, que fez antigos observadores se lembrarem do período que precedeu o casamento da rainha, mais de 25

[323]"The Times", 6 de abril de 1864; Clarendon, II, 290.

anos antes. A imprensa era hostil; lorde Ellenborough criticou a rainha na Câmara dos Lordes; nas altas esferas corriam boatos curiosos dando conta de que ela pensava em abdicar – boatos seguidos de lamentações por ela não o ter feito.[324] Ferida e ultrajada, Vitória sentia que estava sendo mal compreendida. Ela estava profundamente infeliz. Depois do discurso de lorde Ellenborough, o general Grey declarou que "nunca tinha visto a rainha tão completamente transtornada". "Oh, como é horrível estar sob suspeita – desestimulada, desorientada e desaconselhada – e como a pobre rainha se sente sozinha!"[325] Todavia, por mais que sofresse, ela continuava resoluta como sempre; não se afastara um fio de cabelo sequer da linha de conduta que traçara; ela seria fiel até o fim.

E, assim, quando a questão Schleswig-Holstein já estava esquecida, e até mesmo a imagem do príncipe estava começando a se apagar da caprichosa memória dos homens, a sentinela solitária permanecia inalteravelmente concentrada em sua tarefa peculiar. A hostilidade do mundo, que crescia rapidamente, se chocava com a impenetrável tristeza de Vitória. Será que o mundo jamais compreenderia? Não era apenas a mágoa que a mantinha tão estranhamente afastada; era a devoção, era a autoimolação, era o legado laborioso do amor. Incessantemente, a pena se movia sobre o papel tarjado de negro. A carne podia ser fraca, mas ela carregaria o seu vastíssimo fardo. Contudo, se o mundo não a compreendia, felizmente existiam amigos fiéis que o faziam. Havia lorde Granville, e havia o bondoso Sr. Theodore Martin. Talvez este último, que era tão inteligente, encontrasse uma maneira de fazer o povo entender o que se passava. Vitória lhe enviaria uma carta, enfatizando o seu árduo trabalho e as dificuldades com que lutava,

---

[324]Ibid., I, 292-3.

[325]Fitzmaurice, I, 466, 469.

e então ele poderia, por exemplo, escrever um artigo a respeito disso numa revista. "Não é", ela lhe afirmou em 1863, "a *mágoa* da rainha que a mantém isolada (...)"

> É o seu *trabalho extraordinário* e a sua saúde, gravemente abalada pela tristeza e pela enorme quantidade de tarefas e responsabilidades – tarefas que ela realmente sente que a estão esgotando. Alice Helps ficou perplexa ao ver o quarto da rainha, e, se a Sra. Martin também o vir, ela poderá contar ao Sr. Martin o volume de papéis que cerca a soberana. Da hora em que ela se levanta da cama até a hora em que se deita, há trabalho, trabalho, trabalho – cartas, petições etc., que são terrivelmente exaustivas – e se ela não pudesse repousar à noite, provavelmente não estaria mais *viva.* Seu cérebro está constantemente sobrecarregado.[326]

E isso era bem verdade.

III

Dar continuidade ao trabalho de Albert – este era o seu primeiro dever; mas havia outro, inferior apenas a este, e talvez mais próximo, se possível, de seu coração – imprimir a verdadeira natureza do gênio e do caráter de Albert nos espíritos de seus súditos. Ela percebeu que, ao longo de sua vida, eles não tinham sido devidamente apreciados; a extensão total de seus poderes e a qualidade suprema de sua bondade tinham permanecido necessariamente ocultas; mas a morte tinha removido a necessidade de barreiras, e agora o seu marido surgiria aos olhos de todos em sua magnífica integridade. Ela entregou-se

---

[326]Martin, "Queen Victoria", 28-9.

à tarefa metodicamente. Encarregou Sir Arthur Helps de organizar e publicar uma coletânea de palestras e discursos do príncipe, e o pesado volume apareceu em 1862. Então pediu ao general Grey que escrevesse a história dos primeiros anos da vida do príncipe – do seu nascimento ao seu casamento; ela própria fez o projeto gráfico do livro, além de contribuir com diversos documentos confidenciais e de escrever numerosas notas; o general Grey a atendeu, e a obra foi completada em 1866. Mas a parte principal da história ainda estava por contar, e o Sr. Martin foi sem demora instruído a escrever uma biografia completa do príncipe consorte. O Sr. Martin trabalhou durante 14 anos. A massa de informações com que ele tinha que lidar era quase inacreditável, mas ele era extremamente laborioso, além de gozar, durante todo o período, da graciosa assistência de Sua Majestade. O primeiro e alentado volume foi publicado em 1874; outros quatro se seguiram lentamente; de forma que só em 1880 a obra monumental estava completa.[327]

O Sr. Martin foi recompensado com o título de cavalheiro; contudo estava tristemente evidente que nem Sir Theodore nem seus predecessores tinham alcançado o propósito almejado pela rainha. Talvez ela tivesse sido pouco feliz ao escolhê-los, mas, na realidade, a responsabilidade pelo fracasso devia cair sobre a própria Vitória. Sir Theodore e os demais cumpriram fielmente a tarefa que ela lhes impôs – exibir fielmente ao público a imagem de Albert, tal como ela estava presente no espírito de Vitória. O inconveniente fatal foi que o público não achou aquela imagem atraente. A natureza emocional de Vitória, muito mais notável pelo vigor que pela sutileza, rejeitando tudo o que a perspicácia ou a ironia pudessem sugerir, só ficaria satisfeita com o absoluto e o categórico. Quando algo a desagradava, ela punha tanta ênfase neste sentimento que o

[327]Martin, "Queen Victoria", 97-106.

objeto de sua repulsa era imediatamente afastado do raio de suas considerações; nas relações afetivas, seus sentimentos eram semelhantes. No caso de Albert, sua paixão pelos superlativos atingiu seu ponto máximo. Imaginá-lo aquém da perfeição – perfeito na virtude, na sabedoria, na beleza, em todas as glórias e graças masculinas – teria sido uma blasfêmia impensável: ele era perfeito, e era assim que ele devia ser mostrado. E foi assim que Sir Arthur, Sir Theodore e o general o pintaram. Nas circunstâncias, e sob tal supervisão, fazer qualquer coisa diferente exigiria talentos consideravelmente maiores do que o que aqueles cavalheiros demonstravam. Mas isso não foi tudo. Por uma curiosa falta de sorte, Vitória também contratou os serviços de outro escritor cujo talento estava acima de qualquer dúvida. O poeta Laureado, adotando, por convicção ou complacência, o tom de sua soberana, se uniu ao coro de louvores, acrescentando à fórmula real a mágica ressonância da poesia. Isso resolveria a questão. Dali em diante seria impossível esquecer que Albert usara a branca flor de uma vida imaculada.

Todavia, o resultado foi duplamente infeliz. Desapontada e triste, Vitória se ressentiu contra o seu povo, que se recusava, apesar de todos os seus esforços, a reconhecer o devido valor de seu marido. Ela não entendia como a descrição da perfeição absoluta podia desagradar à maioria da humanidade. O motivo não seria tanto a inveja de um ser tão perfeito, mas a suspeita de que ele não fosse humano; o que aconteceu foi que, quando o público viu diante de si, para ser admirada, uma figura que se assemelhava ao herói açucarado de um livro de fábulas morais, em vez de um semelhante, de carne e osso, voltou-lhe as costas dando de ombros, sorrindo e gracejando com ironia e leviandade. Mas aqui o público perdia tanto quanto Vitória. Pois, na verdade, Albert era um personagem muito mais interessante do que se imaginava. Mas, por uma curiosa ironia, o amor da rainha quis fixar na imaginação popular a imagem de uma estátua de cera impecável, enquanto a criatura que ela representava – a criatura real, tão cheia de energia, tensão e tormento, tão misteriosa e infeliz, e tão falível, e tão humana – desaparecia para sempre.

IV

Palavras e livros podem ser memoriais ambíguos; mas quem poderia interpretar equivocadamente a solidez visível do bronze e da pedra? Em Frogmore, perto de Windsor, onde estava enterrada sua mãe, Vitória fez construir, ao custo de 200 mil libras, um vasto e rebuscado mausoléu para ela e seu marido.[328] Aquele, contudo, não passava de um monumento particular e doméstico, e a rainha queria que, onde quer que se reunissem, seus súditos sempre fossem lembrados do príncipe, que já não estava mais entre eles. O desejo foi realizado; em todo o país – em Aberdeen, em Perth e em Wolverhampton – foram erguidas estátuas do príncipe, e foi a própria rainha quem as inaugurou, quebrando o isolamento que se impusera, descobrindo-as aos olhos do povo. Na capital, foi a mesma coisa. Um mês depois da morte do príncipe, foi convocada uma reunião em Mansion House para se discutir qual seria a melhor maneira de honrar a sua memória. Mas as opiniões sobre o assunto estavam divididas. O que era melhor, uma estátua ou uma instituição? Enquanto se resolvia o caso, foi aberta uma subscrição; foi criado um comitê influente, que consultou a rainha sobre os seus desejos naquela matéria. Sua Majestade respondeu que preferiria um obelisco em granito, com esculturas em sua base, a uma instituição. Mas o comitê hesitou: um obelisco, para ser digno do nome, precisa ser claramente um monólito; e onde encontrar em toda a Inglaterra uma pedreira capaz de fornecer um

[328]Lee, 390.

bloco de granito com aquelas dimensões? É verdade que havia granito na Finlândia russa, mas o comitê foi alertado de que o material não se adaptava à exposição ao ar livre. Desta forma, acabaram sugerindo a construção de um prédio memorial com uma estátua do príncipe; Sua Majestade assentiu; mas então surgiu outra dificuldade. Verificou-se que a subscrição só tinha alcançado a soma de 60 mil libras, insuficiente para cobrir a dupla despesa. Abandonaram, então, a ideia do prédio; apenas a estátua seria erguida; vários arquitetos eminentes foram convidados a apresentar seus projetos. Nessa altura, o comitê já dispunha de 120 mil libras, pois o povo subscrevera mais 10 mil libras e o Parlamento votara a aprovação de outras 50 mil. Poucos anos depois foi criada, com instalações próprias, uma sociedade anônima de investimento privado, a Albert Hall.[329]

O arquiteto cujo projeto foi selecionado, tanto pelo comitê quanto pela rainha, foi o Sr. Gilbert Scott, cujo trabalho, valor e autêntica devoção o tinham conduzido ao topo de sua profissão. O zelo que demonstrou a vida inteira ao estilo gótico lhe valeu uma especial proeminência, e o seu trabalho manual era sempre visível, não somente em diversas construções originais, como também na maioria das catedrais da Inglaterra. De vez em quando, ouviam-se protestos contra as suas inovações; mas o Sr. Scott respondia com tal energia e ironia, por meio de artigos e panfletos, que acabava conquistando todos os deões, que autorizavam o prosseguimento de seu trabalho, sem interrupções. Houve um caso, porém, em que a sua devoção ao estilo gótico o colocou numa situação bastante desagradável. Os escritórios do governo, em Whitehall, precisavam ser reconstruídos; o Sr. Scott entrou na concorrência, e o seu projeto saiu vitorioso. Este era, naturalmente, em estilo gótico, combinando "uma certa horizontalidade e um rigor do esboço" com

[329] "National Memorial".

pilastras, frontões, tetos altos e águas-furtadas; quanto aos desenhos, segundo afirmou o próprio Sr. Scott, "eram talvez os melhores, ou quase, já enviados a um concurso". Após as costumeiras dificuldades e adiamentos, o trabalho parecia prestes a ser executado quando houve a mudança no governo, e lorde Palmerston se tornou primeiro-ministro. Lorde Palmerston convocou imediatamente o Sr. Scott. "Bem, Sr. Scott", disse ele, com seu tom petulante, "eu não gosto nem um pouco desse estilo gótico. Insisto que seja feito um projeto em estilo italiano, e tenho certeza de que o senhor poderá fazê-lo muito bem". O Sr. Scott ficou estupefato; o estilo da Renascença italiana era não somente feio, mas positivamente imoral, e ele se recusava firmemente a imiscuir-se com uma coisa daquelas. Na mesma hora, lorde Palmerston assumiu um tom paternal: "É verdade; não se pode esperar que um arquiteto gótico projete um prédio clássico; terei que procurar outra pessoa." Aquilo era intolerável, e o Sr. Scott, regressando à sua casa, escreveu uma carta veemente ao primeiro-ministro, enfatizando a sua posição como arquiteto, os dois prêmios que recebera em concursos europeus, e o fato de ser um membro da A.R.A. (Academia Real de Arquitetura), um ganhador da medalha de ouro do Instituto, além de professor de arquitetura; mas foi inútil; lorde Palmerston nem sequer respondeu. Então ocorreu a Scott a ideia de que, com uma mescla judiciosa, ele poderia talvez preservar o caráter gótico essencial, elaborando um projeto que desse uma impressão superficial de estilo clássico. Assim o fez, sem produzir nenhum efeito em lorde Palmerston. O novo projeto, Palmerston afirmou, "não era nem uma coisa nem outra – não passava de uma mistura deformada" – e ele tampouco gostava daquilo. Depois disso o Sr. Scott julgou necessário passar dois meses em Scarborough "fazendo um tratamento com quinino". Finalmente ele se recuperou, e acabou pagando o preço de abrir mão de suas convicções. Por amor à sua família, ele se sentia tristemente obrigado a obedecer ao primeiro-ministro; trêmulo de horror, ele construiu as novas instalações do governo em puro estilo renascentista.

Mas, pouco depois disso, o Sr. Scott encontrou algum consolo ao construir o Hotel St. Pancras em seu próprio estilo.[330]

E agora lhe cabia uma nova e ainda mais gratificante tarefa. "Minha ideia ao projetar o Memorial", escreveu ele,

> era erigir uma espécie de cibório para proteger a estátua do príncipe; uma característica especial era que este cibório seria elaborado, em alguma medida, segundo os princípios dos antigos santuários. Estes santuários eram modelos de construções imaginárias, já que na realidade nunca foram erguidos; e a minha ideia era reproduzir uma dessas estruturas imaginárias, com seus materiais preciosos, suas incrustações, seus esmaltes etc., etc.[331]

A ideia era particularmente adequada, já que uma concepção semelhante, embora em dimensões diferentes, ocorrera ao próprio príncipe, que projetara e construíra diversas galheteiras em miniatura baseadas no mesmo modelo. A pedido da rainha, foi escolhido um lugar em Kensington Gardens tão próximo quanto possível do local onde se realizara a Grande Exposição; e, em maio de 1864, o trabalho começou. A obra era longa, complexa e difícil; um grande número de operários foi contratado, além de vários escultores assistentes e gravadores de metal, sob o comando do Sr. Scott; a cada etapa concluída, apresentavam-se novos esboços e modelos a Sua Majestade, que analisava todos os detalhes meticulosamente e frequentemente sugeria algum aprimoramento.

---

[330]Scott, 177-201, 271.

[331]Ibid., 225.

> O friso que circundava a base do monumento constituía um dos trabalhos esculturais mais difíceis já realizados até então, consistindo em um círculo contínuo de figuras concebidas com minúcia, esculpidas em alto-relevo e em tamanho natural, com mais de 60 metros, contendo cerca de 170 figuras, executadas no mármore mais duro que conseguiram encontrar.

Após três anos de trabalho, o Memorial ainda estava longe de ser concluído, e o Sr. Scott julgou aconselhável oferecer um banquete aos operários "como prova substancial de reconhecimento do quanto apreciava a sua habilidade e o seu vigor." "Duas longas mesas", disseram-nos,

> feitas com tábuas de andaime foram improvisadas na oficina e cobertas por jornais, na falta de toalhas de mesa. Do jantar participaram mais de 80 homens. Foram servidos bifes de vaca e de carneiro, pudins de ameixa, queijos, tudo em abundância; quem quisesse poderia beber três *pints* [medida equivalente a cerca de 580 ml] de cerveja, além de refrigerante e limonada para os abstêmios, que representavam uma parcela considerável (...). Foram feitos diversos brindes, e muitos operários discursaram, quase todos começando com "Graças a Deus temos boa saúde"; alguns aludiam à paz reinante entre eles, outros lembravam que raramente se ouviam pragas no ambiente de trabalho, e todos se declaravam felizes e orgulhosos de participarem de uma obra tão grandiosa.

Gradualmente, o edifício chegava perto da conclusão. A imagem, em tamanho natural, que completava as 170 figuras do friso foi esculpida, as colunas de granito ergueram-se no ar, os mosaicos foram inseridos nos ornamentos alegóricos da fachada e as quatro estátuas colossais, representando as maiores virtudes morais, e os oito bronzes, representando as maiores ciências – Astronomia, Química, Geologia, Geografia, Retórica, Medicina, Filosofia e Fisiologia – foram fixados em seus pináculos resplandecentes, bem elevados no espaço. A estátua da Fisiologia era particularmente admirada. "No seu braço esquerdo", informa-nos a descrição oficial,

> ela carrega um bebê recém-nascido, como uma representação do desenvolvimento da mais alta e perfeita das formas fisiológicas; a mão aponta para um microscópio, instrumento que presta o seu auxílio à investigação das mais minúsculas formas dos organismos animais e vegetais.

Finalmente a cruz dourada coroou as galáxias de querubins superpostos; os quatro continentes, em mármore branco, foram colocados nos quatro cantos da base e, sete anos depois de sua concepção, o monumento foi finalmente aberto ao público, em 1872.

Mas ainda seriam necessários mais quatro anos para que ficasse pronta a figura central, que seria colocada sob o dossel estrelado. Ela foi desenhada pelo Sr. Foley, embora num ponto em particular a liberdade do artista tenha sido restringida pelo Sr. Scott. "Escolhi a posição sentada", disse o Sr. Scott, "por ser a mais conveniente para indicar a dignidade de um personagem real." Habilmente, o Sr. Foley acatou a decisão de seu chefe. "Na atitude e na expressão", disse ele,

> o objetivo foi atingir, ao lado da individualidade do retrato, a personificação da linguagem, do caráter e da sabedoria do príncipe, procurando, ao mesmo tempo, passar a ideia de uma inteligência que estava ativamente, e não passivamente, interessada naquelas conquistas

da civilização ilustradas nas figuras, nas imagens e nos relevos circundantes. Para identificar a figura com um dos mais memoráveis empreendimentos do príncipe – a Exposição Internacional de 1851 – um catálogo das obras reunidas naquela primeira reunião da indústria de todas as nações foi colocado na sua mão direita.

A estátua era de bronze dourado e pesava quase 10 toneladas. Supunha-se, com razão, que a simples palavra "Albert", gravada na base, seria um meio suficiente de identificação.[332]

8
Sr. Gladstone e lorde Beaconsfield

I

A risada de lorde Palmerston – aquele estranho e metálico "Ah! Ah! Ah!", que reverberava desde os dias de Pitt e do Congresso de Viena – não era mais ouvida em Picadilly;[333] lorde John Russell estava ficando senil; lorde Derby abandonara o palco. Uma nova cena se abria; e novos protagonistas – o Sr. Gladstone e o Sr. Disraeli – lutavam juntos nos bastidores. De sua vantajosa posição, Vitória observava esse progresso com o interesse apaixonado e pessoal que ela invariavelmente dedicava à política. Entretanto, sua atitude naquele caso causou certa surpresa. Gladstone fora um discípulo de seu venerado Peel, e tinha recebido a aprovação de Albert; o Sr. Disraeli perseguira

[332]"National Memorial"; Dafforne, 43-4.
[333]Adams, 135.

Sir Robert até a sua queda, com uma virulência terrível, e dele o príncipe dissera que "em sua composição não entrava um elemento sequer de cavalheirismo".[334] Mesmo assim, ela via o Sr. Gladstone com uma desconfiança e um desagrado que rapidamente se acentuaram, ao passo que prodigalizava ao seu rival uma confiança, uma estima e um afeto irrestritos, numa intensidade que nem o próprio lorde Palmerston conhecera.

Sua atitude em relação ao ministro Tóri mudara subitamente quando Vitória percebeu que somente ele, entre os homens públicos, adivinhara os seus sentimentos na época da morte de Albert. Sobre todos os outros ela poderia dizer: "Apiedaram-se de mim, não da minha dor"; ao passo que o Sr. Disraeli tinha entendido tudo; e todas as suas condolências tinham assumido a forma de elogios reverentes ao que partira. A rainha declarou que ele era "a única pessoa que admirava o príncipe".[335] Ela começou, então, a tratá-lo com especial deferência; ofereceu, a ele e a sua esposa, dois dos lugares mais cobiçados na capela de St. George no casamento do príncipe de Gales, e convidou-o a passar uma noite em Windsor. Quando a verba para o Memorial de Albert foi aprovada pela Câmara dos Comuns, Disraeli, como líder da oposição, apoiou eloquentemente o projeto. Ele foi recompensado com um exemplar da coletânea de discursos do príncipe, encadernado em marroquim branco, e trazendo uma inscrição traçada pela própria mão real. Em sua carta de agradecimento, ele ousou "tocar num tema sagrado", e num estilo que repercutia, com sábia fidelidade, os sentimentos de sua correspondente, estendeu-se longamente na análise da perfeição absoluta de Albert. "O príncipe", afirmava ele,

[334]Clarendon, II, 342.

[335]Buckle, IV, 385.

> foi a única pessoa que o Sr. Disraeli já conheceu que personificava o ideal. Nenhum outro de seus conhecidos sequer se aproximara disso. Nele havia uma união da graça masculina e da simplicidade sublime, do cavalheirismo e do esplendor intelectual da Academia Ática. O único personagem da história inglesa que poderia, em alguns aspectos, ser comparado a ele, era Sir Philip Sidney: o mesmo tom elevado, a mesma cultura universal, a mesma mescla de ternura e vigor, a mesma combinação de energia romântica e serenidade clássica.

Quanto ao seu próprio relacionamento com o príncipe, fora "um dos mais felizes acontecimentos da sua vida: repleto de lembranças belas e refinadas e sempre exercendo, como ele sentia, uma influência calmante e encorajadora pelo resto de sua existência." Vitória comoveu-se muito com "a profundidade e a delicadeza daqueles sentimentos"; e, a partir dali, Disraeli teve seu lugar assegurado entre as afeições da rainha.[336] Quando, em 1866, os conservadores subiram ao poder, a posição de Disraeli como chanceler do Tesouro e líder da Câmara fez naturalmente com que ele se aproximasse ainda mais da soberana. Dois anos depois, lorde Derby se demitiu, e Vitória, com grande prazer e cheia de peculiar graciosidade, deu as boas-vindas a Disraeli como primeiro-ministro.[337]

Mas ele só permaneceu no poder durante nove agitados meses. O ministério, em minoria na Câmara dos Comuns, foi dissolvido por uma eleição geral. Mesmo assim, no final desse período, os laços que uniam a rainha e seu *premier* estavam mais fortes do que nunca; a relação entre os dois já não era meramente aquela entre uma senhora agradecida e um servo

---

[336]Buckle, IV, 382-95.

[337]Ibid., IV, 592.

devotado: eles eram verdadeiros amigos. As cartas oficiais que ele mandava à rainha, nas quais o elemento pessoal sempre é visível, tornaram-se verdadeiros relatórios das novidades políticas e comentários dos acontecimentos sociais, escritos, como dizia Clarendon, "em seu melhor estilo novelesco". Vitória estava encantada; declarou que nunca na vida recebera cartas como aquelas, e nunca estivera tão bem informada sobre *tudo* quanto agora.[338] Por sua vez, a rainha, chegada a primavera, lhe enviou vários buquês de flores, colhidas por suas próprias mãos. Disraeli lhe ofereceu então uma coleção de seus romances, após o que a rainha se declarou "muito grata, pois lhes dava muito valor". Ela própria tinha publicado recentemente as *Páginas do diário de nossa vida na Escócia*, e observou-se que o primeiro-ministro, quando conversava com Sua Majestade nesse período, empregava constantemente as palavras "nós, autores, Senhora".[339] Nas questões políticas, a rainha era o seu melhor suporte. "Sinceramente, nunca se viu uma conduta semelhante à que tem agora a oposição", escreveu ela. E quando o governo foi derrotado na Câmara, ela ficou "realmente chocada com a forma como procede a Câmara dos Comuns; eles realmente desacreditam o governo constitucional".[340] Vitória temia a perspectiva de mais uma mudança; ela receava que, se os liberais insistissem em dar autonomia à Igreja irlandesa, isso poderia ir de encontro ao Juramento da Coroação.[341] Mas alguma mudança era inevitável, e Vitória tentou em vão consolar-se da perda de seu ministro favorito conferindo o título de Par do Reino à Sra. Disraeli.

O Sr. Gladstone estava em mangas de camisa, em Hawarden, cortando uma árvore, quando lhe trouxeram a mensagem real.

---

[338]Clarendon, II, 346.

[339]Buckle, V, 49.

[340]Ibid., V, 48.

[341]Ibid., V, 28.

"Muito significativo", observou ele, após ler a carta, e continuou a cortar a árvore. Seus pensamentos secretos na ocasião eram mais explícitos e foram registrados em seu diário. "O Todo-Poderoso", escreveu ele, "parece estar me reservando para algum desígnio de Sua vontade, embora eu me considere profundamente indigno disso. Glória ao Seu nome!"[342]

A rainha, porém, não compartilhava a opinião de seu primeiro-ministro sobre as intenções do Todo-Poderoso. Ela não acreditava que havia um desígnio divino a ser descoberto no programa de mudanças radicais que o Sr. Gladstone estava determinado a conduzir. Mas o que ela podia fazer? O Sr. Gladstone, com sua energia demoníaca e sua poderosa maioria na Câmara dos Comuns, era irresistível; e, durante cinco anos (1869-1874), Vitória se viu condenada a viver em meio à atmosfera agitada de reformas intermináveis - a reforma da Igreja Irlandesa e do sistema territorial irlandês, a reforma da educação, a reforma das eleições parlamentares, a reforma da organização do Exército e da Marinha, a reforma da Administração da Justiça. Ela desaprovava, lutava, se enfurecia; ela sentia que, se Albert ainda vivesse, as coisas não aconteceriam daquele modo; mas seus protestos e reclamações eram igualmente inconsequentes. O simples esforço de lidar com a avalanche de documentos que lhe chegavam às mãos, num fluxo cada vez maior, era terrivelmente cansativo. Quando lhe trouxeram o longo e intricado documento da Lei da Igreja da Irlanda, acompanhado de uma carta explanatória do Sr. Gladstone que enchia 12 páginas de papel em letras pequenas, ela quase se desesperou. Vitória passava do texto da lei à explicação, e de volta da explicação ao texto da lei, e não conseguia decidir qual dos dois era mais confuso. Mas ela tinha que cumprir o seu dever; tinha não somente que ler, mas

[342]Morley, II, 252, 256.

também fazer anotações. Por fim, ela entregou toda a papelada ao Sr. Martin, que na ocasião estava em Osborne, pedindo-lhe que fizesse um resumo de tudo.[343] Quando ele o fez, a desaprovação de Vitória à medida ficou ainda mais forte do que antes; mas o poder do governo era tanto que ela praticamente se viu forçada a se limitar a pedir moderação à oposição, pois coisas ainda piores deveriam surgir.[344]

No meio dessa crise, quando o futuro da Igreja Irlandesa estava na balança, a atenção de Vitória se voltou para outra reforma que tinha sido proposta. Alguém sugerira que se autorizasse os marinheiros a usarem barba. "O Sr. Childers decidiu alguma coisa a respeito das barbas?", escreveu a rainha, ansiosa, ao primeiro lorde do Almirantado. De uma maneira geral, Sua Majestade era favorável à mudança. "A opinião pessoal da rainha sobre o assunto", escreveu ela,

> é favorável a que se usem barbas sem bigodes, já que estes lhes dariam a aparência de soldados; mas neste caso o objetivo em vista não seria alcançado, isto é, evitar a necessidade de se barbear. Seria melhor, portanto, autorizar a barba completa, desde que a conservassem curta e muito limpa.

Depois de pensar no assunto por mais uma semana, a rainha escreveu uma carta final. Ela "gostaria de fazer uma observação adicional com relação às barbas", declarou. "Isto é, que de forma alguma seja permitido o uso de bigodes sem barbas. Este ponto deve ficar bastante claro."[345]

Mudanças na Marinha podiam ser toleradas; mas se intrometerem no Exército era um assunto muito mais sério. Desde

---

[343]Martin, "Queen Victoria", 50-1.

[344]Tait, II, cap. 1.

[345]Childers, 175-7

tempos imemoriais existia uma conexão particularmente íntima entre o Exército e a coroa; e Albert vinha dedicando cada vez mais tempo e atenção aos detalhes das questões militares do que ao processo de pinturas de afrescos ou aos planos concernentes à construção de banheiros públicos para os pobres de vida digna. Mas agora estava para acontecer uma grande modificação. O Sr. Gladstone se excedera, determinando que o comandante-chefe não mais ficasse sob a dependência direta da soberana, tornando-se subordinado ao Parlamento e ao secretário de Estado da Guerra. De todas as reformas liberais, esta era a que despertava o ressentimento mais amargo em Vitória. Ela achava que a mudança era um ataque pessoal à sua posição – e quase um ataque pessoal à posição de Albert. Mas ela estava impotente, e o primeiro-ministro seguiu em frente. Quando Vitória soube que aquele homem terrível ainda estava planejando outra reforma – abolindo a compra de comissões militares – ela só podia concluir que era isso justamente o que devia ser esperado. Por um momento Vitória esperou que a Câmara dos Lordes viesse em seu socorro; os pares se opuseram à modificação com inesperada energia; mas o Sr. Gladstone, mais consciente do que nunca do apoio do Todo-Poderoso, tinha guardado um artifício engenhoso. A compra das comissões tinha sido originalmente autorizada por uma Ordem Real; pois bem, agora ela deveria ser abolida pelo mesmo recurso. Vitória se deparou com um dilema curioso: ela abominava a abolição da compra; mas foi solicitada a aboli-la no exercício de seu poder soberano, o que lhe agradava muito. Ela não hesitou por muito tempo; e quando o gabinete, num documento formal, aconselhou-a a assinar o decreto, ela o fez de boa vontade.[346]

[346]Morley, II, 360-5.

Por inaceitável que fosse a política do Sr. Gladstone, havia outra coisa a respeito dele que era ainda mais desagradável a Vitória. A rainha não tolerava a conduta pessoal do ministro em relação a ela. Não que o Sr. Gladstone, em seus contatos com Vitória, demonstrasse alguma falta de cortesia ou respeito. Ao contrário, uma reverência extraordinária permeava as suas maneiras, tanto nas suas conversas quanto na sua correspondência com a soberana. De fato, com aquele profundo e apaixonado conservadorismo que, até o fim de sua incrível carreira, dava um colorido tão inesperado ao seu caráter inexplicável, o Sr. Gladstone via Vitória através de um véu de respeito quase religioso – como a personificação sacrossanta de tradições veneráveis; ela era um elemento vital na Constituição britânica – uma rainha por Ato do Parlamento. Mas infelizmente a dama não apreciava o cumprimento. A queixa bem conhecida – "Ele me fala como se eu fosse uma assembleia pública" – autêntica ou não – e a construção da frase é de fato um pouco epigramática demais para ser genuinamente vitoriana – sem dúvida expressa o elemento essencial da sua antipatia. Vitória não fazia objeção alguma a ser vista como uma instituição; pois ela era uma e sabia disso muito bem. Mas ela também era uma mulher, e ser considerada *apenas* uma instituição – *isto* era intolerável. Desta forma, todo o zelo e a devoção do Sr. Gladstone, suas frases cerimoniosas, suas mesuras exageradas, sua escrupulosa correção foram totalmente desperdiçados; e quando, em seu excesso de lealdade, ele foi além, atribuindo ao objeto de sua veneração, com uma obsequiosa cegueira, a sutileza do intelecto, a vasta leitura e o entusiasmo grave que ele próprio demonstrava, o mal-entendido foi completo. A diferença entre a Vitória real e aquela estranha divindade criada pela imaginação do Sr. Gladstone acabou tendo resultados desastrosos. O desconforto e o desagrado da rainha acabaram se transformando em franca animosidade, e, embora a sua conduta continuasse impecável, ela nunca cedia, por um momento sequer; ao passo que ele, por sua vez, sentia-se derrotar pela decepção, perplexidade e mortificação.[347]

Mesmo assim, sua fidelidade continuou inabalável. Quando o gabinete se reuniu, o primeiro-ministro, cheio de suas visões beatíficas, abriu os trabalhos lendo em voz alta as cartas que tinha recebido da rainha sobre as questões do momento. A assembleia ficou em absoluto silêncio à medida que as frases reais, com as suas ênfases, exclamações e peculiaridades gramaticais, saíam com profunda solenidade dos lábios do Sr. Gladstone. Nem um comentário sequer, de qualquer natureza, foi ouvido; e, após uma pausa apropriada, o ministro passou aos assuntos do dia.[348]

II

Por menos que Vitória apreciasse a atitude de seu primeiro-ministro, ela reconhecia que isso apresentava algumas vantagens. O descontentamento popular com o seu isolamento contínuo vinha ganhando força havia vários anos, e agora voltava a explodir com dimensões novas e alarmantes. O republicanismo estava no ar. O pensamento radical na Inglaterra, estimulado pela queda de Napoleão III e pelo estabelecimento de um governo republicano na França, em 1848, subitamente se tornara mais agudo do que nunca. Ao mesmo tempo, pela primeira vez essa corrente se tornava quase respeitável. Até ali, ela se limitara inteiramente às classes baixas. Mas, agora, até mesmo membros do Parlamento, doutos professores e damas da nobreza apoiavam abertamente as ideias mais subversivas. A monarquia era atacada ao mesmo tempo na teoria e na prática. E era atacada num ponto vital: alegava-se que ela era cara

---

[347]Morley, II, 423-8; Crawford, 356, 370-1.

[348]Informação privada.

demais. Que benefícios, perguntava-se, a nação colhia para compensar as enormes somas que eram despendidas com a soberana? O retiro de Vitória fornecia um pretexto desagradável para a tese. Foi enfatizado que as funções cerimoniais da coroa tinham praticamente desaparecido; e permanecia em aberto a terrível questão de saber se as outras funções que ela continuava a desempenhar realmente justificavam uma anuidade de 385 mil libras. O balanço das despesas reais foi cuidadosamente examinado. Surgiu um panfleto anônimo, intitulado "O que ela faz com o dinheiro?", relatando a situação das finanças com maliciosa clareza. A rainha, afirmava o panfleto, recebia por ano a quantia, outorgada pela Lista Civil, de 60 mil libras para seu uso particular; mas o restante de sua generosa anuidade se destinava, segundo declarava a Ata, a "satisfazer as despesas da Casa Real e a preservar a honra e a dignidade da coroa". Mas era evidente que, depois da morte do príncipe, os gastos com esses dois propósitos tinham diminuído consideravelmente, e era difícil resistir à conclusão de que uma boa parte daquela enorme quantia estava sendo desviada anualmente dos usos determinados pelo Parlamento, indo engrossar a fortuna particular de Vitória. Era impossível descobrir o valor exato desta fortuna particular; mas havia razões para crer que era gigantesco; talvez chegasse à soma de 5 milhões de libras. O panfleto protestava contra este estado de coisas, e seus protestos foram repetidos com veemência pelos jornais e nas assembleias públicas. Embora seja certo que essa estimativa das riquezas da rainha fosse exagerada, é igualmente certo que ela era uma mulher extraordinariamente rica. Vitória provavelmente economizava 20 mil libras por ano da Lista Civil; as rendas do ducado de Lancaster não paravam de crescer; ela herdara um patrimônio considerável do príncipe consorte; e tinha recebido, em 1852, uma herança de meio milhão de libras do Sr. John Neild, um excêntrico avarento. Nessas circunstâncias, não é surpreendente que, quando o Parlamento foi solicitado a votar uma bolsa de 30 mil libras para a princesa Louise, em 1872, por ocasião de seu casamento com o filho mais velho do duque de Argyll, além de uma anuidade de 6 mil libras, a gritaria tenha sido séria.[349]

Para apaziguar a opinião pública, a rainha abriu pessoalmente as sessões do Parlamento, e a proposta acabou sendo aprovada quase por unanimidade. Mas, poucos meses depois, foi feito outro pedido: o príncipe Arthur atingira a maioridade, e a nação era instada a lhe pagar uma anuidade de 15 mil libras. A gritaria foi redobrada. Artigos indignados enchiam as páginas dos jornais; Bradlaugh trovejou contra os "pedintes principescos" para uma das maiores turbas jamais vistas em Trafalgar Square; e Sir Charles Dilke expôs o caso numa assembleia republicana e radical em Newcastle. A anuidade do príncipe acabou sendo aprovada na Câmara dos Comuns por uma ampla maioria; mas uma minoria de 50 membros votou a favor da redução da soma para 10 mil libras.

Em relação a todos os aspectos dessa desagradável questão, o Sr. Gladstone manteve uma resistência férrea. Ele desaprovava a extrema divisão de seus colegas. Declarou ser justo que a totalidade das rendas da rainha ficasse à sua disposição pessoal, argumentou que protestar contra as economias reais era uma forma de estimular extravagâncias reais e acabou conseguindo que o Parlamento aprovasse aquelas anuidades altamente impopulares, que, segundo ele afirmava, estavam em estrito acordo com outros precedentes. Quando, em 1872,

[349]Em 1889 foi comprovado oficialmente que as economias da rainha, provenientes da Lista Civil, chegavam à quantia de 824.025 libras, mas que desta soma haviam sido gastas importâncias diversas para o entretenimento de visitantes estrangeiros (Lee, 499). Levando-se em consideração as rendas do Ducado de Lancaster, que superavam as 60 mil libras anuais (Lee, 79), a herança do príncipe consorte e o legado do Sr. Neild, parece provável que, na ocasião de sua morte, a fortuna de Vitória fosse de aproximadamente 2 milhões de libras.

Sir Charles Dilke voltou mais uma vez à carga na Câmara dos Comuns, apresentando uma moção para uma investigação completa das despesas da rainha, com vistas a uma reforma radical da Lista Civil, o primeiro-ministro teve que fazer uso de todos os recursos de sua poderosa e engenhosa eloquência em defesa da coroa. Ele foi totalmente bem-sucedido; e em meio a uma cena de grande desordem, a moção foi rejeitada de forma ignominiosa. Vitória respirou com alívio, mas nem por isso passou a gostar mais do Sr. Gladstone.[350]

Este era, talvez, o momento mais infeliz de sua vida. Os ministros, a imprensa, o povo, todos conspiravam para envergonhá-la, acusá-la, interpretar mal suas ações, de uma forma antipática e desrespeitosa. A rainha era "uma mulher cruelmente incompreendida", disse ela ao Sr. Martin, queixando-se amargamente dos ataques injustos que lhe faziam, e declarando que "as grandes preocupações, ansiedades e duras tarefas que realizara sozinha, sem ajuda, durante dez anos a fio, já em idade avançada e com uma saúde sempre frágil", estavam acabando com ela e "quase a levavam ao desespero".[351] De fato, a situação era deplorável. Era como se sua existência inteira se perdesse; como se um antagonismo irremediável tivesse crescido entre a rainha e sua nação. Se Vitória tivesse morrido no começo da década de 1870, não resta dúvida de que a voz do mundo a teria classificado como um fracasso colossal.

III

Mas a Vitória estava reservado um destino muito diferente. A explosão do republicanismo na verdade tinha sido a última manifestação de uma causa perdida. A onda liberal, que vinha

---

[350]Morley, II, 425-6; Lee, 410-2, 415-8; Jerrold, "Widowhood", 153-7, 162-3, 169-71.

[351]Martin, "Queen Victoria", 41-2.

crescendo com firmeza desde a Lei da Reforma, atingiu seu clímax na primeira administração do Sr. Gladstone; no final da mesma, contudo, o declínio inevitável começou. A reação, quando veio, foi súbita e completa. A eleição geral de 1874 mudou completamente a face da política. O Sr. Gladstone e os liberais foram varridos; o partido Tóri, pela primeira vez depois de 40 anos, conquistava uma supremacia inquestionável na Inglaterra. Era evidente que aquele triunfo surpreendente se devia sobretudo à habilidade e ao vigor de Disraeli. Ele voltou ao ministério como o líder dúbio de uma hoste insuficiente, mas ao som do rufar de tambores e com as bandeiras desfraldadas, como se fosse um herói conquistador. E foi como um herói conquistador que Vitória recebeu o seu novo primeiro-ministro.

Então se seguiram seis anos de aventura, encantamento, felicidade, glória, romance. Aquele ser impressionante, que agora finalmente, aos 70 anos, depois de uma vida inteira de lutas extraordinárias, tinha concretizado um dos sonhos mais absurdos de sua infância, sabia muito bem como conquistar, de forma integral, o coração da soberana – de quem se tornara, tão milagrosamente, ao mesmo tempo mestre e criado. Ele sempre soubera ler os corações das mulheres como um livro aberto. Toda a sua carreira girara em torno daquelas curiosas criaturas; e, quanto mais curiosas elas fossem, mais à vontade ao lado delas ele parecia ficar. Mas lady Beaconsfield, com a sua louca idolatria, e a Sra. Brydges-Williams, com suas trapalhadas, sua corpulência e sua herança, já tinham partido, e um fenômeno ainda mais notável ocupou o seu lugar. Ele observou o que tinha diante de si com o olhar de um mestre consumado; e não ficou em dúvida um momento sequer. Disraeli percebeu tudo em Vitória – as complexidades de circunstância e caráter, o orgulho da posição inextricavelmente mesclado à arrogância pessoal, o emocionalismo superabundante, a ingenuidade da visão de mundo, a sólida e laboriosa respeitabilidade, aqui e ali atravessada, de forma tão incongruente, pela necessidade temperamental de algo estranho e colorido, as singulares limitações intelectuais e o misteriosamente essencial elemento feminino que impregnava cada partícula do conjunto. Um sorriso pairou em seus traços impassíveis, e ele apelidou Vitória de "a Fada". O nome o encantava, já que, com uma ambiguidade epigramática tão cara ao seu coração, ele expressava com exatidão a sua visão da rainha. A alusão spenseriana também era agradável – a evocação elegante de Gloriana; mas havia mais do que isso; havia a sugestão de uma criatura diminuta, mas dotada de poderes mágicos – e míticos – tão intensos que faziam um contraste quase ridículo com a sua aparência. Dali em diante, Disraeli determinou, a Fada só moveria a sua varinha de condão para ele. O desprendimento é sempre uma qualidade rara, e talvez seja a mais rara de todas entre os políticos; mas aquele veterano egoísta demonstrava possuí-la num grau supremo. Ele não apenas sabia o que tinha a fazer; ele não apenas o fazia; ele estava ao mesmo tempo no palco e na plateia; e era assim que ele observava, com o grande deleite de um *connoisseur*, cada aspecto daquela situação intrigante, cada fase daquele delicado drama, e cada detalhe de sua própria e refinada representação.

O sorriso aflorou e desapareceu de seus lábios; fazendo uma profunda mesura, com gravidade e submissão orientais, ele se lança à tarefa. Disraeli tinha entendido desde o início que, ao lidar com a Fada, o método mais adequado de abordagem era a antítese do método gladstoniano; tal método era seu por natureza, e portanto tudo seria fácil. Não faziam parte de seus hábitos discursos bombásticos e exortações como funcionário público; ele gostava de espalhar flores pela senda dos negócios, inserir um argumento de peso numa frase espirituosa, insinuar os seus pensamentos com um ar de amizade e cortesia confidencial. Ele nunca deixava de ser pessoal; e sabia que a sua personalidade era a chave que lhe abriria o coração da Fada. De acordo com isso, Disraeli nunca deixou de temperar o seu relacionamento com a soberana com um tom pessoal; ele inseria em todas as transações de Estado os encantos de uma conversa familiar; ela seria sempre a dama real, a adorada e reverenciada senhora, enquanto ele seria sempre o amigo respeitoso e dedicado. Quando o relacionamento pessoal estava firmemente consolidado, todas as dificuldades desapareceram. Mas, para manter aquela relação num curso sempre suave e constante, era necessário um cuidado todo especial: as engrenagens daquela máquina precisavam ser periodicamente lubrificadas. Mas Disraeli não tinha nenhuma dúvida quanto à natureza do lubrificante. "Você já ouviu me chamarem de bajulador", disse ele a Matthew Arnold, "e isso é verdade. Todos gostam de ser bajulados; e quando se trata da realeza, a bajulação deve ser servida sem economia, numa colher de pedreiro."[352] E ele praticava o que pregava. Sua adulação era incessante, e ele fazia uso dela nas situações mais insignificantes. "Não existe honra nem recompensa", dizia ele,

> que possam um dia se igualar ao fato de contar com a boa vontade e os pensamentos gentis de Sua Majestade. E ele nada mais deseja, nos anos restantes de sua existência, senão dedicar todos os seus pensamentos e emoções, deveres e afeições a Sua Majestade; e, se não puder mais servi-la, que ele ao menos possa preservar na memória o mais interessante e fascinante período de sua vida.[353]

"Na vida", disse ele ainda à rainha, "todos devemos possuir um repositório sagrado para os nossos pensamentos, e lorde Beaconsfield pretende sempre encontrá-lo em sua soberana

---

[352]Buckle, VI, 463.

[353]Buckle, VI, 226.

Senhora."[354] Ela não era apenas o seu único ponto de apoio; era também o suporte da nação. "Se Sua Majestade adoecer", ele asseverou em meio a uma grave crise política, "ele não tem dúvida de que sofrerá um colapso. Porque tudo, na realidade, depende de Sua Majestade."[355] "Ele vive somente para ela", assegurava, "e trabalha apenas para ela, e sem ela tudo estará perdido." No aniversário da rainha, construiu uma elaborada série de cumprimentos hiperbólicos.

> Lorde Beaconsfield deveria hoje, talvez, felicitar uma soberana poderosa pelo seu governo imperial, pela vastidão de seu império e pelo sucesso e poderio de suas frotas e exércitos. Não o pode fazer, contudo; o seu espírito se encontra dominado por uma disposição inteiramente diferente. Consegue pensar apenas na estranheza de seu destino, que o transformou no criado de uma personagem tão magnífica, cuja infinita bondade, inteligência fulgurante e firmeza de caráter o capacitaram a empreender trabalhos para os quais, de outra forma, seria rigorosamente incapaz; pensa apenas no apoio que sempre recebeu em tudo, fruto da simpatia e da condescendência que, nas horas difíceis, sempre o encantaram e inspiraram. Sobre a soberana de muitas terras e muitos corações, possa a onipotente Providência derramar todas as bênçãos que os sábios desejam e os virtuosos merecem![356]

Naquelas mãos experimentadas, a colher de pedreiro parecia assumir as características de um elevado símbolo maçônico –

[354]Ibid., VI, 445.
[355]Ibid., VI, 254-5
[356]Ibid., VI, 430.

parecia transformar-se em ornamento e veículo cintilante de verdades incompreendidas pelos profanos.

Esses tributos eram adoráveis, mas permaneciam na nebulosa esfera das palavras, enquanto Disraeli estava determinado a conferir às suas lisonjas uma significativa solidez. Ele encorajava deliberadamente o modo altamente elevado como a rainha encarava sua própria posição, algo que sempre fora natural no espírito de Vitória e que tinha sido reforçado pelos princípios de Albert e pelas doutrinas de Stockmar. Ele professava a crença numa teoria da Constituição que outorgava à soberana um lugar de liderança nos conselhos do governo; ao pronunciar-se sobre o assunto, contudo, fazia-o de forma vaga; e quando ele declarou enfaticamente que deveria existir "um trono de verdade", provavelmente foi com o pensamento de que, na verdade, tal trono deveria ser bastante irreal se a sua ocupante não se mostrasse sensível às suas lisonjas. Mas as próprias ambiguidades de sua linguagem funcionavam como um estimulante para Vitória. Confundindo habilmente a mulher e a rainha, ele atirou, com um gesto grandioso, o governo da Inglaterra aos pés de Vitória, como se assim estivesse prestando uma homenagem pessoal a ela. Em sua primeira audiência após retornar ao poder, ele lhe assegurou que "tudo o que ela desejasse seria feito."[357] Quando a intricada lei de regulamentação do Culto Público estava sendo discutida pelo gabinete, ele disse à Fada que "seu único desejo" era "atender às vontades de Sua Majestade naquele assunto".[358] Quando executou seu grande *coup* sobre o Canal de Suez, usou expressões que faziam crer que a única beneficiada era Vitória. "Já está tudo acertado", escreveu triunfante.

---

[357]Buckle, V, 286.

[358]Ibid., V, 321.

> O Canal já é seu, senhora (...). "Quatro milhões de esterlinas! E quase imediatamente! Apenas uma firma poderia realizar tal transação – os Rothschild. Eles se comportaram de forma admirável; adiantaram o dinheiro a juros baixos, e todos os lucros do Khedive são agora seus, senhora.[359]

Tampouco ele se limitava a insinuações regiamente condimentadas. Escrevendo com toda a autoridade do seu posto, Disraeli informou a rainha de que ela tinha o direito constitucional de demitir um ministério, mesmo que este contasse com uma ampla maioria na Câmara dos Comuns; ele chegou a aconselhá-la a fazê-lo se por acaso, em sua opinião, "o governo de Sua Majestade houvesse, por fraqueza ou perversidade, decepcionado a soberana".[360] Para o horror do Sr. Gladstone, ele não somente mantinha a rainha informada sobre o que se passava no gabinete como também lhe revelava as posições tomadas por cada membro individual.[361] Lorde Derby, filho do último primeiro-ministro e secretário do Exterior de Disraeli, via esses desdobramentos com séria desconfiança. "Não existiria", ele aventurou-se a escrever a seu chefe, "o risco de encorajá-la a ter ideias grandes demais sobre o seu poder pessoal, e uma indiferença grande demais às expectativas do público? Só estou perguntando; cabe a você julgar."[362]

Quanto a Vitória, ela aceitava tudo – elogios, adulações, prerrogativas elizabetanas – sem o menor escrúpulo. Após o longo período de tristeza e luto, após a gélida disciplina gladstoniana, ela se entregava de bom grado à expansiva de-

---

[359] Ibid., V, 448-9.

[360] Ibid., II, 246.

[361] Morley, II, 574-5.

[362] Buckle, V, 414.

dicação de Disraeli, como uma flor se entrega à ação dos raios do sol. A mudança na sua situação fora de fato milagrosa. Ela já não precisava debruçar-se durante horas a fio sobre os complicados assuntos de Estado, pois agora bastava pedir uma explicação ao Sr. Disraeli, que lhe responderia de uma forma concisa e divertida. Ela não precisava mais se preocupar com novidades alarmantes; não tinha mais que se afligir ao lidar com cavalheiros repletos de mesuras e colarinhos altos, que a tratavam como se ela fosse a personificação de um símbolo e tivesse um conhecimento recôndito de grego. E o seu libertador era certamente o mais fascinante dos homens. A veia de charlatanismo que, inconscientemente, a cativara em Napoleão III exercia o mesmo efeito no caso de Disraeli. Como alguém cuja vida se passasse num estado de monótona sobriedade e se entregasse aos prazeres de um licor, a rainha, com sua inteligência destituída de sofismas, sorvia rapidamente aquelas adulações em estilo rococó. Vitória estava intoxicada, extasiada. Acreditando em tudo o que ele dizia dela própria, recuperou por completo a autoconfiança, cada vez mais abalada após o período que sucedeu a morte de Albert. Ela se enchia de uma nova soberba, enquanto o ministro, conjurando maravilhosas visões orientais, ofuscava os seus olhos com uma grandeza imperial com a qual a rainha só sonhara de forma imprecisa. Sob tal influência, até a sua conduta se modificou. Sua figura baixa, robusta, coberta de pregas de veludo negro, véus de musselina, trazendo pérolas pesadas no pescoço largo, assumia agora um ar quase ameaçador. Em seu rosto, do qual já tinha desaparecido havia tempos o encanto da juventude, mas que ainda não tinha sido suavizado pela velhice, ainda se viam sinais de tristeza, decepções e aborrecimentos, mas estes começavam a dar lugar a expressões arrogantes e linhas agudas de peremptória altivez. Aquela expressão só se modificava quando Disraeli aparecia, e num instante o ar ameaçador se desfazia em sorrisos.[363] Ela faria qualquer coisa por ele. Cedendo ao seu encorajamento, ela começou a sair de seu isolamento; apareceu em Londres com um vestido de semigala, visitou hospitais, assistiu a concertos; abriu as sessões do Parlamento. Passou em revista as tropas e distribuiu medalhas em Aldershot.[364] Mas esses sinais públicos de reconhecimento eram triviais se comparados às atenções particulares. Ela mal conseguia conter sua excitação e seu entusiasmo durante as audiências com Disraeli. "Só posso descrever a minha recepção", escreveu ele numa ocasião a um amigo, "dizendo que eu realmente cheguei a pensar que ela fosse me abraçar. Ela não parava de sorrir e, à medida que tagarelava, deslizava pelo salão leve como um pássaro."[365] Em sua ausência, ela falava dele incessantemente, e havia um toque de veemência incomum na maneira como se preocupava com sua saúde. "John Manners", disse Disraeli a lady Bradford,

> que acabou de chegar de Osborne, diz que a Fada só falava de um assunto, que era o seu *primo*. Segundo ele, era a graciosa opinião de Sua Majestade que o governo tratasse minha saúde como um assunto de Estado. Meu caro John ficou bastante surpreso com o que ela disse; mas você está mais habituada a essas manifestações.[366]

Frequentemente ela lhe dava presentes; em todos os Natais ela lhe enviava um álbum ilustrado de Windsor.[367] Mas os presentes mais apreciados eram os buquês de flores primaveris, colhidas por ela própria e suas damas nos jardins de Osborne, que simbolizavam de modo especial o calor e a ternura de seus

[363] "Quarterly Review", CXCIII, 334.
[364] Lee, 434-5.
[365] Buckle, V, 339.
[366] Ibid., V, 384.
[367] Ibid., VI, 468.

sentimentos. Entre as flores figuravam sempre as prímulas, que Disraeli dissera serem as suas favoritas. Elas eram, dizia ele, "as embaixatrizes da primavera", "gemas e joias da natureza". Admirava-as "ainda mais por serem selvagens", assegurava à rainha. "Pareciam uma oferenda dos faunos e dríades de Osborne." "Elas mostram", ele ainda lhe disse, "que o cetro de Sua Majestade tocou a ilha encantada." Sentava-se para jantar rodeado de jarras cheias dessas flores, dizendo aos convidados: "Elas me foram enviadas esta manhã de Osborne, presente da rainha, pois ela sabe que esta é minha flor predileta."[368]

À medida que o tempo passava, e se tornava cada vez mais claro que a escravidão da Fada era completa, as manifestações de Disraeli também se tornaram cada vez mais exaltadas. Por fim ele se aventurou a inserir em suas lisonjas uma nota de adoração quase confessadamente romântica. Em frases de estilo barroco, ele enviou a mensagem de seu coração. A pressão dos negócios, escreveu ele,

> o tinha absorvido e exaurido tanto que, na hora de escrever, ele não dispunha da clareza de pensamento, nem do vigor da pena, adequados a expressar seus pensamentos à mais amada e mais ilustre das criaturas, que se digna interessar-se por ele.[369]

Vitória lhe enviou algumas prímulas, e ele respondeu que elas eram "mais preciosas que rubis, vindo no momento em que vinham, de uma soberana que ele adora."[370] Ela lhe enviou campânulas brancas, e Disraeli transbordou seus sentimentos em poesia. "Ontem à tarde", escreveu ele,

---

368 Buckle, VI, 629.

369 Ibid., VI, 248.

370 Ibid., VI, 246-7.

> chegou a Whitehall Gardens um pacote de aparência delicada, trazendo um sobrescrito real; ao abri-lo, ele pensou que a Majestade lhe tivesse gentilmente oferecido as estrelas de suas principais Ordens. Na verdade, ficou tão impressionado com essa deliciosa ilusão que, tendo que participar naquela noite de um banquete onde havia estrelas e faixas condecorativas em profusão, ele não resistiu à tentação de colocar algumas campânulas na lapela, a fim de mostrar que também ele fora condecorado por uma graciosa soberana.
>
> Então, no meio da noite, ocorreu-lhe a ideia de que tudo poderia não passar de um encantamento, e que talvez aquela fosse uma dádiva de fada, proveniente de outra monarca: a rainha Titânia, colhendo flores com sua corte, numa ilha agradável, cingida pelo oceano, e enviando mágicos botões floridos que, segundo dizem, viram a cabeça daqueles que os recebem.[371]

Uma dádiva de fada! Teria ele sorrido ao escrever estas palavras? Talvez; no entanto, seria precipitado concluir que suas declarações tão entusiasmadas não fossem sinceras. Ao mesmo tempo ator e espectador, em Disraeli os dois personagens estavam tão intimamente mesclados naquela estranha composição que formavam uma unidade inseparável, e não se podia dizer que um era menos autêntico que o outro. Com um elemento, ele podia avaliar friamente a capacidade intelectual da Fada; constatar, não sem alguma surpresa, que segundo a ocasião ela podia ser "muito interessante e divertida", e então continuar a usar a sua colher de pedreiro com uma solenidade irônica; enquanto, com o outro, podia sentir-se dominado pela investidura imemorial da realeza, que o fazia vibrar com a sua

[371]Buckle, VI, 464-7.

própria situação elevada, vendo a si mesmo em meio a maravilhosas fantasias de coroas, poderes e amores cavalheirescos. Quando ele disse a Vitória que "durante uma vida razoavelmente romântica e imaginativa, nada tão interessante tinha lhe acontecido quanto aquela correspondência confidencial com uma pessoa tão exaltada e inspiradora",[372] não estava sendo honesto, afinal de contas? Quando escreveu, sobre a corte, a uma dama: "Amo a rainha; talvez ela seja a única pessoa a quem ainda amo neste mundo",[373] ele não estaria criando para si próprio um palácio encantado, saído das *Mil e uma noites*, cheio de melancolia e fulgor, no qual ele de fato acreditava? O estado de espírito de Vitória era muito mais simples; sem se perturbar com desejos imaginários, ela nunca se perdeu naquela nebulosa zona do espírito onde os sentimentos e as fantasias se confundem. Suas emoções, com toda a sua intensidade e todo o seu exagero, conservavam a textura prosaica e simples da vida cotidiana. Era natural, portanto, que ela as expressasse de forma igualmente prosaica. Ao terminar uma carta oficial ao seu primeiro-ministro, assinava: "Afetuosamente, sua V.R. e I." Nesta frase, a realidade profunda de seu sentimento se manifesta instantaneamente. Os pés da Fada estavam bem firmes no chão; o que estava no ar era o *rusé* [astuto] cínico.

Ele lhe tinha ensinado, contudo, uma lição, que ela aprendeu com impressionante rapidez. Uma segunda Gloriana, fora assim que ele a chamara? Muito bem, nesse caso ela mostraria que estava à altura do cumprimento. Sintomas inquietantes se seguiram rapidamente. Em maio de 1874, o czar, cuja filha se casara recentemente com o segundo filho de Vitória, o duque de Edimburgo, encontrava-se em Londres e, por um equívoco lamentável, sua partida foi marcada para dois dias depois da

[372] Ibid., VI, 238.
[373] Ibid, VI, 462.

data escolhida por sua anfitriã real para viajar a Balmoral. Sua Majestade recusou-se a modificar seus planos. Fizeram-lhe ver que o czar ficaria ofendido, o que poderia resultar em sérias consequências; lorde Derby protestou; lorde Salisbury, o secretário de Estado na Índia, ficou bastante perturbado. Mas a Fada não se importava; tinha decidido partir para Balmoral no dia 18, e no dia 18 haveria de partir. Finalmente Disraeli, recorrendo a toda a sua influência, conseguiu persuadi-la a permanecer em Londres por mais dois dias. "Minha cabeça ainda está sobre os meus ombros", disse ele a lady Bradford.

> A grande dama decidiu adiar sua partida! Todos tinham falhado, até mesmo o príncipe de Gales (...) Salisbury afirma que eu evitei uma guerra afegã, e Derby me felicita pelo triunfo inigualável.[374]

Mas, pouco depois, em outra questão, o triunfo foi da Fada. Disraeli, que subitamente passara a defender um novo imperialismo, sugeriu que a rainha da Inglaterra deveria se tornar imperatriz da Índia. Vitória apegou-se avidamente à ideia, e volta e meia insistia com seu primeiro-ministro para pôr em execução o projeto. Ele tergiversava; ela, porém, não desanimou, e, em 1876, apesar da má-vontade de todo o gabinete, inclusive dele, Disraeli se viu forçado a acrescentar aos problemas de uma sessão tempestuosa a proposta de um ato para a alteração do título real.[375] Sua cumplicidade, porém, ajudou a conquistar de vez o coração da Fada. A medida foi raivosamente atacada nas duas Câmaras, e Vitória foi profundamente tocada pela energia inesgotável com que Disraeli a defendeu. Ela disse estar muito magoada com "o trabalho e os aborrecimentos" pelos

---

[374]Buckle, V, 414-5.

[375]Ibid., V, 456-8; VI, 457-8.

quais ele passara; ela receava ser a causa de tudo aquilo; e jamais esqueceria sua dívida de gratidão com o seu "bom, generoso e atencioso amigo". Ao mesmo tempo, Vitória deixava cair a sua ira sobre a oposição. Sua conduta, ela declarou, foi "extraordinária, incompreensível e equivocada", e numa sentença enfática que parecia contradizer a si própria e a todos os procedimentos passados da rainha, ela afirmou que "ficaria feliz se viesse ao conhecimento do público em geral que tinha sido *seu* desejo que ela fosse *forçada a aceitar aquilo*!"[376] Quando o caso chegou a uma conclusão satisfatória, o triunfo imperial foi celebrado de maneira condigna. No dia da proclamação de Délhi, o novo conde de Beaconsfield foi a Windsor jantar com a nova imperatriz da Índia. Nessa noite, a Fada, normalmente tão discreta em seus trajes, apareceu vestindo uma verdadeira panóplia ofuscante, com enormes pedras preciosas brutas, que lhe foram presenteadas pelos príncipes reinantes de seu *raj*, reino. No final da refeição, o primeiro-ministro, quebrando as regras da etiqueta, levantou-se e propôs um brinde à saúde da rainha-imperatriz. Sua audácia foi bem recebida, e seu discurso foi recompensado com uma cortesia sorridente.[377]

Estes foram episódios significativos; mas uma manifestação ainda mais curiosa da cólera de Vitória ocorreu no ano seguinte, durante a crise culminante da vida de Beaconsfield. O seu crescente imperialismo, o seu desejo de ampliar o poder e o prestígio da Inglaterra, a sua insistência numa "política externa mais arrojada" o colocaram em rota de colisão com a Rússia; a terrível Questão Oriental pairava no ar; e, quando estourou a guerra entre a Rússia e a Turquia, a situação se tornou extremamente grave. A política do primeiro-ministro criava diversos perigos e dificuldades. Compreendendo perfeitamente os inconvenientes de uma guerra anglo-russa, Disraeli assim mesmo se preparava para enfrentar esta eventualidade, caso

---

[376] Buckle, V, 468-9, 473.

[377] Hamilton, 120; "Quarterly Review", CXXXIX, 334.

não conseguisse alcançar os seus objetivos de outras maneiras; mas ele acreditava que, na realidade, a Rússia desejava ainda menos provocar uma ruptura e que, portanto, se ele levasse adiante o seu jogo com habilidade e ousadia, conseguiria tudo o que pretendia quando chegasse o momento oportuno, sem um único tiro. Era evidente que o caminho que traçava para si mesmo era cheio de riscos e exigia uma coragem extraordinária; um único passo em falso seria o bastante para lançá-lo – ou mesmo a Inglaterra – num desastre. Mas coragem nunca lhe faltou; iniciou, assim, sua dança diplomática com grande confiança nos resultados; foi então que descobriu que, além do governo russo, Gladstone e os liberais, havia ainda duas outras fontes de perigo com que teria que lutar. Em primeiro lugar, havia uma bancada bem forte no gabinete, liderada por lorde Derby, o secretário do Exterior, que não estava desejosa de enfrentar o risco de uma guerra; mas o motivo máximo de sua ansiedade era a própria Fada.

Desde o começo, ela tivera uma atitude inequívoca. O antigo ódio pela Rússia, que tinha sido engendrado pela Guerra da Crimeia, voltava a aparecer; ela lembrou-se da prolongada animosidade de Albert; sentiu as picadas de sua própria grandeza e lançou-se à agitação com ardor apaixonado. Sua indignação com a oposição – com qualquer um que ousasse simpatizar com os russos no seu conflito com os turcos – era ilimitada. Quando se realizaram em Londres os comícios antiturcos, comandados pelo duque de Westminster e por lorde Shaftesbury e frequentados pelo Sr. Gladstone e outros radicais proeminentes, ela considerou que "o procurador-geral devia tomar alguma medida contra aqueles homens". "Isso não pode ser constitucional", exclamou ela.[378] Jamais em sua vida, nem mesmo durante a crise das damas de companhia, ela se mos-

[378]Buckle, VI, 106-7.

trou mais violentamente engajada. Mas o seu desagrado não se reservava somente aos radicais; os conservadores que estavam mudando de lado também sentiram a sua força. Ela estava descontente até mesmo com lorde Beaconsfield. Incapaz de entender a delicada complexidade de sua política, ela o abordava constantemente com pedidos de uma ação vigorosa, interpretando cada sutileza sua como um sinal de fraqueza e parecendo sempre pronta para, a qualquer momento, soltar os cães de guerra. À medida que a situação avançava, sua ansiedade se tornava mais febril. "A rainha", escreveu ela, "está terrivelmente ansiosa com esse adiamento da ação, pois teme que ele resulte num atraso irreparável, que nos faça perder o prestígio para sempre! Isso a aflige dia e noite."[379] "A Fada", disse Beaconsfield a lady Bradford, "escreve todos os dias e manda telegramas todas as horas; quase não há exagero nisso."[380] Vitória rugia contra os russos. "E a linguagem", gritava ela, "a linguagem ofensiva que os russos empregam contra nós! Isso faz o sangue da rainha ferver!"[381] "Oh", escreveu ela, pouco mais tarde, "se a rainha fosse um homem, ela gostaria de ir até os russos, em cuja palavra não se pode acreditar, e lhes daria uma boa surra! Nunca voltaremos a ser amigos enquanto esta questão não for resolvida. Disso a rainha tem absoluta certeza."[382]

O desafortunado primeiro-ministro, assediado pela violência de Vitória de um lado, de outro tinha que lidar com um secretário do Exterior que era fundamentalmente contrário a qualquer política de interferência ativa. Entre a rainha e lorde Derby, Disraeli se via numa situação delicada. É verdade que obtinha uma ligeira satisfação ao jogar um contra o outro – provocando lorde Derby com as cartas da rainha, e encora-

---

[379]Buckle, VI, 144.

[380]Ibid., VI, 150.

[381]Ibid., VI, 154.

[382]Ibid., VI, 217.

jando-o rainha a repudiar as opiniões de lorde Derby; houve uma ocasião em que ele chegou a ponto de redigir, a pedido de Vitória, uma carta atacando duramente o colega, carta que Sua Majestade assinou e enviou, sem fazer uma alteração sequer, ao secretário do Exterior.[383] Mas esses recursos só lhe davam um alívio temporário; logo ficou claro que o ardor marcial de Vitória não ficaria satisfeito com essas hostilidades contra lorde Derby; hostilidades contra a Rússia eram o que ela queria, o que ela conseguiria, o que ela precisava conseguir. Desta forma, deixando de lado os últimos sinais de moderação, Vitória passou a atacar seu amigo com uma série de terríveis ameaças. Não foi uma vez, nem duas, mas muitas vezes que ela fez pairar sobre a cabeça do primeiro-ministro a poderosa ameaça de sua própria e iminente abdicação. "Se a Inglaterra", escreveu ela a Beaconsfield, "quer beijar os pés da Rússia, a rainha não participará da humilhação da Inglaterra e assim abrirá mão de sua coroa", acrescentando que o primeiro-ministro poderia, se achasse isso conveniente, repetir essas palavras a todo o gabinete.[384] "Esse atraso", prosseguia ela,

> essa incerteza já fazem com que percamos nosso prestígio e nossa posição no exterior, enquanto a Rússia avança e, a qualquer momento, conquistará Constantinopla! Então o governo será duramente criticado, e a rainha estará tão humilhada que terá que abdicar imediatamente. É hora de agir![385]

"A rainha sente", reiterou ela, "que não pode, como já declarou antes, continuar a ser a soberana de um país que se rebaixa a ponto de beijar os pés dos grandes bárbaros, dos retrógrados

[383]Ibid., VI, 157-9.
[384]Buckle, VI, 132.
[385]Ibid., VI, 148.

de toda liberdade e civilização existentes."[386] Quando os russos avançaram até os arredores de Constantinopla, ela disparou três cartas no mesmo dia, pedindo a guerra; e quando soube que o gabinete decidira se limitar a enviar a frota à Gallipoli, ela declarou que "o seu primeiro impulso" foi "abandonar a coroa de espinhos, que pouca satisfação lhe causa preservar, se os país permanecer como está agora".[387] É fácil imaginar o efeito perturbador dessa correspondência em Beaconsfield. Aquela já não era a Fada; tratava-se de um gênio que inadvertidamente ele deixara sair da garrafa onde se ocultava, e que agora queria mostrar todo o seu poder sobrenatural. Mais de uma vez, perplexo, desconsolado, arruinado pela doença, ele pensara em sair totalmente de cena. Apenas uma coisa o impedia de fazer isso, ele dizia a lady Bradford, com um sorriso amargo: "Se eu apenas pudesse", escreveu ele, "enfrentar a cena que ocorreria nos quartéis-generais se eu me demitisse, eu o faria imediatamente."[388]

Conservou-se, porém, em seu posto, para finalmente sair vitorioso. A rainha estava calma; lorde Derby fora substituído por lorde Salisbury; e o Congresso de Berlim – *der alte Jude* – completou a obra. Ele retornou à Inglaterra em triunfo e assegurou a uma encantada Vitória que ela em breve seria, se já não o era, a "Ditadora da Europa".[389]

Mas logo houve uma reversão inesperada. Na eleição geral de 1880, o país, desconfiado da política ousada dos conservadores e arrebatado pela oratória do Sr. Gladstone, levou os liberais de volta ao poder. Vitória ficou horrorizada, mas dali a um ano sofreu outro golpe ainda mais duro. O grandioso romance chegara ao fim. Lorde Beaconsfield, derrotado pela

---

386 Ibid., VI, 217.

387 Ibid., VI, 243-5.

388 Ibid., VI, 190.

389 Lee, 445-6.

idade e pelas doenças, embora ainda se movimentando, como uma múmia assídua, de banquete em banquete, subitamente parou de se movimentar. Quando Vitória soube que o fim era inevitável, agindo motivada por um impulso patético, pareceu despojar-se de toda a sua realeza, reduzindo-se, com suave gentileza, a uma simples mulher ao seu lado, e nada mais. "Mando-lhe algumas prímulas de Osborne", ela escreveu com comovente simpatia, "e desejava fazer-lhe uma visitinha esta semana, mas achei que seria mais adequado você permanecer em repouso e não falar. Peço, ainda, que você seja bondoso e obedeça aos médicos." Ela o veria, disse ela, "quando voltarmos de Osborne, o que não demorará muito a acontecer". "Todos estão desolados com seu mal-estar", acrescentou; e ela assinava "Sempre sua, muito afetuosamente, V.R.I." Quando lhe entregaram a carta real, o velho e estranho ator, estendido em seu leito de morte, pousou-a sobre a mão e, após parecer imerso numa profunda reflexão, sussurrou àqueles à sua volta: "Um conselheiro privado deveria ler isso para mim."[390]

9
Velhice

I

Enquanto isso, muitas mudanças aconteciam na vida privada de Vitória. Com os casamentos de seus filhos mais velhos, o círculo familiar ampliou-se; vieram os netos; e com eles surgiu uma variedade de novos interesses domésticos. A morte do

[390] Buckle, VI, 613-4.

rei Leopold, em 1865, tirou de cena aquela que tinha sido a figura predominante da geração mais velha, e as funções que ele desempenhara como o centro e o conselheiro de um vasto número de parentes na Alemanha e na Inglaterra passaram para Vitória. Ela se desembaraçava dessas funções com uma energia inesgotável, mantendo uma enorme correspondência, e acompanhando com sincero interesse cada detalhe das vidas das diversas ramificações de seus primos. Ela experimentou, assim, todas as alegrias e todas as dores da afeição familiar. Seus netos lhe davam um prazer especial, e ela mostrava uma indulgência com eles que seus pais nunca tinham conhecido – embora, mesmo com os netos, ela também pudesse ser severa, se a ocasião assim exigisse. O mais velho deles, o pequeno príncipe Wilhelm [Guilherme] da Prússia, era uma criança extraordinariamente teimosa; uma vez, quando ela lhe disse que fizesse uma mesura a um visitante em Osborne, ele recusou-se a obedecer. Isso não podia acontecer: a ordem foi duramente repetida, e o garoto levado, percebendo que sua doce avó tinha subitamente se transformado numa senhora terrível, submeteu-se à sua vontade, fazendo uma profunda mesura.[391]

Tudo estaria bem se todos os problemas domésticos da rainha pudessem ser resolvidos com a mesma facilidade. Entre as suas preocupações mais sérias, estava a conduta do príncipe de Gales. O jovem era agora independente e estava casado; ele tinha sacudido de seus ombros a opressão paterna; definitivamente, estava começando a agir como bem entendia. Vitória estava muito perturbada, e seus piores receios pareceram justificar-se quando, em 1870, o príncipe se apresentou como testemunha num processo de divórcio ocorrido na alta sociedade. Era evidente que o príncipe herdeiro estava se envolvendo com pessoas que ela estava longe de aprovar. O que

---

[391] Hallé, 296.

podia ser feito? Vitória concluiu que não podia culpar apenas o seu filho – a culpa era de todo o sistema social; e ela então escreveu uma carta ao Sr. Delane, o editor do *Times*, pedindo a ele que "*escrevesse* com regularidade artigos apontando o *imenso* perigo e os males que advinham da frivolidade e da leviandade terríveis com que as classes mais altas da sociedade encaravam o mundo." E, cinco anos mais tarde, o Sr. Delane de fato escreveu um artigo tratando exatamente deste assunto.[392] Não parece, contudo, ter causado nenhum efeito.

Ah! Se pelo menos as classes altas aprendessem a viver como ela vivia, na doméstica sobriedade de seu santuário em Balmoral! Pois, cada vez mais, Vitória buscava consolo e repouso em seu domínio nas Terras Altas; e duas vezes por ano, na primavera e no outono, com um suspiro de alívio, ela viajava para o norte, apesar dos humildes protestos dos ministros, que em vão murmuravam nos ouvidos reais reservas quanto ao fato de se efetuarem transações de Estado a uma distância de 1.000 quilômetros, fato que aumentava consideravelmente as preocupações do governo. Também as suas damas de companhia se sentiam levemente relutantes em partir, pois, especialmente nos primeiros dias, a longa jornada não se fazia sem dificuldades. Durante muitos anos o conservadorismo da rainha proibiu o prolongamento da estrada de ferro até Deeside, de forma que as últimas etapas da viagem tinham que ser feitas de carruagem. Mas, no fim das contas, carruagens também tinham suas vantagens; era fácil, por exemplo, entrar e sair delas, o que era uma consideração importante, já que o trem real permaneceu por um longo tempo sem passar por modificações que o tornassem mais cômodo e moderno, e quando ele percorria algum trecho pantanoso, distante de qualquer plataforma, as damas de alta linhagem eram forçadas a descer

[392]"Notes and queries", 20 de maio de 1920.

ao solo pelo perigoso estribo, já que a única escada dobrável disponível era reservada ao compartimento de Sua Majestade. Numa época de vestidos suntuosos, esses momentos eram às vezes embaraçosos; e ocasionalmente era necessário chamar o Sr. Johnstone – o baixo e atarracado gerente da Caledonian Railway, que, em mais de uma ocasião, sob um forte vendaval e encharcado de chuva, içava – para usar uma expressão sua – com grande dificuldade uma desafortunada lady Blanche, ou lady Agatha, de volta a seu compartimento.[393] Mas Vitória não se preocupava com nada disso. Ela só pensava em chegar com a maior rapidez possível ao seu castelo encantado, onde cada recanto estava carregado de lembranças, onde cada uma destas lembranças era sagrada, e onde a vida passava num fluxo agradável e incessante de acontecimentos rigorosamente triviais.

Mas não era apenas o lugar que a rainha adorava; ela se sentia igualmente atraída pelos "simples montanheses", com quem, segundo afirmava, "aprendera várias lições de fé e resignação."[394] Smith e Grant, Ross e Thompson – ela era devotada a todos eles; porém, mais que a todos, ela era devotada a John Brown. O guia do príncipe agora tinha se tornado um criado pessoal da rainha – um servo de quem ela nunca se separava, que a acompanhava em seus passeios, que a servia durante o dia e dormia num quarto ao lado do dela, à noite. Vitória gostava de sua força, de sua solidez, do sentimento de segurança física que ele lhe dava; ela gostava até mesmo de suas maneiras rudes e de seu linguajar de camponês. Ela o deixava tomar liberdades que seriam impensáveis para qualquer outro. Intimidar a rainha, ordenar por onde ela devia andar, repreendê-la – quem poderia sonhar agir com tanta audácia? E, no entanto, quando recebia este tratamento de John Brown,

---

[393]Neele, 476-8, 487.

[394]"More leaves", v.

Vitória definitivamente parecia ficar bastante satisfeita. Essa excentricidade era à primeira vista extraordinária; mas, no fim das contas, não chega a ser algo estranho para uma senhora viúva permitir que um criado indispensável e de confiança tenha em relação a ela uma atitude de autoridade que é expressamente proibida aos parentes e amigos: o poder de um inferior continua sendo, por um estratagema psicológico, o nosso próprio poder, mesmo quando ele é exercido sobre nós. Quando Vitória obedecia com humildade às ordens abruptas de seu ajudante, para saltar do pônei ou colocar seu xale, não estaria assim dando um exemplo, dos mais elevados, de sua própria força de vontade? As pessoas podiam não entender; ela nada podia fazer; era desta maneira que ela gostava de agir, e não se falava mais nisso. Submeter-se à opinião de um filho ou de um ministro poderia parecer mais sensato ou natural; mas, se o fizesse, ela sentia instintivamente que perderia a sua independência. E, no entanto, ela desejava depender de alguém. Seus dias se baseavam naquele curioso processo de dominação. Quando passeava em silêncio pelas charnecas, ela se recostava no assento da carruagem, cansada e oprimida; mas, que alívio! John Brown vinha logo atrás, e seu braço forte logo estaria ali para ajudá-la quando quisesse descer.

Brown também tinha, na mente da rainha, uma conexão especial com Albert. Em suas expedições, o príncipe sempre tinha confiado mais nele do que em qualquer outro guia; aquele escocês rude, bondoso e peludo era de alguma maneira misteriosa, ela sentia, um legado do falecido. Por fim, Vitória acabou mesmo acreditando – pelo menos assim parece – que o espírito de Albert estava mais próximo quando Brown estava por perto. Frequentemente, quando buscava inspiração para resolver alguma complicada questão política ou doméstica, o olhar de Sua Majestade se fixava com profunda concentração em John Brown.

Por fim, o "simples montanhês" se tornou quase um personagem de Estado. A influência que ele exercia não podia ser ignorada. Lorde Beaconsfield era cuidadoso e, de tempos em tempos, enviava recados gentis ao "Sr. Brown" em suas cartas à Rainha, e o governo francês tomava todas as providências para assegurar o conforto de Brown durante as visitas da soberana inglesa à França. Era muito natural que, entre os membros mais velhos da família real, Brown não fosse muito popular, e que as suas falhas – pois ele evidentemente as possuía, embora Vitória nunca reparasse, por exemplo, no gosto exagerado do homem por uísque escocês – fossem objeto de comentários amargos na corte. Mas ele servia sua senhora fielmente, e ignorá-lo seria um sinal de desrespeito em um biógrafo. Pois a rainha, longe de manter a afetuosa amizade em segredo, fazia questão de divulgá-la ao mundo. Por sua ordem, foram cunhadas duas moedas de ouro homenageando Brown; quando ele morreu, em 1883, um longo e elogioso obituário foi publicado na *Circular da Corte*; e um broche memorial – com a cabeça do falecido guia de um lado e o monograma real do outro – foi criado por Sua Majestade e presenteado a todos os seus criados nas Terras Altas, para que eles o usassem no aniversário da morte de Brown, com uma fita negra em sinal de luto e um alfinete. Na segunda coletânea de trechos do *Diário das Terras Altas*, da rainha, publicada em 1884, o "seu devotado criado pessoal e amigo fiel" é citado em quase todas as páginas, e na verdade pode-se dizer que ele é o herói do livro. Com uma ausência de reserva notável em membros da realeza, Vitória parecia exigir, para esse assunto privado e delicado, a simpatia de toda a nação; no entanto – assim é o mundo! – não faltou quem tratasse as relações entre a soberana e o seu criado como um tema para gracejos maldosos.[395]

[395]"More leaves", passim; Crawford, 326-31; informação privada.

II

Os anos ativos ficaram para trás; os traços do toque inimaginável do tempo se manifestaram; aproximando-se, a velhice dominava suavemente Vitória. Os cabelos grisalhos ficaram brancos; as feições maduras ficaram mais doces; a figura pequena e firme estava mais volumosa, e se movia mais lentamente, com a ajuda de uma bengala. E, simultaneamente, uma transformação extraordinária se passava em toda a existência da rainha. A atitude da nação, que durante tantos anos lhe tinha sido crítica ou mesmo hostil, mudou completamente; e uma alteração correspondente se operou no próprio espírito de Vitória.

Muitos motivos levaram a isso. Entre eles estavam os repetidos golpes do infortúnio que caíram sobre a rainha num período de poucos anos. Em 1878, a princesa Alice, que se tinha casado em 1862 com o príncipe Louis de Hesse-Darmstadt, morreu em circunstâncias trágicas. No ano seguinte, o príncipe imperial, o único filho da princesa Eugénie, a quem Vitória, desde a catástrofe de 1870, se tinha ligado fortemente, foi assassinado na Guerra Zulu. Dois anos depois, em 1881, a rainha perdeu lorde Beaconsfield e, em 1883, John Brown. Em 1884, o príncipe Leopold, duque da Albânia, inválido de nascença, morreu prematuramente, pouco depois de seu casamento. A taça de amarguras de Vitória estava de fato transbordando; e o público, à medida que via a mãe viúva chorando por seus filhos e seus amigos, demonstrava por ela uma simpatia crescente.

Um episódio ocorrido em 1882 serviu para revelar e acentuar ainda mais os sentimentos da nação. Em Windsor, quando a rainha descia do trem para a sua carruagem, um jovem chamado Roderick Maclean disparou uma pistola contra ela, de uma distância de poucos metros. Um estudante da Universidade de Eton golpeou o braço de Maclean com seu guarda-chuva no momento do disparo; ninguém saiu ferido, e o culpado foi imediatamente preso. Este foi o último de uma série de sete atentados contra a rainha – atentados que, acontecendo em intervalos esporádicos durante um período de 40 anos, se assemelhavam de uma maneira curiosa. Todos, com uma única exceção, foram perpetrados por adolescentes, cujo objetivo aparentemente não era o assassinato, já que, salvo no caso de Maclean, em nenhum deles a arma estava carregada. Esses jovens infelizes que, após comprarem suas armas baratas, as carregavam com pólvora e papel, e então cometiam o atentado contra a realeza com a certeza de uma detenção imediata constituíam um problema estranho para a psicologia. Mas, embora em cada caso seus atos e propósitos fossem semelhantes, seus destinos foram muito diferentes. O primeiro deles, Edward Oxford, que atirou em Vitória poucos meses após o casamento real, foi julgado por alta traição, declarado louco e enviado para um asilo pelo resto da vida. Parece, porém, que esta sentença não satisfez a Albert, já que quando, dois anos depois, John Francis cometeu a mesma ofensa e foi julgado pelo mesmo motivo, o príncipe afirmou que não havia loucura alguma envolvida no caso. "A criatura miserável", disse ele a seu pai, "não estava fora de si; era um patife completo." "Espero", acrescentou Albert, "que o seu julgamento seja conduzido com a máxima severidade." E foi, aparentemente; em todo o caso, o júri compartilhou a opinião do príncipe: o argumento da insanidade foi rejeitado, e Francis foi considerado culpado de alta traição e condenado à morte; mas, como não havia provas definitivas de um desejo de matar ou mesmo de ferir, a sentença, depois de uma prolongada deliberação entre o secretário do Interior e os juízes, foi comutada para a pena de desterro perpétuo. Como a lei determinava, esses ataques, apesar de inúteis, só podiam ser tratados como alta traição. A discrepância entre o ato em si e as tremendas penalidades envolvidas era evidentemente grotesca; além do mais, estava claro que um júri, sabendo que um veredicto de culpa implicava a sentença de morte, tenderia a buscar uma alternativa, considerando o acusado não culpado, mas louco – uma conclusão que, nas circunstâncias, parecia a mais razoável. Em 1842, portanto, foi aprovado um decreto transformando qualquer tentativa de ferir a rainha num delito passível de ser punido pelo desterro de sete anos ou pela prisão, com ou sem trabalhos forçados, durante um período não superior a três anos – e o culpado, conforme a vontade da corte, "poderia ser chicoteado, pública ou particularmente, da forma que a corte determinasse, mas não mais que três vezes".[396] Os quatro atentados seguintes ocorreram já sob a nova lei; William Bean, em 1842, foi condenado a 18 meses de prisão; William Hamilton, em 1849, foi condenado ao desterro de sete anos; e, em 1850, a mesma sentença foi aplicada ao tenente Robert Pate, que golpeou a cabeça da rainha com sua bengala, em Picadilly. Pate foi o único dos delinquentes que já tinha idade madura; tinha recebido uma comissão do Exército, vestia-se como um dândi e "tinha o juízo completamente perturbado", segundo asseverou o príncipe.[397] Em 1872, Arthur O'Connor, um rapaz de 17 anos, disparou uma pistola descarregada na Rainha, nas cercanias do Palácio de Buckingham; ele foi imediatamente preso por John Brown e condenado a um ano de prisão, além de 20 chicotadas. Foi graças à coragem manifestada por Brown nessa ocasião que ele foi homenageado com a primeira medalha de ouro. Em todos esses casos, o júri rejeitou a alegação de insanidade; mas o atentado de Roderick Maclean em 1882 era diferente. Nessa ocasião a pistola estava carregada, e a indignação pública, enfatizada como era pela crescente popularidade de Vitória, foi particularmente intensa. Por este ou por outros motivos, o procedimento dos últimos 40 anos foi abandonado, e

---

[396] Martin, I, 88.

[397] Ibid., II, 285.

Maclean foi condenado por alta traição. O resultado era aquele que se poderia esperar: o júri chegou a um veredicto de "não culpado, mas insano", e o prisioneiro foi enviado para um asilo durante o tempo que Sua Majestade desejasse.[398] O seu veredicto, porém, produziu uma consequência notável. Vitória, que sem dúvida trazia na memória a desaprovação de Albert a um veredicto similar no caso de Oxford, ficou muito aborrecida. O que o júri queria dizer, ela perguntou, afirmando que Maclean não era culpado? Estava perfeitamente claro que ele era culpado – ela própria tinha visto ele disparar a pistola. Foi em vão que os conselheiros constitucionais de Sua Majestade a lembraram do princípio da lei inglesa que determina que um homem não pode ser considerado culpado de um crime a menos que fique provado que ele teve uma intenção criminosa. Vitória não se convenceu. "Se esta é a lei", disse ela, "então a lei precisa ser alterada"; e de fato isso aconteceu. Em 1883, foi aprovado um decreto alterando a forma do veredicto nos casos de insanidade, e a confusa anomalia que resultou disso permanece até hoje na Constituição.[399]

Mas não era apenas através dos sentimentos de comiseração, indignação ou da simpatia pessoal que a rainha e o seu povo estavam se aproximando cada vez mais; eles começavam, finalmente, a chegar a um acordo permanente sobre a condução dos assuntos públicos. A segunda administração do Sr. Gladstone (1880-1885) foi uma sucessão de fracassos, terminando em desastre e desgraça; o liberalismo caiu em total descrédito no país, e Vitória percebeu com alegria que a sua desconfiança em relação aos ministros era compartilhada por um número cada vez maior de seus súditos. Durante a crise no Sudão, o sentimento popular era idêntico ao seu. Ela foi

[398]"The Times, 20 de abril de 1882.

[399]Carta de Sir Herbert Stephen ao "The Times", 15 de dezembro de 1920.

uma das primeiras a afirmar a necessidade de uma expedição a Cartum, e, quando chegou a notícia da catastrófica morte do general Gordon, foi a sua voz que liderou o coro de denúncias que se voltou contra o governo. Em sua raiva, Vitória despachou um telegrama fulminante ao Sr. Gladstone, não na linguagem cifrada habitual, mas em termos claros; e sua carta de condolências à Sra. Gordon, na qual ela atacava os ministros por quebra de lealdade, foi amplamente divulgada.[400] Correu o boato de que Vitória tinha convocado lorde Hartington, o secretário de Estado da Guerra, para repreendê-lo com veemência. "Ela me tratou", relatou ele mais tarde a um amigo, "como se eu fosse um lacaio." "Por que ela não convocou o lacaio?", perguntou seu amigo. "Oh", respondeu ele, "o lacaio geralmente consegue desaparecer em situações assim."[401]

Mas chegou o dia em que já não era mais possível desaparecer. O Sr. Gladstone, enfim derrotado, se demitiu. Vitória, numa audiência final, o recebeu com a amenidade habitual, mas, além das formalidades exigidas pela ocasião, a única observação de natureza pessoal que ela lhe fez foi para dizer que supunha que o Sr. Gladstone desejava agora algum repouso. Ele lembrou-se com mágoa de como, numa audiência semelhante, em 1874, ela expressara sua confiança nele como um defensor do trono; mas ele assimilou a mudança sem surpresa aparente. "O espírito e as opiniões da rainha", escreveu ele mais tarde em seu diário, "mudaram seriamente desde aquele dia."[402]

Esta era a opinião do Sr. Gladstone; mas a maioria da nação não concordava com ele de forma alguma; e, na eleição geral de 1886, os súditos mostraram efetivamente que a linha política de Vitória era idêntica à do povo, ficando definitivamente abolidas as insídias da Autonomia – aquele abominável

[400]Morley, III, 167.

[401]Informação privada.

[402]Morley, III, 347-8.

disparate – e voltando lorde Salisbury ao poder. A satisfação de Vitória era profunda. Uma onda de novas esperanças lhe encheu o espírito, estimulando sua vitalidade com uma força surpreendente. Sua rotina de vida foi subitamente alterada; abandonando o longo isolamento que os argumentos de Disraeli só tinham conseguido interromper momentaneamente, ela se lançou vigorosamente em diversas atividades públicas. Aparecia nos salões, nos concertos, nos teatros; lançava pedras fundamentais; foi a Liverpool para inaugurar uma exposição internacional, percorrendo as ruas numa carruagem aberta, sob uma forte chuva, passando em meio à multidão que a aplaudia com entusiasmo. Encantada com a boa acolhida que tinha aonde quer que fosse, entregou-se com maior calor ainda ao trabalho. Visitou Edimburgo, onde a ovação foi maior que a de Liverpool. Em Londres, inaugurou com grande pompa a Exposição Colonial Indiana, em South Kensington. Nesta ocasião, o cerimonial foi particularmente magnífico; um toque de clarins anunciou a aproximação de Sua Majestade; seguiu-se o Hino Nacional, e a rainha, sentada num imponente trono marchetado de ouro, respondeu com seus próprios lábios à saudação que lhe dirigiram. Em seguida se levantou e, avançando sobre a plataforma com a sua postura majestosa, retribuiu às aclamações populares com diversas cortesias, cheias de graça refinada e altaneira.[403]

O ano seguinte era o quinquagésimo de seu reinado, e em junho o esplêndido aniversário foi celebrado com pompa e solenidade. Vitória, cercada pelos mais altos dignitários de seu reino, escoltada por uma cintilante galáxia de reis e príncipes, seguiu por entre a multidão entusiasmada da capital, para render graças a Deus na Abadia de Westminster. Naquela hora triunfal, os últimos traços remanescentes de antigas antipa-

[403]Jerrold, Widowhood, 344; informação privada.

tias e desavenças desapareceram por completo. A rainha foi imediatamente aclamada como a mãe de seu povo e como o símbolo personificado de sua grandeza imperial; e ela correspondeu ao duplo sentimento com todo o ardor de seu espírito. A Inglaterra e todo seu povo – ela o sabia, ela o sentia – eram *seus*, de uma forma maravilhosa e ao mesmo tempo bastante simples. Exaltação, afeição, gratidão, uma compreensão profunda de seus deveres, um orgulho ilimitado – tais eram as suas emoções; e colorindo e realçando todo o resto, havia ainda algo mais. Finalmente, depois de tanto tempo, a felicidade – fragmentária, talvez, e repleta de gravidade, mas verdadeira e inconfundível – tinha voltado à sua alma. Aquele sentimento incomum preenchia e aquecia o seu espírito. Quando, de volta ao Palácio de Buckingham, após a longa cerimônia, lhe perguntaram como se sentia, ela respondeu: "Estou muito cansada, mas muito feliz."[404]

III

E, assim, depois daquele dia trabalhoso e tumultuado, seguiu-se um longo crepúsculo – suave, sereno e iluminado por uma gloriosa auréola dourada. De fato, uma atmosfera de sucesso e adoração sem precedentes dominou o último período da vida de Vitória. O seu triunfo era a síntese, o coroamento de um triunfo ainda maior – a prosperidade culminante de uma nação. O sólido esplendor da década entre os dois jubileus de Vitória dificilmente encontra algum paralelo nos anais da história da Inglaterra. Os sábios conselhos de lorde Salisbury pareciam trazer com eles não apenas riqueza e poder, mas também segurança; e o país sossegou, com calma confiança em si próprio, para desfrutar de sua grandeza consolidada.

[404]Lee, 487.

E – como era natural – Vitória também sossegou. Pois ela era uma parte daquele conjunto – uma parte essencial, parecia – um ponto de apoio magnífico e irremovível no vasto salão do Estado. Sem ela, o banquete de 1890 teria perdido a sua qualidade essencial; a ordem reconfortante dos pratos sem ambiguidades, contra um fundo de pesado esplendor, semioculto, teria perdido o sentido.

Sua própria existência passou a se harmonizar cada vez mais com o ambiente à sua volta. Gradualmente, imperceptivelmente, Albert recuava. Não que ele estivesse esquecido – isto seria impossível –, mas o vazio criado pela sua ausência tornava-se menos aflitivo, e até mesmo, por fim, menos evidente. Finalmente, Vitória percebeu que era possível lamentar o mau tempo sem imediatamente em seguida observar que o seu "querido Albert sempre dizia que não podemos alterá-lo, e portanto devemos deixá-lo tal como está"; ela podia até mesmo saborear um bom café da manhã sem lembrar como o "querido Albert teria gostado daqueles ovos na manteiga".[405] E, à medida que a figura do príncipe se desvanecia, o seu lugar era inevitavelmente ocupado pela personalidade da própria Vitória. Todo o seu ser, que girara durante tantos anos ao redor de um objeto exterior, agora modificava a sua rotação, fazendo de si próprio o seu eixo. E não poderia ser de outra forma: sua posição doméstica, a pressão do trabalho público, seu indomável senso de dever tornavam impossível qualquer coisa diferente. Seu egoísmo também reclamava seus direitos. A idade fazia aumentar ainda mais a deferência à sua volta; e sua força de caráter, emergindo por fim em toda a sua plenitude, impunha-se de forma absoluta sobre todos os que a cercavam, pelo esforço consciente de uma vontade imperiosa.

---

[405] "More leaves", 23, 29.

Pouco a pouco se percebeu que os vestígios exteriores da dominação póstuma de Albert eram cada vez menores. Na corte, o rigor do luto foi relaxado. Quando a rainha passeava pelo parque em sua carruagem aberta com uma comitiva de escoceses atrás dela, as babás e enfermeiras observavam com curiosidade que era cada vez maior a fita de veludo violeta em seu chapéu, sobre a cabeça pequena e curvada.

Foi na sua família que a ascendência de Vitória atingiu o ponto culminante. Todos os seus descendentes estavam casados; o número de novos membros crescia rapidamente; já havia diversos casamentos na terceira geração; e ela tinha nada menos que 37 netos quando morreu. Uma fotografia da época nos mostra a família real reunida num dos salões de Windsor – um grupo apertado com mais de 50 pessoas, com a matriarca imperial no centro. Ela exercia sobre eles um domínio completo. Os pequenos problemas dos mais jovens lhe despertavam um apaixonado interesse; e ela tratava os mais velhos como se ainda fossem crianças. O príncipe de Gales, em particular, tinha pela mãe um respeito extraordinário. Vitória se tinha recusado veementemente a permitir que ele tivesse qualquer participação nos negócios do governo; e ele se ocupara com outros assuntos. Não se podia negar que ele se divertia – longe dos olhos maternos; na sua presença, porém, sua abundante virilidade sofria um miserável eclipse. Uma vez, em Osborne, quando, não por culpa sua, ele chegou atrasado para um banquete, foi visto de pé, atrás de uma coluna, limpando o suor que lhe pingava da testa e tentando se controlar antes de se apresentar à rainha. Quando, finalmente, ele o fez, ela o cumprimentou com uma inclinação de cabeça fria e breve, e ele desapareceu novamente atrás de outra coluna, onde permaneceu até o final da festa. Na época deste incidente, o príncipe de Gales já tinha mais de 50 anos.[406]

[406] Eckardstein, I, 184-7.

Era inevitável que as atividades domésticas da rainha invadissem eventualmente os domínios da alta diplomacia; este foi especialmente o caso quando os interesses de sua filha mais velha, a princesa herdeira da coroa da Prússia, estavam em jogo. O príncipe herdeiro tinha opiniões liberais; ele era muito influenciado por sua mulher; e os dois eram detestados por Bismarck, que declarava abertamente que a inglesa e sua mãe eram verdadeiras ameaças ao Estado prussiano. A hostilidade aumentou ainda mais quando, ao morrer o velho imperador (1888), o príncipe herdeiro o sucedeu no trono. Uma complicação familiar resultou numa crise violenta. Uma das filhas da nova imperatriz ficara noiva do príncipe Alexander de Battenberg, que recentemente tinha sido expulso do trono da Bulgária devido à inimizade do czar. Vitória, assim como a imperatriz, aprovava o casamento com entusiasmo. Dos dois irmãos do príncipe Alexander, o mais velho se tinha casado com outra de suas netas, e o mais jovem era marido de sua filha, a princesa Beatrice; ela era dedicada aos dois belos rapazes, e estava encantada com a possibilidade de o terceiro irmão – no conjunto, o mais bonito dos três, ela achava – também se tornar um membro de sua família. Infelizmente, contudo, Bismarck era contrário ao projeto. Ele percebeu que esse casamento poria em perigo a amizade entre a Alemanha e a Rússia, que era vital para a sua política externa, e anunciou que a união não aconteceria. Seguiu-se uma luta acirrada entre a imperatriz e o chanceler. Vitória, cujo ódio pelo inimigo de sua filha não tinha limites, veio a Charlottenburg participar pessoalmente da polêmica. Bismarck, entre uma baforada de cachimbo e um gole de cerveja, manifestava o seu alarme. O objetivo da rainha da Inglaterra, ele afirmava, era puramente político; ela queria afastar a Alemanha da Rússia, e era bem possível que conseguisse o seu intento. "Em assuntos de família", acrescentou ele, "ela não está acostumada a ser contrariada"; ela "traria o pastor numa bolsa e o noivo na mala, e o casamento seria logo realizado". Mas aquele homem de têmpera de aço não se rendia assim tão facilmente, e ele solicitou uma audiência privada com a rainha. Os detalhes da conversa entre os dois são desconhecidos; mas é certo que, durante aquele encontro, Vitória foi obrigada a reconhecer a tenaz resistência daquele personagem formidável, e acabou lhe prometendo usar toda a sua influência para impedir aquele casamento. O noivado foi rompido; e, no ano seguinte, o príncipe Alexander de Battenberg casou-se com *fräulein* Loisinger, uma atriz do teatro da corte de Darmstadt.[407]

Mas incidentes dolorosos como este eram raros. Vitória já estava muito velha; sem Albert para guiá-la, sem Beaconsfield para inflamá-la, ela estava bastante disposta a abandonar as perigosas questões da diplomacia, entregando-as à sabedoria de lorde Salisbury, e a concentrar as suas energias em assuntos que a tocassem mais de perto e sobre os quais ela podia exercer um poder inquestionável. Sua casa, sua corte, os monumentos em Balmoral, a criação de gado em Windsor, a organização de seus compromissos, a supervisão dos inúmeros detalhes de sua rotina diária – temas assim agora ocupavam muito mais tempo de sua existência do que antes. Sua vida se passava com uma exatidão extraordinária. Cada momento de seu dia era planejado de antemão; a sucessão de seus compromissos era imutavelmente estabelecida; as datas de suas viagens – a Osborne, a Balmoral, ao sul da França, a Windsor, a Londres – mal sofriam alguma alteração, ano após ano. Vitória exigia daqueles que a cercavam uma rígida precisão em cada detalhe, e era surpreendentemente rápida em detectar qualquer desvio das regras que tivesse determinado, por menor que fosse. Tamanha era a força irresistível da sua personalidade que qualquer coisa além da obediência incondicional às suas

[407]Robertson, 458-9; Busch, III, 174-188; Lee, 490-2.

vontades era praticamente impossível; mas de vez em quando alguém deixava de ser pontual; e a impontualidade era o mais hediondo dos pecados. Então o seu desagrado – seu terrível desagrado – se tornava visível até demais. Nesses momentos, não surpreendia ninguém que Vitória fosse filha de um rígido militar.[408]

Mas essas tempestades, por enervantes que fossem enquanto duravam, terminavam rapidamente, e foram se tornando cada vez mais raras. Com a volta da felicidade, uma suave bondade emanava da vetusta rainha. Seu sorriso, no passado um visitante tão raro daquelas feições entristecidas, agora aparecia facilmente no semblante da soberana; seus olhos azuis brilhavam; toda a sua fisionomia brilhava e se suavizava, sacudindo subitamente aquela falta de expressão morosa e provocando nos que dela se aproximavam um encanto particular e inesquecível. Pois nos últimos anos havia uma fascinação pela amabilidade de Vitória que ela não conseguira provocar nem mesmo com a vivacidade impulsiva de sua juventude. Sobre todos aqueles que se aproximavam dela – ou sobre quase todos – ela exercia a sua magia peculiar. Seus netos a adoravam; suas damas de companhia a serviam com afeição e reverência. A honra de servi-la compensava mil inconveniências – a monotonia da existência na corte, o cansaço por ficar de pé, a necessidade de prestar uma atenção sobre-humana em minúcias do tempo e do espaço. À medida que cumpriam o seu maravilhoso dever, elas esqueciam as pernas doloridas pela infinidade de idas e vindas nos corredores de Windsor, e os braços nus, que já estavam quase azuis por causa do frio de Balmoral.

O que, acima de tudo, parecia tornar esse serviço prazeroso era o interesse detalhado que a rainha demonstrava por tudo o que se passava com aqueles que a cercavam. Sua paixão absor-

---

[408] "Quarterly Review", CXCIII, 305-6, 308-10.

vente pelos lugares-comuns reconfortantes, as pequenas crises, os sentimentalismos recorrentes da vida doméstica ocupavam um espaço cada vez maior em suas atividades; a esfera de sua própria família, vasta como era, não era vasta o suficiente; ela também se tornou a confidente interessada dos problemas familiares de suas damas de companhia; sua simpatia se estendia aos criados do palácio; até mesmo as arrumadeiras e os ajudantes de cozinha – assim parecia – eram submetidos aos seus interrogatórios e experimentavam a sua solicitude sincera quando seus namorados eram transferidos para um posto no estrangeiro, ou suas tias sofriam um ataque de reumatismo mais agudo do que o comum.[409]

Naturalmente, as devidas distinções de classe eram imaculadamente preservadas. A mera presença da rainha era bastante para assegurá-las; mas, além disso, o exercício da etiqueta da corte era supremo. Aquele código elaborado, que impedira lorde Melbourne de se esparramar no sofá e mantinha num silêncio absoluto os convidados em torno da mesa segundo a sua ordem de precedência, era mais meticulosamente cumprido do que nunca. Todas as noites, após o jantar, a lareira, sagrada para a realeza, luzia diante dos profanos numa glória inacessível ou, numa ou duas ocasiões extraordinárias, atraía-os magneticamente até a beira do abismo. A rainha, no momento oportuno, se dirigia aos convidados; um após outro, eles eram conduzidos à sua presença; e, enquanto os diálogos se sucediam cheios de constrangimento, o resto da assembleia permanecia imóvel, sem proferir uma única palavra.[410] Apenas num aspecto particular a severidade da etiqueta foi um pouco relaxada. Durante a maior parte do reinado, a regra de que os ministros deveriam ficar de pé em suas audiências com a

[409]"Quarterly Review", CXCIII, 315-6; Smyth, 97; informação privada.
[410]"Quarterly Review", CXCIII, 325; Smyth, 104-5.

rainha tinha sido absoluta. Quando lorde Derby, o primeiro-ministro, teve uma audiência com Sua Majestade após uma doença séria, ele comentou mais tarde, como uma prova do favor real, que a rainha observara "que estava triste por não poder convidá-lo a sentar-se". Mais tarde, ela chegou a oferecer uma cadeira a Disraeli, depois de este sofrer um ataque de gota, num momento de extrema expansividade por parte de Vitória; mas ele julgou que seria mais sábio declinar humildemente o privilégio. Em seus últimos anos, contudo, a rainha invariavelmente pedia ao Sr. Gladstone e a lorde Salisbury para se sentarem.[411]

Algumas vezes, a solenidade da noite era atenuada por um concerto, uma ópera ou mesmo uma peça teatral. Um dos mais notáveis indícios de que Vitória se libertava do isolamento que adotara após a viuvez foi justamente o fato de ela voltar ao costume – após um intervalo de 30 anos – de convidar companhias dramáticas de Londres a encenarem espetáculos diante da corte, em Windsor. Nessas ocasiões, ela demonstrava um excelente humor. Ela adorava a representação; gostava de uma boa trama; acima de tudo, amava uma farsa. Atenta a tudo o que se passava no palco, ela acompanhava com a inocência de uma criança o desenrolar da história; ou então assumia um ar de superioridade e exclamava, triunfante: "Isso! Vocês não esperavam por *isso*, esperavam?", quando a peça chegava ao *dénouement*. Seu senso de humor era de uma natureza vigorosa e primitiva. Fora uma das pouquíssimas pessoas que sempre estavam prontas a apreciar as brincadeiras do príncipe consorte; e, mesmo quando estas já não se ouviam mais, após a morte do príncipe, a rainha ainda podia explodir em gargalhadas, na privacidade do lar, à simples lembrança de um pequeno gracejo – sobre determinada esquisitice de um embaixador, ou

---

[411]Buckle, V, 339; Morley, III, 347, 514.

algum *faux pas* de um ministro ignorante. Quando o gracejo era mais sutil, Vitória o apreciava menos; por outro lado, se ele arranhava a fronteira do indecoroso, o perigo era ainda mais sério. Tomar alguma liberdade provocava imediatamente a mais esmagadora desaprovação de Sua Majestade; e dizer algo impróprio era tomar a maior liberdade de todas. Nessas horas, os lábios reais se franziam nos cantos da boca, os olhos reais se fixavam, muito abertos e chocados, e de fato o semblante real se tornava irritado no mais alto grau. O transgressor ficava em silêncio, enquanto a frase: "Isso não nos divertiu" aniquilava os convidados na mesa de jantar. Mais tarde, na intimidade de seu *entourage*, a rainha observava que a pessoa em questão era, ela receava muito, "indiscreta"; era um veredicto que não admitia nenhuma apelação.[412]

Em geral, os gostos estéticos de Vitória permaneceram os mesmos desde a época de Mendelssohn, Landseer e Lablache. Ela ainda apreciava as *roulades* da ópera italiana; continuava a exigir um elevado padrão na execução dos duetos de piano-forte. Suas opiniões sobre a pintura eram muito firmes; Sir Edwin, ela afirmava, era perfeito; ela ficara muito impressionada com as maneiras de lorde Leighton; e desconfiava profundamente do Sr. Watts. De tempos em tempos, Vitória encomendava gravuras retratando membros da família real; nessas ocasiões, ela primeiro pedia as provas para serem submetidas ao seu julgamento e, após um exame minucioso, apontava as falhas aos respectivos artistas e indicava ao mesmo tempo a maneira de corrigi-las. Os artistas descobriam invariavelmente que as sugestões de Sua Majestade eram do mais alto valor. Em literatura, seus interesses eram mais restritos. Era uma admiradora de Tennyson; e, como o príncipe consorte

[412]"Quarterly Review", CXCIII, 315, 316-7, 324-5, 326, "Spinster Lady", 268-9; Lee, 504-5.

gostava muito de George Eliot, Vitória folheou o romance *Middlemarch*, mas ficou desapontada. Há motivos para crer, contudo, que os romances de outra escritora, cuja popularidade entre os súditos das classes humildes de Sua Majestade era enorme naquele tempo, tampouco obtiveram a aprovação de Sua Majestade. Mas o certo é que ela nunca se dedicou muito à leitura.[413]

Certa vez, porém, a atenção da rainha foi atraída por uma publicação que para ela era impossível ignorar. *As memórias de Greville*, contendo uma massa de informações históricas de importância extraordinária, e também descrições nem um pouco elogiosas de George IV, William IV e outras personagens reais, foi publicado pelo Sr. Reeve. Vitória leu o livro e ficou estupefata. Tratava-se, ela declarou, de "um livro terrível e realmente escandaloso", e ela não seria capaz de dizer "o quanto ficara *horrorizada* e *indignada* com a indiscrição, a indelicadeza e a ingratidão de Greville em relação a seus amigos, e com a quebra de confiança e a deslealdade vergonhosa para com sua soberana." Ela escreveu a Disraeli afirmando que, em sua opinião, era "muito importante" que o livro fosse "severamente censurado e lançado em descrédito". "O tom com que ele fala da realeza", acrescentou ela, "não tem paralelo em qualquer coisa já surgida na história, e é condenável ao extremo." Sua raiva se voltava quase com igual veemência contra o Sr. Reeve por ter publicado "um livro tão abominável", e ela encarregou Sir Arthur Helps de informá-lo sobre o seu profundo desagrado. O Sr. Reeve, porém, tentou ser sutil. Quando Sir Arthur lhe disse que, na opinião da rainha, "o livro degradava a realeza", ele respondeu: "Absolutamente; ele a eleva, pelo contraste que oferece entre o presente e o estado das coisas de outrora." Mas

[413]"Quarterly Review", CXCIII, 322-4; Martin, "Queen Victoria", 46-9; informação privada.

esta hábil defesa não causou a menor impressão em Vitória; e o Sr. Reeve, quando se aposentou do serviço público, não recebeu a insígnia de cavalheiro que a tradição o autorizava a esperar.[414] Se a rainha soubesse quantos comentários cáusticos sobre ela o Sr. Reeve tinha suprimido em silêncio da versão publicada das *Memórias*, talvez ela se sentisse quase grata a ele; mas, neste caso, o que Vitória não teria dito de Greville? A imaginação recua diante desta reflexão. Quanto a ensaios mais modernos sobre o mesmo tema, Sua Majestade, muito provavelmente, os teria classificado como "indiscretos".

Mas, como regra geral, as horas de lazer daquela vida ativa eram empregadas em recreações de natureza menos intangível que o estudo da literatura ou a apreciação da arte. Vitória não era apenas uma mulher de vastas propriedades, mas também uma colecionadora. Ela tinha herdado uma imensa quantidade de mobília, de ornamentos, de porcelana chinesa, pratarias e objetos valiosos de todo tipo; e as aquisições que fez ao longo de toda a sua vida trouxeram acréscimos formidáveis a este acervo; além disso, chegavam-lhe continuamente presentes de todos os cantos do planeta. Sobre essa enorme massa ela exercia uma supervisão minuciosa e incessante, e a arrumação e a contemplação da mesma, em todos os detalhes, enchia-a de satisfação interior. O instinto de colecionar tem raízes profundas na natureza humana; e, no caso de Vitória, ele parecia dever sua força a dois de seus impulsos dominantes – a intensa consciência, que sempre lhe fora característica, de sua própria personalidade, e a necessidade, que aumentava com o passar dos anos e que, na velhice, se tornava quase uma obsessão, de coisas fixas, sólidas, com que pudesse erguer barreiras palpáveis contra os ultrajes do tempo e da mudança. Quando Vitória pensava nos incon-

[414]Buckle, V, 349-51; Laughton, II, 226.

táveis objetos que lhe pertenciam, ou, melhor ainda, quando de fato saboreava a vívida riqueza das qualidades peculiares de cada objeto, ela se via deliciosamente refletida em um milhão de facetas, sentia que se ampliava milagrosamente até ocupar uma área sem fronteiras, e isso a agradava muito. Era assim que devia ser; mas então vinha o pensamento desanimador – tudo se dissipa, tudo se esfacela, tudo desaparece; serviços de jantar de Sèvres se quebram; até mesmo bacias de ouro se extraviam; até o próprio ser humano, com todas as suas recordações e experiências que o diferenciam, perece e se dissolve... Mas não! Não podia ser assim, não seria assim! Não haveria perdas nem mudanças! Nada devia se mover – nem mesmo o passado e o presente – e ela própria muito menos! E assim aquela mulher tenaz, acumulando suas riquezas, decretou-lhes a imortalidade com toda a firmeza de sua alma. Ela não perderia uma única recordação, um único alfinete.

Vitória deu ordens para que nada fosse jogado fora – e assim se fez. Então, em gaveta após gaveta, em guarda-roupa após guarda-roupa, repousavam todos os vestidos que ela usara ao longo de 70 anos. Mas não apenas os vestidos – as peles e mantas, luvas e agasalhos, sombrinhas e chapéus – tudo era arrumado em ordem cronológica, datado e fichado. Um grande armário era reservado às bonecas; na sala das porcelanas, em Windsor, uma mesa especial abrigava as canecas de sua infância, bem como as canecas da infância de seus filhos. Lembranças do passado a cercavam em círculos concêntricos. Em todos os aposentos as mesas estavam repletas de fotografias de parentes; seus retratos, mostrando-os em todas as idades, cobriam as paredes; suas figuras, talhadas em mármore duro, surgiam de pedestais ou brilhavam em suportes, na forma de estatuetas de ouro ou de prata. Os mortos, em todas as formas – em miniaturas, em porcelana, em enormes quadros a óleo em tamanho natural – estavam perpetuamente à sua volta. John

Brown ficava em sua própria escrivaninha, em ouro sólido Seus cavalos e cães favoritos, dotados de uma nova durabilidade, estavam sempre a seus pés. Sharp, numa moldura de prata, dominava a mesa de jantar; Boy e Boz estavam perpetuados em bronze, unidos e deitados em meio a flores para sempre vivas. E não era suficiente que cada partícula do passado fosse dotada da estabilidade do metal ou do mármore: a coleção inteira, em sua ordem perfeita, devia ser imutavelmente fixa. Podia haver acréscimos, mas não haveria alterações. Não se mudava um estofo, um tapete, uma cortina; e quando, finalmente, o uso prolongado tornava uma substituição inevitável, os padrões e os tecidos tinham que ser tão identicamente reproduzidos que mesmo os olhos mais agudos não seriam capazes de perceber a diferença. Não era permitido pendurar nenhum quadro novo nas paredes de Windsor, pois aqueles que já estavam lá tinham sido escolhidos por Albert, cujas decisões eram eternas. Como, na verdade, também o eram as de Vitória. Para assegurar que nada seria mudado, recorreu-se à ajuda da câmara fotográfica. Todos os artigos de propriedade da rainha eram fotografados de vários ângulos. Essas fotografias eram submetidas à aprovação de Sua Majestade, e quando, depois de um exame minucioso, ela as aprovava, estas eram guardadas numa série de álbuns ricamente encadernados. Então, na página oposta a cada fotografia, inseria-se um verbete, indicando o número do artigo, o número do aposento no qual ele ficava guardado, sua exata posição no aposento e todas as suas principais características. O destino de cada objeto que tivesse passado por esse processo era assim irrevogavelmente selado. Toda a coleção da rainha atingia, de forma definitiva, uma situação fixa e inabalável. Vitória, sempre tendo a seu lado um ou dois volumes gigantescos desses catálogos intermináveis, a fim de consultá-los, para divagar e ponderar, podia sentir, com uma dupla satisfação, que as transitoriedades deste mundo tinham sido paralisadas pela amplitude de seu poder.[415]

Assim, a coleção, sempre crescente, sempre ocupando novos campos da consciência, sempre se enraizando mais firmemente nas profundidades dos instintos, tornou-se uma das influências dominantes daquela estranha existência. Tratava-se de uma coleção não meramente de coisas e pensamentos, mas também de estados de espírito e de estilos de vida. A celebração dos aniversários acabou se tornando uma ramificação importante daquele ritual - aniversários de nascimentos, casamentos e mortes, cada qual exigindo um sentimento particular e apropriado, o qual, por sua vez, precisava ser expressado de uma forma exterior conveniente. E a forma, é claro - a cerimônia de regozijo ou lamentação -, era estereotipada como todo o resto, pois também fazia parte da coleção. Num determinado dia, por exemplo, devia-se colocar flores no monumento a John Brown, em Balmoral; e a data da viagem anual à Escócia fora fixada neste dia. Inevitavelmente, era em torno da circunstância central da morte - a morte, a testemunha final da mutabilidade humana - que esses anseios celebrativos mais se manifestavam. Não se poderia humilhar a própria morte, através da força da lembrança? Nem se a eternidade do amor fosse demonstrada, reiteradas vezes, com uma ênfase suficientemente apaixonada? De acordo com isso, todas as camas nas quais Vitória dormia tinham, do lado direito do estrado, sobre o travesseiro, uma fotografia da cabeça e dos ombros de Albert em seu leito de morte, rodeado por uma coroa de sempre-vivas.[416] Em Balmoral, onde as recordações eram tantas, os sólidos sinais da memória apareciam numa profusão surpreendente. Obeliscos, pirâmides, tumbas, estátuas,

---

[415]"Private life", 13, 66, 69, 70-1, 151, 182.

[416]"Private life", 19.

marcos e assentos de granito trabalhado proclamavam a dedicação de Vitória ao falecido. Lá, duas vezes por ano, nos dias seguintes à sua chegada, realizava-se uma peregrinação solene de inspeção e meditação; no dia 26 de agosto – o aniversário de Albert – aos pés da estátua de bronze que o representava trajando roupas escocesas, a rainha reunia sua família, sua corte, seus criados e seus arrendatários para, em silêncio, beberem à memória do falecido. Na Inglaterra, os símbolos da lembrança não eram menos frequentes. Não se passava um dia sequer sem que surgisse mais um: uma estatueta de ouro de Ross, o flautista; uma estátua em mármore, em tamanho natural, de Vitória e Albert, em roupas medievais, trazendo inscrito na base: ATRAÍDOS POR MUNDOS MAIS BRILHANTES E MOSTRANDO O CAMINHO; uma placa de granito em meio aos arbustos de Osborne, informando o visitante acerca de WALDMANN: O PEQUENO CÃO BASSÊ, FAVORITO DA RAINHA VITÓRIA, QUE O TROUXE DE BADEN EM ABRIL DE 1872; MORTO EM 11 DE JULHO DE 1881.[417]

Em Frogmore, o grandioso mausoléu, permanentemente enriquecido, era visitado quase diariamente pela rainha quando a corte estava em Windsor.[418] Mas havia outro santuário, mais secreto mas nem por isso menos sagrado. O conjunto de aposentos que Albert ocupara no castelo foi mantido para sempre vedado ao acesso de todos, com exceção de alguns privilegiados. Dentro deles, tudo era conservado exatamente como estava na ocasião da morte do príncipe, mas uma preocupação misteriosa de Vitória ordenara que fossem colocados sobre o leito do marido roupas limpas todas as noites, e que fosse trocada a água da bacia, como se ele ainda vivesse; e este

[417]Ibid., 212, 207.

[418]Ibid., 233.

ritual inacreditável foi cumprido com rigorosa regularidade durante quase 40 anos.[419]

Tal era o seu mundo interior; e a carne ainda obedecia ao espírito; as horas diárias de trabalho ainda proclamavam a consagração de Vitória ao dever e aos ideais do falecido. Mas, com o passar dos anos, o senso de autossacrifício diminuiu. As energias naturais daquele ser ardente foram gastas com satisfação nos assuntos públicos; o amor pelos negócios que, desde a adolescência, tinha sido um sentimento forte na rainha, reafirmava-se com todo o vigor na velhice, e ser afastada da rotina dos documentos e audiências não seria um alívio para Vitória, e sim uma agonia. Desta forma, embora custasse aos ministros uma boa dose de cansaço e sofrimento, todos os processos do governo continuavam a passar por ela, até o fim dos seus dias. E isso não era tudo; um antigo precedente tornava legítimo um enorme número de transações oficiais cuja aplicação dependia da assinatura real; e uma boa proporção das horas de trabalho da rainha era gasta nessa tarefa mecânica. Mas ela não demonstrava o menor desejo de diminuir a sua carga de trabalho. Ao contrário, Vitória voluntariamente tomou a si a responsabilidade de assinar as comissões do Exército, das quais fora declarada isenta por um ato do Parlamento e que, durante muitos anos, já em idade madura, ela se abstivera de assinar. De forma alguma ela aceitava a sugestão de usar um carimbo. Mas, finalmente, quando a pressão crescente dos negócios tornou intoleráveis os atrasos daquele antiquado sistema, ela consentiu que a sua sanção oral deveria ser suficiente para uma determinada categoria de documentos. Cada ofício era lido em voz alta para ela, e no final Vitória dizia: "Aprovado". Frequentemente, durante horas seguidas, ela se sentava, tendo o busto de Albert à sua frente, enquanto a palavra "Aprovado"

---

[419]Informação privada.

saía a intervalos de seus lábios. A palavra era pronunciada com uma sonoridade majestosa; pois sua voz – como era diferente daquele soprano de prata de sua meninice! – se tornara a de um contralto encorpado e vigoroso.[420]

IV

Os últimos anos foram de apoteose. Na imaginação deslumbrada de seus súditos, Vitória se elevava rumo ao terreno das divindades, através de uma auréola da mais pura glória. Os críticos emudeceram; deficiências que, vinte anos antes, teriam sido universalmente admitidas, eram agora universalmente ignoradas. Que o ídolo da nação fosse um representante muito incompleto desta mesma nação era uma circunstância que quase não se notava, e no entanto isso era uma verdade incontestável. Pois as vastas mudanças que transformaram a Inglaterra de 1837 na Inglaterra de 1897 pareciam mal ter afetado a rainha. O imenso desenvolvimento industrial do período, cujo significado tinha sido tão bem compreendido por Albert, na verdade representava pouco para Vitória. O assombroso movimento científico, que Albert igualmente soubera apreciar, deixava Vitória perfeitamente fria. A sua concepção do universo, do lugar que o homem ocupava nele, e dos estupendos problemas da natureza e da filosofia continuaram, ao longo de toda a sua vida, totalmente inalterados. A sua religião era a religião que ela tinha aprendido da baronesa Lehzen e da duquesa de Kent. Aqui, também, pode-se supor que as opiniões de Albert poderiam influenciá-la. Pois Albert, em matéria de religião, era avançado. Completamente descrente em espíritos do mal, ele tivera suas dúvidas a respeito do milagre do Porco

---

[420] Lee, 514-5; Crawford, 362-3.

de Gadarene.[421] O próprio Stockmar chegara a emitir, num memorando notável sobre a educação do príncipe de Gales, a sugestão de que, "embora a criança devesse inquestionavelmente ser criada no credo da Igreja da Inglaterra", talvez também estivesse mais de acordo com o espírito do tempo excluir de seu treinamento religioso a inculcação de uma crença nas "doutrinas sobrenaturais da cristandade".[422] Isso, porém, seria ir longe demais; e todas as crianças reais foram criadas segundo um modelo rigidamente ortodoxo. Qualquer outra coisa teria magoado Vitória, embora suas próprias concepções da ortodoxia não fossem muito precisas. Mas a sua natureza, na qual a imaginação e a sutileza ocupavam um espaço tão limitado, a fizeram recuar instintivamente dos intricados êxtases do Alto Anglicanismo; e ela parecia se sentir mais à vontade na fé simples da Igreja Presbiteriana da Escócia.[423] Aliás, isso já era de se esperar, pois Lehzen era filha de um pastor luterano, e os luteranos tinham muita coisa em comum com os presbiterianos. Durante muitos anos, o Dr. Norman Macleod, um esforçado pastor escocês, foi o seu principal conselheiro espiritual; e, quando ele foi tirado dela, Vitória extraiu muito consolo das conversas tranquilas sobre a vida e a morte que manteve com os camponeses em Balmoral.[424] A sua piedade, absolutamente genuína, encontrava aquilo de que precisava nas sóbrias exortações do velho John Grant e nos ditados piedosos da Sra. P. Farquharson. Os dois demonstravam ter as qualidades que Vitória, quando era uma moça de 14 anos, tinha admirado tão sinceramente na *Exposição do Evangelho segundo São Mateus*, do bispo de Chester: eram "simples e compreensíveis, além de

---

[421]Wilberforce, Samuel, II, 275.

[422]Martin, II, 185-7.

[423]"Quarterly Review", CXCIII, 319-20.

[424]Crawford, 349.

cheios de verdades e bons ensinamentos". A rainha, que deu seu nome à Idade das Fábricas e de Darwin, nunca foi além disso.

Vitória estava igualmente distanciada dos movimentos sociais de sua época. Permaneceu inflexível tanto em relação às menores quanto às maiores mudanças. Durante sua juventude e na meia-idade, era proibido fumar na alta sociedade, e enquanto viveu ela não modificou o anátema lançado contra esse hábito. Reis podiam protestar, bispos e embaixadores, convidados a visitar Windsor, podiam se ver reduzidos à contingência de só fumarem em seus quartos, deitados no chão e soltando as baforadas pela chaminé – a proibição continuava.[425] Podia-se supor que uma rainha daria todo o seu apoio a uma das reformas mais vitais surgidas em sua época – a emancipação das mulheres – mas, ao contrário, a mera menção deste assunto lhe fazia o sangue subir à cabeça. Em 1870, quando pousou os olhos sobre um relatório a propósito de um comício a favor do sufrágio feminino, ela escreveu ao Sr. Martin com real indignação:

> rainha está bastante disposta a alistar todos os que queiram falar ou escrever sobre isso, a fim de reprimir essa terrível loucura dos "Direitos da Mulher", com todo o cortejo de horrores daí decorrentes, aos quais está sujeito o seu pobre sexo frágil, esquecendo-se da natureza dos sentimentos e da dignidade femininos. Lady – deveria levar uma *boa surra*. Este assunto deixa a rainha tão furiosa que ela mal consegue se conter. Deus criou os homens diferentes das mulheres – então deixem-nos ficar cada qual em sua posição. Tennyson escreveu algumas belas linhas sobre a diferença entre homens e mulheres em *A princesa*. A mulher se tornaria

[425]Eckardstein, I, 177.

> o mais odioso, impiedoso e deplorável dos seres humanos se lhe permitissem despir-se do seu próprio sexo, e neste caso como ficaria a proteção que o homem deve oferecer ao sexo mais fraco? A rainha está certa de que a Sra. Martin concorda com ela.[426]

O argumento era irrefutável; a Sra. Martin concordava; e, mesmo assim, a ideia se espalhava.

Em outro aspecto, a compreensão que Vitória tinha do espírito de seu tempo tem sido constantemente asseverada. Durante muito tempo foi costume dos historiadores da corte e dos políticos delicados cumprimentarem a rainha pela correção de sua atitude em relação à Constituição. Mas esses elogios parecem difíceis de se justificar pelos fatos. Em seus últimos anos, Vitória mais de uma vez aludiu com mágoa à conduta que teve na época da crise das damas de companhia, deixando claro que ela ficara mais sábia desde então.[427] Mas, na verdade, é difícil identificar qualquer mudança fundamental seja na sua teoria, seja na sua prática em relação às questões constitucionais. O mesmo espírito despótico e pessoal que a levou a romper as relações com Peel é igualmente visível na sua animosidade em relação a Palmerston, em suas ameaças de abdicação feitas a Disraeli, e no seu desejo de processar o duque de Westminster por participar de um comício a favor das atrocidades búlgaras. Não se pode dizer que os complexos e delicados princípios da Constituição estivessem no mesmo compasso de suas faculdades mentais; e, nos desdobramentos reais que ocorreram ao longo de seu reinado, ela teve um papel passivo. De 1840 a 1861, o poder da coroa cresceu amplamente na Inglaterra; de 1861 a 1901, ele declinou na mesma propor-

---

[426]Martin, "Queen Victoria", 69-70.

[427]Girlhood, II, 142.

ção. O primeiro movimento se deveu à influência do príncipe consorte, e o segundo à influência de uma série de grandes ministros. Durante o primeiro, Vitória na verdade foi apenas um acessório; durante o segundo, as rédeas do poder, que Albert tinha manejado tão laboriosamente, inevitavelmente escaparam das mãos de Vitória para o controle vigoroso do Sr. Gladstone, de lorde Beaconsfield e de lorde Salisbury. Talvez por estar absorvida pela rotina, e por lhe parecer difícil fazer uma distinção clara entre o que era trivial e o que era essencial, ela só era vagamente informada sobre o que estava acontecendo. Mesmo assim, no final de seu reinado, a coroa estava mais enfraquecida do que em qualquer outro período da história inglesa. E, o que é bastante paradoxal, Vitória recebeu os maiores elogios por permitir uma evolução política que, se ela tivesse compreendido todas as suas implicações, lhe teria causado um desgosto profundo.

Entretanto, não se deve supor que ela foi um segundo George III. O seu desejo de impor sua vontade, veemente como era, e ilimitado por qualquer princípio, era, porém, contido por uma certa dose de astúcia. Vitória podia se opor aos seus ministros com uma violência extraordinária; ela podia se mostrar totalmente inflexível a súplicas e argumentos; a firmeza de suas decisões podia parecer inalterável; mas, no último momento, toda a sua obstinação desaparecia. O seu respeito próprio, a sua capacidade de trabalho e talvez também a memória da forma escrupulosa com que Albert evitava as situações extremas a preveniam de provocar um *impasse* duradouro. Ela sabia reconhecer, por instinto, quando os fatos eram complicados demais para ela, e então, invariavelmente, cedia. Afinal de contas, o que mais ela podia fazer?

Mas se, em todos esses aspectos, a rainha e sua época estiveram profundamente separadas, os pontos de contato entre as duas não eram poucos. Vitória compreendia muito bem o significado e os atrativos do poder e da riqueza, e, neste particular, também a nação inglesa se tornara cada vez mais competente. Durante os últimos 15 anos do reinado – já que a breve administração liberal de 1892 foi um simples interlúdio –, o imperialismo foi o credo dominante no país. Era, igualmente, o credo de Vitória. Nesta direção, e talvez em algumas outras, ela deixou que seu intelecto se desenvolvesse. Sob a tutela de Disraeli, os domínios britânicos sobre os mares passaram a representar muito mais para ela do que antes, e ela desenvolveu uma paixão particular pelo Oriente. A lembrança da Índia a fascinava; Vitória chegou mesmo a aprender um pouco do idioma hindu; também contratou alguns criados indianos, que se tornaram seus companheiros inseparáveis – um dos quais, Munshi Abdul Karim, por fim quase acabou ocupando a posição que tinha sido de John Brown.[428] Ao mesmo tempo, o espírito imperialista passou a dominar a nação, investindo o governo de um novo significado, que se harmonizava perfeitamente com as mais íntimas inclinações da rainha. A política inglesa, de forma geral, tinha uma estrutura marcada pelo bom senso; mas havia sempre algum canto no qual o bom senso não podia entrar – onde, de uma forma ou de outra, as medidas ordinárias não eram aplicáveis, onde as leis comuns não funcionavam. Assim foi determinado pelos nossos ancestrais, reservando, em sua sabedoria, um lugar para aquele elemento místico que, como parece, nunca poderá ser completamente erradicado dos negócios entre os homens. Naturalmente, era na coroa que o misticismo da política inglesa estava concentrado – a coroa, com sua venerável antiguidade, suas associações sagradas e sua ordem imponente e espetacular. Mas, por quase dois séculos, o bom senso foi o elemento predominante na grande construção, e nesse período o pequeno recanto, inexplorado e inexplicável, atraíra muito pouca atenção. Então,

---

[428]Lee, 485; informação privada.

com a ascensão do imperialismo, houve uma mudança. Pois o imperialismo é tanto uma fé quanto um negócio; à medida que ele crescia, o misticismo na vida pública inglesa crescia junto com ele; e, simultaneamente, a coroa passou a ser investida de uma nova importância. A necessidade de um símbolo – um símbolo do poder da Inglaterra, do valor da Inglaterra, do destino misterioso e extraordinário da Inglaterra – passou a ser sentida com mais ênfase do que nunca. A coroa era este símbolo: e a coroa repousava sobre a cabeça de Vitória. Assim aconteceu que enquanto, por volta do final do reinado, o poder da soberana tinha diminuído consideravelmente, o prestígio da soberana, por sua vez, tinha crescido de maneira notável.

Mas este prestígio não era apenas o resultado das mudanças públicas; era também uma questão intensamente pessoal. Vitória era a rainha da Inglaterra, a imperatriz da Índia, o pivô quintessencial em torno do qual se movia toda uma grandiosa engrenagem – porém, também era muitas coisas mais! Ela era, por exemplo, muito idosa – um requisito quase indispensável para se obter popularidade na Inglaterra. Ela tinha dado provas de uma das mais admiradas características da raça – a vitalidade persistente. Ela tinha reinado por 60 anos e ainda continuava firme. Além disso, tinha personalidade. Os traços principais de seu temperamento estavam claramente delineados e eram bastante visíveis, mesmo através da névoa que sempre envolve a realeza. Na imaginação popular, a sua figura familiar ocupava, com surpreendente facilidade, um lugar memorável e distinto. Ela era, além disso, o tipo de pessoa que atraía naturalmente a simpatia e a admiração da grande maioria da população. Os ingleses valorizavam a bondade acima de qualquer outra qualidade humana, e Vitória, que aos 12 anos prometera ser boa, soube manter a sua palavra. Dever, consciência, moralidade – sim! A rainha sempre vivera sob a luz destes elevados faróis. Ela passara seus dias se dedicando não ao lazer, mas ao trabalho – às responsabilidades públicas e aos cuidados com a família. O sólido padrão de virtude, que tanto tempo antes tinha sido estabelecido em meio à felicidade doméstica de Osborne, não fora relaxado um só instante. Durante mais de meio século, nenhuma senhora divorciada sequer se aproximou dos recintos da corte. Na verdade, em seu entusiasmo pela fidelidade conjugal, Vitória estabelecera um costume ainda mais rígido: ela desaprovava severamente qualquer viúva que voltasse a se casar.[429] Considerando-se que ela própria foi filha do segundo casamento de uma viúva, esta proibição pode ser considerada uma excentricidade; mas, sem dúvida, a rainha acreditava que era uma excentricidade para o lado do bem. As classes médias, firmes em sua alta respeitabilidade, admiravam com prazer especial a mais respeitável das rainhas. De fato, eles quase chegaram a aclamá-la como uma companheira, como se Vitória pertencesse à mesma classe social; mas isso teria sido um exagero. Pois, embora muitas de suas características estivessem frequentemente presentes nas classes médias, em outros aspectos – em suas maneiras, por exemplo – Vitória era decididamente aristocrática. E, num ponto em particular, ela não era nem aristocrática nem classe média: a atitude que mantinha em relação a si mesma era simplesmente régia.

Essas qualidades eram evidentes e importantes; mas o que é de fato revelador, no impacto causado por uma personalidade, é algo mais profundo, mais fundamental e comum a todas as outras qualidades. Em Vitória, é fácil discernir a natureza desse elemento dominante: era uma sinceridade peculiar. Sua franqueza, sua maneira simples de ver as coisas, a vivacidade de suas emoções e as formas irrestritas como ela as manifestava eram as diversas manifestações daquela característica central. Era a sua sinceridade que lhe conferia o seu dom de impressio-

[429]Lee, 555.

nar, o seu charme e, ao mesmo tempo, o que ela tinha de absurdo. Vitória se movia através da vida com a certeza imponente de alguém para quem a dissimulação é impossível – fosse em relação àqueles que a cercavam, fosse em relação a ela própria. Ali estava ela, toda ela – a rainha da Inglaterra, completa e óbvia; o mundo podia aceitá-la ou rejeitá-la; ela não tinha mais nada a mostrar, ou a explicar, ou a modificar; e, com esta conduta ímpar, ela trilhava o seu caminho. E não era apenas a dissimulação que estava fora de questão; a reticência, a reserva, algumas vezes até mesmo a dignidade, como às vezes parecia, podiam muito bem ser dispensadas. Como disse lady Lyttelton:

> Há uma transparência na sua verdade que é avassaladora – nem uma sombra de exagero ao descrever sentimentos ou fatos, como pouquíssimas outras pessoas que conheci. Muitas podem ser igualmente verdadeiras, mas creio que também demonstram certa reserva. Vitória fala tudo, exatamente como é; nem mais, nem menos.[430]

Ela falava tudo; e também escrevia tudo. Suas cartas, no fluxo contínuo e surpreendente de sua expressão, lembram uma torneira aberta. O que está dentro dela irrompe de uma forma imediata e espontânea. Seu estilo, pouco literário, tem pelo menos o mérito de ser um veículo perfeito para seus pensamentos e emoções; e até mesmo a trivialidade de suas sentenças contém um sabor curiosamente pessoal. Sem dúvida, era através de seus textos que Vitória tocava com mais intensidade o coração do público. Não somente em seus *Diários da Escócia*, onde a crônica de sua vida cotidiana aparece desprovida de qualquer traço de afetação ou embaraço, mas também naquelas ad-

[430]Lyttelton, 331.

miráveis mensagens à nação que, de tempos em tempos, ela publicava nos jornais, o seu povo de fato encontrava um forte elemento de identificação. Seus súditos sentiam de forma instintiva, a sinceridade irresistível de Vitória, e correspondiam a ela. E este era um verdadeiro laço de afeto.

A personalidade somada à posição – a maravilhosa combinação das duas talvez constituísse o seu elemento mais fascinante. A pequena e velha senhora, com seus cabelos brancos e suas roupas de luto fechado, sentada em sua cadeira de rodas ou em sua carruagem puxada por um burrinho – assim ela era vista; e então, logo atrás, com uma imediata sugestão de singularidade, mistério e poder, vinham os criados indianos. Esta era a visão familiar, certamente admirável; mas, em determinados momentos, surgia a rainha, eclipsando a viúva de Windsor. A última e mais gloriosa destas ocasiões foi o Jubileu de 1897. Então, à medida que passava o esplêndido cortejo que escoltava Vitória através das ruas de Londres, cheias de vibrante entusiasmo, até a Catedral de St. Paul, onde a rainha foi dar graças, ficaram patentes toda a grandeza de seu reinado e a adoração de seus súditos, que se sobrepunham com igual intensidade. Os olhos da soberana ficaram cheios de lágrimas e, enquanto a multidão a aclamava, Vitória repetia sem parar: "Como eles são bons para mim! Como eles são bons!"[431] Naquela noite, a sua mensagem atravessou todo o império: "De coração, eu agradeço ao meu amado povo. Que Deus o abençoe!" A longa jornada estava quase concluída. Mas a viajante, que tinha chegado tão longe, e atravessado tantas experiências estranhas, prosseguia com o mesmo passo decidido do passado, sem vacilações. A menina, a esposa, a mulher idosa eram a mesma: vitalidade, consciência, orgulho e simplicidade foram características suas até o último momento.

---

[431]"Quarterly Review", CXCIII, 310.

10
O fim

I

O crepúsculo tinha sido dourado; mas, depois de tudo, o dia devia terminar sob nuvens pesadas e tempestuosas. As necessidades do império – e as ambições do império – envolveram o país na guerra sul-africana. Houve derrotas, reveses, desastres sangrentos; por um momento, a nação foi estremecida, e as preocupações públicas foram compartilhadas com íntima solicitude pela rainha. Mas o seu espírito era elevado, e nem a sua coragem, nem a sua confiança foram abaladas um só instante. Lançando-se de coração e alma na luta, trabalhou com vigor redobrado, interessando-se por cada detalhe das hostilidades e procurando servir à causa nacional através de todos os meios de que dispunha. Em abril de 1900, quando já estava com 81 anos, ela tomou a decisão extraordinária de abrir mão de sua visita anual ao sul da França, viajando em vez disso para a Irlanda, que tinha recrutado um número particularmente grande de soldados para os campos de batalha. Vitória ficou três semanas em Dublin, passeando pelas ruas sem uma escolta armada, contrariando as recomendações de seus conselheiros; e a visita foi um sucesso completo. Mas, ao longo desta viagem, pela primeira vez, ela começou a dar sinais do cansaço da idade.[432]

O longo período de ansiedade incessante, trazido pela guerra, logo se fez sentir. Dotada pela natureza de uma constituição robusta, Vitória – embora já se tivesse imaginado como uma inválida em períodos de depressão – na verdade gozara

[432] "Quarterly Review", CXCIII, 318, 336-7.

de uma excelente saúde ao longo de toda a sua vida. Já em idade avançada, ela sofrera de um endurecimento reumático das articulações, que a fez precisar de uma bengala e, finalmente, de uma cadeira de rodas; mas ela nunca teve nenhuma outra doença, até que, em 1898, sua visão começou a ser afetada por uma catarata incipiente. A partir daí, a leitura se tornou cada vez mais difícil para ela, embora ainda pudesse assinar seu nome e até mesmo, com alguma dificuldade, escrever cartas. No verão de 1900, contudo, apareceram sintomas mais sérios. Sua memória, de cuja força e precisão ela se orgulhara tanto, agora a abandonava de tempos em tempos; Vitória demonstrava uma tendência à afasia; e, embora nenhuma doença específica se manifestasse, por volta do outono havia sinais inequívocos de um declínio físico generalizado. Mesmo nesses últimos meses, porém, sua têmpera de aço continuou firme. O trabalho diário continuou; na verdade, chegou a aumentar, pois a rainha, com uma persistência assombrosa, insistia em se comunicar pessoalmente com a massa cada vez maior de homens e mulheres que tinham sofrido durante a guerra.[433]

Por volta do final do ano, os últimos resíduos de sua enorme energia quase a abandonaram; e, já nos primeiros dias do novo século, estava claro que aquelas forças vacilantes só se mantinham em função de um grande esforço da vontade. No dia 14 de janeiro, em Osborne, Vitória concedeu uma audiência de uma hora a lorde Roberts, que tinha regressado vitorioso da África do Sul poucos dias antes. Ela o interrogou com aguda curiosidade sobre todos os detalhes da guerra; e parecia estar suportando tudo muito bem; mas, quando a audiência terminou, Vitória sofreu um colapso. No dia seguinte, seus médicos particulares reconheceram que seu estado era desesperador; ainda assim, aquele espírito indomável lutou por mais dois

[433]Lee, 536-7; informação privada.

dias; por mais dois dias ela desempenhou os deveres de uma rainha da Inglaterra. Depois disso, não pôde mais trabalhar; só então, e não antes, mesmo os mais otimistas perderam suas esperanças. O cérebro estava falhando, e a vida estava se esvaindo suavemente. A família se reuniu à sua volta; ela ainda vegetou mais um pouco, sem falar e aparentemente inconsciente; no dia 22 de janeiro de 1901, ela morreu.[434]

Quando, dois dias antes, a notícia do fim próximo foi anunciada, uma tristeza enorme desabou sobre o país. Era como se estivesse prestes a acontecer uma reversão do curso normal da natureza. A grande maioria dos seus súditos não conhecera nenhum momento em que Vitória não reinasse sobre eles. Ela se tornara uma parte indissolúvel de todo um sistema de vida, e parecia inconcebível que estivessem prestes a perdê-la Quanto a ela própria, já silenciosa e cega, parecia àqueles que a observavam estar destituída de qualquer faculdade de raciocínio – como se já tivesse deslizado, inesperadamente, para o esquecimento. Mesmo assim, talvez ela ainda tivesse seus pensamentos, nos recantos secretos da consciência. Talvez aquela mente que se extinguia ainda evocasse uma vez mais as sombras do passado, que flutuavam diante dela e reconstituíam, pela última vez, as imagens desaparecidas daquela longa história – uma vez mais, retrocedendo sempre através da nuvem dos anos, rumo a recordações cada vez mais longínquas – até os bosques primaveris de Osborne, repleto das prímulas de lorde Beaconsfield; as roupas extravagantes e a conduta arrogante de lorde Palmerston; e o rosto de Albert à luz da lâmpada verde; e a primeira caçada de Albert em Balmoral; e Albert em seu uniforme azul e prateado; e o barão surgindo por uma porta entreaberta; e lorde M. divagando em Windsor, com as gralhas crocitando entre os olmos; e o arcebispo de Canterbury de

---

[434]Lee, 537-9; "Quarterly Review", CXCIII, 309.

joelhos, na aurora; e as exclamações estouvadas do velho rei; e a voz suave do tio Leopold em Claremont; e Lehzen com seus globos; e as penas do vestido de sua mãe balançando em sua direção; e um velho e grandioso relógio de seu pai, guardado num estojo de tartaruga; e um tapete amarelo e alguns drapeados amigáveis de musselina; e as árvores e o gramado em Kensington.

Bibliografia

ADAMS. *The Education of Henry Adams: an autobiography*. Londres, 1919.

ASHLEY. *The Life and Correspondence of H.J. Temple, Viscount Palmerston*. Por A.E.M. Ashley. 2 vols., 1879.

BLOOMFIELD. *Reminiscences of Court and Diplomatic Life*. Por Georgiana, *Lady* Bloomfield, 2 vols., 1883.

BROUGHTON. *Recollections of a Long Life*. Por *Lord* Broughton. Editado por *Lady* Dorchester, 6 vols, 1909-11.

BUCKLE. *The Life of Benjamin Disraeli, Earl of Beaconsfield*. Por W.F. Monypenny e G.E. Buckle. 6 vols, 1910-20.

BÜLOW. *Gabrielle von Bülow, 1791-1887*. Berlim, 1893.

BUNSEN. *A Memoir of Baron Bunsen*. Por sua viúva, Frances, baronesa Bunsen, 2 vols., 1868.

BUSCH. *Birmarck: some secret pages of his history*. Pelo Dr. Moritz Busch. (Tradução inglesa) 3 vols., 1898.

CHILDERS. *The Life and Correspondence of the RT. Hon. Hugh C.E. Childers*. 2 vols., 1901.

CLARENDON. *The Life and Letters of the Fourth Earl of Clarendon*. Por *Sir* Herbert Maxwell, 2 vols., 1913.

Cornhill Magazine, vol. 75.

CRAWFORD, *Victoria, Queen and Ruler*. Por Emily Crawford, 1903.

CREEVEY. *The Creevey Papers*. Editado por Sir Robert Maxwell, 2 vols., 1904.

CROKER. *The Croker Papers*. Editado por L.J. Jennings, 3 vols., 1884.

DAFFORNE. *The Albert Memorial: its history and description.* Por J. Dafforne, 1877.

DALLING. *The Life of H.J. Temple, Viscount Palmerston.* Por *Lord* Dalling, 3 vols., 1871-84.

Dictionary of National Biography.

DISRAELI. *Lord George Bentinck: a political biography.* Por B. Disraeli. 1852.

ECKARDSTEIN. *Lebenserinnerungen u. politische Denkwürdigkeiten.* Por Freiherrn v. Eckardstein, 2 vols., Leipzig, 1919.

ERNEST. *Memoirs of Ernest II, Duke of Saxe-Coburg-Gotha.* 4 vols., 1888 (Tradução inglesa).

FITZMAURICE. *The Life of Earl Granville.* Por *Lord* Fitzmaurice, 2 vols. 1905.

GASKELL. *The Life of Charlotte Brontë.* Por Sra. Gaskell, 2 vols., 1857.

GIRLHOOD. *The Girlhood of Queen Victoria.* Editado pelo Visconde Esher, 2 vols., 1912.

GOSSART. *Adolphe Quetelet et le Prince Albert de Saxe-Coburg.* Académie Royale de Belgique. Bruxelas, 1919.

GRANVILLE. *Letters of Harriet, Countess Granville.* 2 vols., 1894.

GREVILLE. *The Greville Memoirs,* 8 vols. (Silver Library Edition), 1896.

GREY. *Early Years of the Prince Consort.* Pelo general Charles Grey, 1867.

HALLÉ. *Life and Letters of Sir Charles Hallé.* Editado por seu filho. 1896.

HAMILTON. *Parliamentary Reminiscences and Reflections.* Por *Lord* George Hamilton. 1917.

HARE. *The Story of My Life.* Por Augustus J.C. Hare. 6 vols., 1896-1900.

HAYDON. *Autobiography of Benjamin Robert Haydon.* 3 vols., 1853.

HAYWARD. *Sketches of Eminent Statesmen and Writers*. Por A. Hayward. 2 vols., 1880.

HUISH. *The History of the Life and Reign of William the Fourth*. Por Robert Huish. 1837.

HUNT. *The Old Cort Suburb: or Memorials of Kensington, regal, critical and anecdotal*. 2 vols., 1855.

JERROLD, EARLY COURT. *The Early Court of Queen Victoria*. Por Clare Jerrold, 1912.

JERROLD, MARRIED LIFE. *The Married Life of Queen Victoria*. Por Clare Jerrold, 1913.

JERROLD, WIDOWHOOD. *The Widowhood of Queen Victoria*. Por Clare Jerrold, 1916.

KINGLAKE. *The Invasion of the Crimea*. Por A.W. Kinglake. 9 vols. (Cabinet Edition), 1877-88.

KNIGHT. *The Autobiography of Miss Cornelia Knight*. 2 vols., 1861.

LAUGHTON. *Memoirs of the Life and Correspondence of Henry Reeve*. Por *Sir* John Laughton. 2 vols., 1898.

LEAVES. *Leaves from the Journal of our life in the Highlands, from 1848 to 1861*. Pela Rainha Vitória. Editado por A. Helps, 1868.

LEE. *Queen Victoria: a Biography*. Por Sidney Lee, 1902.

LESLIE. *Autobiographical Recollections of the Late Charles Robert Leslie, R.A.* Editado por Tom Taylor, 2 vols., 1860.

LETTERS. *The Letters of Queen Victoria*, 3 vols., 1908.

LIEVEN. *Letters of Dorothea, Princess Lieven, during her residence in London, 1812-1834*. Editado por Lionel G. Robinson, 1902.

Lovely Albert!, um panfleto.

LYTTELTON. *Correspondence of Sarah Spencer, Lady Lyttelton, 1787-1870*. Editado pela Sra. Hugh Wyngham, 1912.

MARTIN. *The Life of His Royal Highness the Prince Consort*. Por Theodore Martin. 5 vols., 1875-80.

MARTIN, QUEEN VICTORIA. *Queen Victoria as I knew her*. Por *Sir* Theodore Martin, 1908.

MARTINEAU. *The Autobiography of Harriet Martineau* 3 vols., 1877.

MAXWELL. *The Hon. Sir Charles Murray, K.C.B.: a memoir.* Por *Sir* Robert Maxwell, 1898.

MORE LEAVES. *More Leaves from the Journal of our Life in the Highlands, from 1862 to 1882.* Pela Rainha Vitória. 1884.

MORLEY. *The Life of William Ewart Gladstone.* Por John Morley. 3 vols., 1903.

MURRAY. *Recollections from 1803 to 1837.* Pela Hon. Amelia Murray. 1868.

NATIONAL MEMORIAL. *The National Memorial to H.R.H. the Prince Consort.* 1873.

NEELE. *Railway Reminiscences.* Por George P. Neele, 1904.

OWEN. *The Life of Robert Owen*, escrita por ele próprio. 1857.

OWEN, JOURNAL. *Owen's Rational Quarterly Review and Journal.*

PANAM. *A German Prince and His Victim* Extraído das memórias de Madame Pauline Panam. 1915.

PRIVATE LIFE. *The Private Life of the Queen.* Por um dos criados de Sua Majestade. 1897.

The Quarterly Review. Vols. 193 e 213.

ROBERTSON. *Bismarck.* Por C. Grant Robertson. 1918.

SCOTT. *Personal and Professional Recollections.* Por Sir George Gilbert Scott. 1879.

SMITH. *Life of Her Majesty Queen Victoria.* Compilado de todas as fontes possíveis. Por G. Barnett Smith. 1887.

SMYTH. *Streaks of Life*, 1921.

SPINSTER LADY. *The Notebooks of a Spinster Lady.* 1919.

STEIN. *Denkschriften über deutsche Verfassungen.* Herausgegeben von G.H. Pertz. 6 bols., 1848.

STOCKMAR. *Denkwürdigkeiten aus den papieren des Freiherrn Christian Friedrich v. Stockmar,* zusammengestellt von Ernst Freiherr v. Stockmar. Braunschweig, 1872.

TAIT. *The Life of Archibald Campbell Tait, Archbishop of Canterbury*. 2 vols., 1891.

The Times.

The Times LIFE. *The Life of Queen Victoria*, reproduzido do *The Times*, 1901.

TORRENS. *Memoirs of William Lamb, second Viscount Melbourne*. Por W.M. Torrens (Minerva Library Edition), 1890.

VITZTHUM. *St. Petersburg und London in den Jahren 1852-1864*. Carl Friedrich Graf Vitzthum von Eckstädt. Stuttgart, 1886.

WALPOLE. *The Life of Lord John Russell*. Por *Sir* Spencer Walpole. 2 vols., 1889.

WILBERFORCE, SAMUEL. *Life of Samuel Wilberforce, Bishop of Oxford*. Por seu filho, R.G. Wilberforce, 3 vols., 1881.

WILBERFORCE, WILLIAM. *The Life of William Wilberforce*, 5 vols., 1838.

WYNN. *Diaries of a Lady of Quality*. Pela Srta. Frances Williams Wynn, 1864.

EDIÇÕES
BestBolso

Este livro foi composto na tipologia Minion Pro Regular, em corpo 10,5/13, e impresso em papel off-set 56g/m² no Sistema Cameron da Divisão Gráfica da Distribuidora Record.